古本屋癌になる

——77歳の日記

青木正美

平成二十二（二〇一〇）年　主な出来事

一月十二日　ハイチ大地震（Ｍ7.0の地震で首都壊滅、死者二十三万人超）
三月二十六日　韓国哨戒艦、黄海上で爆発・沈没（韓国、北朝鮮の魚雷攻撃と断定）
四月二日　タイで政権退陣デモ激化（日本人ジャーナリストを含む二十人死亡。五月十九日鎮圧）
四月二十日　宮崎県で牛が口蹄疫に感染（八月二十七日の終息宣言まで殺処分された牛豚は約二十九万頭）
六月四日　鳩山内閣総辞職（普天間問題・政治資金問題。六月八日、菅直人内閣総理大臣就任）
六月十三日　小惑星イトカワの探査機「はやぶさ」七年ぶりに帰還（小惑星の微粒子回収）
七月十一日　第二十二回参議院議員選挙で民主党惨敗（与党・参議院で過半数割れ）
九月七日　尖閣諸島沖で中国漁船が海上保安庁の巡視船に衝突（ビデオ流出に発展）
十月七日　鈴木章北大名誉教授、根岸英一パデュー大特別教授がノーベル化学賞受賞
十一月二十三日　北朝鮮が韓国延坪島を砲撃（韓国も応戦し、朝鮮半島に緊張走る）
十二月四日　東北新幹線が新青森まで開通（東京―新青森間が三時間で直結）

序に代えて

―この年の講演記録、そして―

こんにちは……皆さんよくいらっしゃいました。私の今日の話は「下町の古本屋―発見また発見」となります。よろしく。

私は四月で七十七歳になります。昭和八年生まれで、数日違いに生まれた有名人は藤田まことさんです。女性では黒柳徹子、永六輔さん、そして天皇陛下もこの年生まれです。この内、永六輔さんには少しご縁がありました。

私は葛飾区本田《ほんでん》渋江町の西光寺前で生まれました。今は四ツ木ですね、父は自転車屋です。それが事情あって私が生まれるとすぐ、一時足立区へ越して運送店でオート三輪の運転手として働いていました。私が五歳の時に京成堀切菖蒲園駅に近い運送店に移り、以来この年まで堀切地区に住んでおります。

堀切小学校から堀切中学に入り、新制中学の第一回卒業生となります。戦争が終った昭和二十年に六年生、父は駅前通りでまた自転車の修理店を始めました。物資不足でパンク直しなどがものすごく忙しい時で、私もその手伝いをさせられました。二十一年に堀切小を卒業するのですが、男子組二、女子組二、男女組一の二五〇名です。男子だけで言うと約一二〇名。この内、中等学校と専門学校へ行く者は二〇名位。あとは五〇名がそのまま働きに出る、もう一方の五〇名が「高等科」へ上がります。私も「高等科」へは行かせて貰えましたが、これは青年学級的な補助期間で何の資格にもなりません。父は自転車修理が忙しくなると姉を迎えに寄こす、それで中途で帰って行くなんていいかげんなものでした。それでも、出来る子（——というか裕福な家の子）が中等学校へ行った残りで、まあ成績はよい方でした。

そして運命の昭和二十二年三月となります。それまでの日本は先ほどの一二〇人中の二〇人だけがインテリの道を歩んでいました。兵隊へ行っても幹部候補生になってすぐ少尉です。あとの一〇〇人はどこまでも兵隊さんです。この年、日本の教育制度が占領軍の勧告で大きく変えられたんです。6・3制の導入で、高等科一年生は四月からは新制中学の二年生になると言う。その代り私達の上の二年生は中学三年生になることはなく、高等科で追い出されてしまった。もし一年早く生まれていたら……とすると、私は違った人生を歩んだことでしょう。

がっかりしたのは父です。というのは我が家は子沢山の貧乏家なのです。何しろ私の下に六人もの弟妹が生まれており、よく手伝いをする私をすっかり当てにしてしまっていたんです。父はまだ四十二歳なのに、「お前が家の仕事をするのが一年伸びちゃったじゃないか」なんて言う始末です。それが思わぬ運命から、私も中学生になりました。と言っても、高等科から続く五〇人のたった一組だけの男子組が出来た。するとこの年一年生で入学して来たのは何とE組まで五組もあって全クラス男女共学です。

　丁度思春期で、一年の差は大きく、下級生の女の子ばかり気になる。女の子の方も同年よりは一歳上の私達を何かと意識するで、いつか付き合いをする者、手紙を貰ったりもする。私もラブレターの下書をノートにしたりすることから日記を書くことを覚えます。この日記を続けることになったことが後年物を書く人間にさせましたね。一方、勉強も「高等科」とは全く変って本格的な教育が課せられて、先生からは「高校受験」の話まで出るようになります。

　私達はそれからの二年間で、急激に学ぶことの大切さを知り、自我に目覚め、一方では性の目覚めにもとまどいます。家には兄弟の教科書以外本は影さえ見られない環境だったんです。それが貸本屋への出入りから古本屋を覚えで、すっかり読書好きの少年に変って行きます。もう家の手伝いさえ嫌うようになってしまいました。ちなみに、学校内にも、町にも図書館などはない時代でした。父を説得して夜学の都立上野高校にも入ります。昼間は自転車屋の手伝いですが、すでに物が出廻り始め、新車に変える人も多く、急激に修理の仕事が減少します。すると私という店番がいるものですから、いつか父は客に誘われて競輪へ行ったのがクセになって、競輪競馬に凝り始めてしまいました。私は私で、客待ちの間は自由に読書ですごせるし、修理代の一部をポケットに入れたりも出来るというヌルマ湯的境遇が満更ではなくて、――親子がなれ合った変な関係になってしまいました。

上野高校では「文芸部」に入って、初めて書いた〝私〟小説が巻頭に載せられたりしました。ところが、二年二学期になって集団検診をしたら(当時は結核が国民病だったんです)胸に影が出てると言われました。休学しているうち、退学になってしまいます。実は最近、私の上野高の同級生が教えてくれまして、「都立上野高校案内」とかいうのをインターネットで眺めたんです。そこに「当校著名出身者」的欄に私が「古書店主・作家」という肩書で出ているんです。但し「定時制課程中退」ときちんとなっている。見ていましたら、「定時制卒業者」でもう一人、こちらは有名人がいました。今七十三、四歳ですが、テレビでも見かける山崎努という俳優さんです。この方は黒沢明の「天国と地獄」の犯人役をして脚光をあびましたが、伊丹十三監督作品でも活躍しましたね。他の出身者はみな上野高は通過点で大学を出た学者がほとんどのようでした。

ともあれ、幸い本格的に胸をやられることもなく、四月がくれば二十歳という昭和二十八年が来ました。こんな親子なれ合いの生活では二人ともダメになると思って、私は工場勤めをしました。相変らず父の店はヒマになる一方で、間口三間の一間(二メートル)分は、単にボロ自転車四、五台の置き場になってしまっている。何しろ小遣いという小遣いを古本を買うのについやしていましたから、私の蔵書が四~五百冊はたまっています。それと雑誌も。工場の日給は一日一五〇円、私は父のその自転車を処分して貰って古本屋を始めることを決心して工場をやめました。

棚も父と一緒に作り、七月七日に古本屋を開業。その一ヵ月前から仕入れなどもして、ガタガタの棚で始めましたが、初日の売上げは千三百五十円。この昭和二十八年という年は日本でテレビが放映され始めた年なんです。しかし映画さえピークは昭和三十三年頃で、昭和五十年頃まではまだまだ活字文化は全盛を誇っていたのです。それどころか、昭和三十年代は貸本ブームというのさえあったんです。東京には八百軒からの古本屋があって、組合が経営する市場が十ヵ所もありました。その下町地区の市場に十年通った頃（途中、父が脳いっ血で倒れたのを機に全三間分を古本屋にする）、私に、神田地区の「近代文学」の専門書市の経営スタッフにという話が来たのです。十七、八まで登下校のかたわら通っていた日暮里の古本屋がそこの主任になって、私の文学青年的知識を生かせる、と誘ってくれた話です。

ここでも、その方がもし私を引っぱってくれなかったら？と思うことがあります。恐らく平凡な「下町の古本屋」で終ったであろうことは間違いありません。高等科で終らず中学へ行かれたこと、中退したとは言え定時制高校に通い、「文芸部」の雰囲気を知ったこと、その友人に紹介された古本屋がこうして昭和四十年に私を神田の専門市へ引いてくれたこと、――これらの条件の内、もし一つでも欠けていたら、その後の自分はなかったし、今こうして皆様の前でお話などさせて頂いている私はなかったと思われます。私はこの方を生涯の恩人と思い、生涯を書いた本（現物を見せる）を書いています。

実は下町では本の勉強などいらなかった。本は娯楽だったんです。だからいかにして安く売れる本を仕入れて来るかが仕事だった。二十六歳で結婚、妻に店番を任せて、私は朝から自転車で飛び出して行き本を集めて来るのです。それでも夜になると読書と日記を書くことなどは続けていました。神田の仕事に誘われたのはそんな三十二歳の頃で、その古書市場で見た情景は驚きの連続でした。

取引されている品物の全てが、私には珍しいものでした。第一、出品物は本や雑誌ばかりではなかったのです。作家、歌人、俳人の色紙、短冊、掛軸が出ます。自筆書簡、原稿、挿絵画家の画稿が出ます。錦絵、新版画、石版刷一枚物、木版刷り団扇見本帖が出ます。各種古地図類も出ます。燐票コレクション、絵葉書、ブロマイド、双六、カルタも出ます。懐かしい昔のメンコ、日光写真玩具の種紙も出るんです。下町古本屋の経験から言いますと、定価以上で扱えるものなど皆無に近いものでした。例外として「奇譚クラブ」「風俗奇譚」等のいわゆる古いＳＭがかったエロ雑誌、発禁すれすれのエロ本くらいのものでした。神田での品物はケタ外れに高値に思えました。これらの品物が私に扱える時代など来るのだろうか、と思いました。教養から言っても私のかたよった独学の読書の中には、鴎外、漱石、藤村はあっても、竹久夢二や中川一政や会津八一や西脇順三郎はありませんでした。題名の読めない本も沢山ありました。『破戒』は読めても『蓬莱曲』は読めませんでした。すぐに私は、劣等感のかたまりとなり、こんな仕事など受けなければよかったと後悔しました。かろうじてこの頃をささえてくれたのは、持ち前の負けん気と若さだったかもしれません。

しかし、やがて少し時間をすごすうち、自分がそこで活躍されている同業とは少し違うな、ということを感じ始めます。というのは、同業は皆さん今売れる作家、今流行している品物を競って買っているという情景です。そんな市場では無視され、捨て値にも買われないが、そこに一つの人生があるとうったえている無名人の日記や、文学資料などに目が行くんです。今までそれらは本の世界でしか読めなかったんですが、ここでは日常茶飯事に現物で出て来る。――もしかするとここそ自分の居場所と感じるようになりました。

それからの私は、食って行かなくてはならない商人としての自分の他に、少しでもこの世に何かを残そうという、体験を本に書こうという自分を持つことになるのです。その後の業界遊泳術や勉強は単純ではなかったんですが、これから先は全て実例を挙げてお話して行くことにします。多分に自慢話的に聞こえる場面があるかもしれませんが、本当の話ですのでお許し下さるよう、お願いします。

（於・二月六日　葛飾中央図書館）


（そしてこの先は前年、平成二十一年一月文芸誌「季刊文科43号」に〝仕事の周辺―〟ころぶまで〟としてまとめてあるので、その後半をのせさせて貰うことにしたい。）

……さてもう一方、一種の現場報告的に書き続けて来た本のこと。「どうかして生きたい」の『春』の言葉にみちびかれて集めた藤村の原稿、手紙類、これが『島崎藤村事典』の編者・伊東一夫先生の目にとまり『島崎藤村コレクション』（'98全四巻・図書刊行会）になったのは光栄だった。もっとも幸運だったのは、緑雨の場合。伊原青々園宛の書簡葉書一束に加え、幸徳秋水宛の書簡九通まで買えたのが始まり。ほどなく私は、同業Y氏から和紙に無署名で書かれた毛筆書三百四十九首の歌稿四十四枚を示される。

「あれ、斎藤緑雨の字だって？」と市場で近づいて来たのはOさんだった。私は「緑雨書簡集を出そうと思ってるんです。筆跡は百パーセント保証しますよ」と言った。「でも無署名のものなど店では扱えない」とOさんは言い、次に会うと「君が本物と言うなら持ってってって調査すればいい」と私の言い値で分けてくれた。

結局半年ほどかけて、途中から相談に乗って頂いた樋口一葉研究の権威、野口碩氏の指導を得て、歌稿は一葉のより完璧な全集を作ろうと緑雨（一葉死後最初の全集を手がける）が歌塾を廻って採集したものだったまでを突きとめ、この内の百二十四首が新発見だったことなどで、その後日本図書センターから『幻の「一葉歌集」追跡』（'88）として単行本化された。その上、筑摩書房から出されていた決定版の『樋口一葉全集』第四巻（和歌編Ⅲ・書簡・和歌索引）が未刊で、六年後の刊行時には発見者私の名で、二段組三十二頁に亘り全歌稿が掲載されたのである。そして、緑雨書簡集の件。平成十二年に所蔵の全部を資料提供した書簡集を含む全八巻の『斎藤緑雨全集』（筑摩書房）が完成する。

この他思い出される場面としては、捨てられる寸前だったダンボール何箱もの斎藤茂吉宛無名人書簡から、歌の弟子で愛人となる永井ふさ子の書簡葉書十数通を発掘、二人の背景にあったものをつまびらかにしたり、岩波茂雄宛宮沢賢治書簡を入手、今は全集巻頭に大きくカラーの口絵にされているその手紙の公表は、昭和六十一年の私の著書『古本市場掘出し奇譚』だったりした。その他、田村泰次郎の資料から流行作家の実生活、収入状態を明らかにしたり、その遺品から忘れられた昔の友人、天才詩人・河田誠一の生涯を追った本を書いたりした。ごく最近では、何十年の懸案だった昔買った安岡章太郎の資料とその友人関係を検証、『「悪い仲間」考』という本にすることが出来た。

が、すでに七十六歳、宿題は残っている。藤村についてはあれでいいのか？　あの膨大な留学時代の茂吉資料はどうする？　近来、まるで受け継ぐように同業から購入の、葛巻義敏旧蔵の芥川龍之介資料はどこまで整理出来たのか？　内田百閒が戦時中に構想した、もう一冊の童話集はいつ世に問うのか？　少年・生田清比良（春月・本名清平）が詩友に宛てた早熟無比の手紙一束、河田誠一が遺した未発表詩集は、いつ印刷してやれるのか！　昔ご高齢を心配しての私の愚かな質問に、

「青木さん、自伝はね、ころぶまで書けばいいのですよ」と言って下さっていた『一古書肆の思い出』の著者を、今私は思い出している。……

目次

平成22（2010）年の家族構成

自分（私）	77歳
W（妻）	75歳
長男・正一	51歳
妻・裕子	49歳
孫・長女　有花	27歳
孫・長男　秀人	25歳
孫・次男　純	23歳
次男・信二	48歳
妻・千恵美	48歳
孫・長女　楓	18歳

平成二十二（二〇一〇）年

一月

――『場末の子』図書館協会選定図書に

元旦（金）晴

朝五時、Wが暗証番号などの紙片を入れといた小函をなくしたと騒いでいた。Wは近頃よく物をなくす。七時すぎに夫婦で雑煮。行火で寝た。十時すぎ、夫婦歩いて氷川神社へ詣でる。

午後、年賀状整理、書いた葉書をポストへ入れる。そのあとはテレビ見ながら一年の計画らしきものを立てたりする。

一月二日（土）晴

三度目位のトイレ。そのまま起床。四月から始めようとする七夕出品用品メモの点検。

昨日四時頃食事して以来で空腹、八時頃に雑煮、他を食す。眠気、寝ていた。

今日の墓参の件でW、正一にTEL。三時には浅草へバスで行く、と。自分代って、いつ行ってもよい、と。W、長男なれば家に一時に来るように言うべきだった、と。そのうち、正一一家、墓参して来たと寄る。暑いくらいの中、信二夫婦も来て、Wも出て話している。自分、入口まで出る。純は五日まで休みと言い、有花は〝三郷〟まで追われる予定で、四～五月までには会社〝写真屋さん〟をやめる――と。

楓は塾へ行って一時半に帰る予定とかで、こちらの判断が正しかったわけ（Wより）だ。三時に信二来て、夫婦乗り、後ろに楓で出かけ墓参。その足で車、白鬚橋越えた辺りで混み、駐車場難しそう。待乳山手前で一台空いていたスペースに駐車。五人、信二の足早の先導（どんどん行ってしまう）で馬道まで出（言問橋方面にそびえ立ち始める新タワーが高く、すごい）、観音様の裏境内に出、入る。もう未曽有の人出と分かり、トイレに並ぶ人の列だけで驚かされてしまった。

参詣は横からなど入れない警備、仲見世から並んでおり、信二が正一にTEL、葵丸進を予約しておくよう頼む。歩行者天国になっている中を歩き、たどりつく。もう二階に九人席が作られていて会食（ここは混雑していなかった）。

会計二万七百円。韓国居酒屋通りはどの店も満員、木馬館通りも観音様に向け通りは満員、〝子育て観音〟に詣で、帰り道についた。正一一家も便乗、ハイエース一台で帰途につくが、いつかの「詩人歌人原稿集出版記念会」の時の帰り（全員と荷物も）を思い出した。

帰って夕寝。W、のど痛い――と。目覚めてあとはテレビ廻すも〝おバカ〟ばかりで③チャンの歌舞伎録画と中継を眺めた。Wはかたわらで寝ていたが、すぐ

眠り、寝に行くように言うが、〝お富与三郎〟をごっちゃにして、
「まだ親子(母子)の対面がないじゃない」などと言って起き上ろうとしない。

一月三日(日) 晴

八時まで眠る。文化放送を聴いていた。TBSよりいいかも知れない……。七夕出品の原稿書き始める(№6までやる)。元旦から2点ずつ(金曜のみナシ)やるのは初めてだ。

午後は、今年の課題の一つ「私詩五十年」をまとめるための「ファイル入れ」をやる。かたわら「シャーロックホームズの冒険」(日本語)を眺めていた。

信二が呼ぶので出ると、楓の赤い自転車を見せる。「じいちゃんのお年玉で……」と。九千九百八十円、とか。

一月四日(月) 晴

八時半起床。昨日は十一時半起床。午後Wは堀切行。正一の店と赤札堂へ。七夕の用意は18までやる。

夜、七夕品整理中に出て来た清水基吉の「未青年の手記」稿本(?)を読む。奇妙な筆跡、内容、文体だ。

夜、「チップス先生さようなら」「夜明け前」(滝沢修)「市民ケーン」(日本語版)を仕事のかたわら見る。

一月五日(火) 晴

Wは亀山医院行。W帰って、東堀切郵便局の局長に会いに行く。その結果を話し、Wも機嫌よかったのだが、話しているうちまた激高してしまう。

午後、正一のところへ自転車で出かけた。純が休みで店番させ、2Fで裕子さんも来て雑談。裕子さん名義で五、六百万の恒産はあるらしい。正一はまた雑談の中、久鬼高治邸五百万というのに興味を示す。「今のようにネット商売なら、千葉でも同じだからな」と。十年前まではあんなに売れたのに、全く古本屋に客が入らなくなったのだ。

帰ると、本届けよとの樽見君のTELあり、と。いつもの夕寝。寝ても寝ても眠くなる。

夜、信二、まるで只くれるように客がパンフの収集物を置いて行くという人、逆にお宅の売値を見て来た、いくらいくらで買えとねばる人あり、と。

一月六日(水) 晴

朝、八時起床。

九時に夫婦で出る。古通へ二十冊を届けるため。千代田線で行き、手前の神社でWを待たせ古通へ。『場末の子』について樽見君、「図書館関係の注文が入るようになったんです」。明古の日に別に二十冊持参されたし、と。

Wと千代田線で湯島下車、松坂屋まで歩く。上野広小路から銀座線で浅草へ。仲見世を通り、先日大混雑で詣でられなかった観音様を参詣、「子育て観音」も拝み、ロックスへ。そこでWが友達と一度来たという店で食事。

も一度銀座線で上野広小路に戻り、多慶屋へ。電熱器を買い、自分はそれを持って帰ることになった。明正堂で、電車の中の広告で見た、『死ぬときに後悔すること25』（1500円）を買う。

帰って、一人ムダ喰いとテレビ。W昼寝。購入本を粗っぽく読了。

七時頃からやっと仕事。八時から4Fへ。斎藤輝子調べなど。「久鬼高治日記」の調べも。

一月七日（木）　晴

四時、Wと。八時半まで寝る。起きるとW、「日記帳に、なくなったメモ三通が入っていた」と。キツネにつままれたような気持なり。

正一の方にTELすると休業。昼は昨日多慶屋で買ってきたうなぎ。

大市の残り、二〇〇四年分の商品一箱を分解、1Fで上へ行くもの、下へ来るものを取り替えたり、持って上ったり、計十回は上り下りした。四時に散髪して貰った。Wは床屋の娘だったのだ。そして入浴、夕寝。七時から4F。己の作成した「久鬼年譜」に書かれた日記を当てはめて行く作業をした。あとは「斎藤茂吉異聞」を書く。

一月八日（金）　晴

十一時半頃に、夫婦で二十冊を持って古通へ出かける。例のお宮まで十冊を運んで貰って別れた。樽見君は昼休みでいなかったが、社長がいて新年のあいさつ。村上さん、「図書館協会の選定図書になったんで」と。

古書展を覗くと、預け場に松島浩氏。「閉店して雑本が沢山残ったので、古書展はやってるつもり」と。八十五歳になり元気。

4Fはなし。3F、数点入れてもよいかと。正月のあいさつはそれなりにする。会長があいさつに来る。

場末の子
東京・葛飾
一九三三～四九年
東京郊外から場末の町へ
〈1933−1949年〉
戦時下の窮迫、学童疎開、敗戦、闇市、新制
中学――激動の昭和を歩んだ十五歳までを克
明に辿る自叙伝。

前年10月刊

朗氏はすぐに消え、森井氏は現れず。○○堂氏、やたら若い後輩をつかまえて教えている。

「足穂『一千一秒〜』原稿」に××書店で上から二番の二百二十万、○○堂出品とか。

市は四時半に終ったが、新年会は六時半予定、と。○○堂氏、八勝堂さんと8Fへ。八鍬君もやっとそこへ現れる。時間つぶしして、歩いて会場へ。八鍬君と早く進み、腰痛の○○堂氏に合せた八勝さんと二人は遅れる。そう言えば、○○堂氏、川島氏の五十部本「初版本」を見せる。8Fでは二人、若い者達のもの足らなさばかり会話。禁煙なのに元理事長の喫煙はいかがなものか。小林靜生君とは会わず。

ホテルでは八木正自君と会う。

「青木さんとはまだ……」と、新年のあいさつあり。会は会長のクリスマスが×××円越したという話に次いで○○堂氏あいさつ。閉会は八勝さん、今井氏は休みで年上は二氏の他は中野君の父だけ。

百瀬君の司会で会食、後半はビンゴ。帰りは大手町へ出て、↓町屋↓お花茶屋。

支部総会通知と、図書新聞に『場末の子』の「田村治芳氏の書評」の載る号を受取る。
○○堂氏、古書業界の天才。体調戻り(腰痛)、また元気な会話をするようになる。ほとんどのよい買物に立合っている話。それは嘘ではないのだが――いや、それだけにあからさまになるのがいやなのだ。これからさえ、そのことで買い物のジャマになる公表はいやなのだ。
そして本まで書いた奥さんの自慢。その自慢も、

「よく勉強するよ。昨日も十一時半まで文書《もんじょ》の整理をしていたよ」

自分が言った。

「男に生まれたかったでしょうにね」
○○堂氏、別に怒らなかった。
「売るの、間に合いますか？」

「うまく売るには間に合わないだろうな」

いつも、所在を携帯で知らせる○○堂氏。「娘がいつどうなるか分からないのでね……」

女、女だけしか生まれなかったのだ。

一月九日（土）晴

四時にトイレ、眠れず起床。Wに即席ラーメンを作って貰う。仕事始めるがテレビの前だと眠くてダメ。うとうとしてると信二がバザー行きで来て、『場末の子』ロッカーへ四十冊運んでくれることになる。

午後、講演用のメモ取り。

夕食は夫婦で駅前の松屋へ、牛めしを食す。

九時、テレビ。がんになった夫婦のドキュメンタリー。自分達にも〝余命〟の保証はないのだ。死ぬ準備!! すでに前立腺がんかも?

一月十日（日）晴

パソコンを見ると、明らかにアマゾンの順位上っていた。「私詩五十年」、「久鬼高治年譜」をやる。キッシンジャー博士の語る番組（12チャンネル）を見る。昼寝なしでやって見ようと思う。

七時頃から4F。出版社にやって見てはと言われている「日記作法」の資料整理、「控え帳」の「茂吉異聞」。とうとう昼寝なし。

一月十一日（月）

九時半まで寝る。午前は商品の整理。「盲目のピアノ奏者」の優勝までのドキュメントを見る。

「久鬼高治年譜」作り。

一月十二日（火）雨

雨の中、山口クリニックへ。血圧が高めと言われた。三十日分薬くれる。

ファックス来て、諏訪さんの死。二、三年会っていなかった。数年間、三十代の頃世話になった。婿に入った人で、子、孫が優秀で店も健在である。同じ頃、樽見君のTEL。書評の件で、あとで本物上げます、それと西村賢太の本の書評も、と。

雨で（明日行くよりはと）お通夜へ向かう。びしょぬれに近かった。万世橋の「千代田万世会館6〜7時」で、八木朗氏が世話をやいている。何しろ4Fくらいまでの狭い階段が並ぶ場所なのだ。前が、髪の長い若い女。窓からは運河と中央線を往く電車が行き交う。なかなか列は動かない。何故かジャンパー姿の○○堂氏、八勝さん、水井、玉英堂さんなど。十分もすぎて階段上の人々から（自分は多分三十人目位）焼香台へ進んで（段々見えてくる）いるらしい。祭壇には献花の中に夏目会長の名が見えた。大量の名札だった。

会葬お礼（中はあいさつとハンカチ）が渡される。上に清めの席が——と言う。小西君見え、その席へ上る。そこへは渋谷氏など三、四人顔の知った人々が来た。みんないないのは、このあと古典会は新年会があるらしいと噂している。道理で○○堂氏のジャンパー姿が分かった。市のあとだったのだ。

小西さんと日暮里まで一緒。氏は浦和に在住（店は神田）しているのだとか。「千利休」の資料を見つけたという話をしていた。

奥平氏、古通で買って〝本〟読みかけてる、と。びしょぬれに帰って来ると、疲れた。すしをつまんできたので軽食をしたあと（八時～十二時）は新聞・テレビを見ているだけで何もしたくなく、ただ無為にすごした。

小沢幹事長の記者会見、日本航空・再生問題、など。Wは明日の旅行（伊豆方面へ正一夫婦と）で興奮しているのか、なかなか寝に上らなかった。

一月十三日（水）　曇のち晴

Wは正一夫婦と伊豆方面に一泊旅行。

「久鬼年譜」「日記作法」資料ファイル作り。

倉庫見廻り、そのあとテレビ見ながら映画のパンフ整理。

朝食はパン屋、夕食は〝ほっかほっか亭〟。

Wから二度TELあり。小沢一郎のニュースしきり。

一月十四日（木）　晴

八時起床。ゴミ出し。賞味期限切れ二十品目くらい捨てた。2Fの箪笥付近の雑物も袋に三つくらいに詰めて捨てた。捨てられない性格のW。

昨日からの仕事、映画パンフの整理しながらビデオを見る。「アタラント号」他。そのあとについている佐分利信の「慟哭《どうこく》」を見る。？？？　否定は出来ないが。

自転車でおかず買いに出かけ、夕食。Wは八時前に帰る。正一、速度違反をしたとか。

一月十五日（金）　晴

餅二ヶを食し、七時四十分頃に出かける。神田行。八時すぎにロッカーの荷を台車に積む。出品用意。三十七点位出来た。それから古書展・愛書会を見る。四点九百円だけ。本がとにかく安い。

市の精算をする。古通へ、昨日十冊と言っていたのだが、信二が四十冊運んでくれてあり、包みがそうなので二十冊を持ち込む。これで二百十冊まで納入したことになった。六万円ほどの支払いもあった。8Fへ行くと○○堂氏、声かけると、うとうとしている。小林君、眼球に注射療法をほどこすことになった、と。黒岩氏の奥さんが亡くなって、甲府の方に豪邸があるのだが、子もなく、一人で困っているという話も。

下りて来ると、エレベーターで青梅の中村君と会う。これから三省堂の古書部へ行くというので一緒に行くことにした。エレベーターの3Fあたりか。棚が書店別に別れている。地方の本屋もあるが、店番は三省堂側でやっている。そのあともう一階上の○○○○書店を見る。五○〜六○坪もある。

あとは市に戻り、終りまでいた。特に映画カタログが高くなった。「田村隆一原稿・六一、○○○」を買う。下札で、気に入らない。総会がある。八鍬君と駅まで帰った。帰りに信二のところへ寄ると、吉田工務店の見積書。倉庫の改築千四百六十万くらいで、高いと不満だった。もっとも。

一月十六日（土）

八時に信二にTEL、やって来て話す。他店に見積りさせようということになる。器具のこと話し、千恵さんとW。信二、ガス台の火は使えなくしてくれる。昼食、そば屋へ五人で行く。帰って、終日市の出荷用意と映画チラシ整理。信二、千葉の吉田君の所へ行って来た、と。

＊　＊　＊

小沢一郎休職(?)のニュース。開き直り(?)。「政治には金がかかる」と政治家。「政治家は金も儲かる！」が実態か？　悪党で終わるかの瀬戸際か。

一月十七日（日）　晴

八時前に起床。昨夜は一時間おきくらいに尿意。そして中々出てこない。

午前中、倉庫。神田行の荷など入口まで出したりするのを信二も手伝う。W、フライパン買いに出かけ、電動自転車の電池切れだったと、遅くなってしまい昼食。

午後は一時から始め、講演資料の用意。コピーのための資料探し。みな4Fで見つかる。

「日記蒐集譚」の序の辺り。

「作家原稿を蒐集して四十年」「幻の一葉歌集追跡（新潮45）」。

夕食後はコピーに行ったり、捨てるものを集めたり。

一月十八日（月）　晴

早く起きてしまったので、朝と夕方昼寝。ぬくぬくと行火でいくらでも眠れる。

小沢一郎のニュースしきり。

十一時に、松屋へ〝牛めし〟を食べに行く。Wもやっとガスの火に頼らなくなる（止められてしまって電熱

器)。午後、七夕の仕事。三〜五時、倉庫。久鬼蔵書の整理。

夜は夫婦でグレース・ケリーの「喝采」を見た。遅く、「久鬼高治日記」読みなど。

一月十九日（火）　晴

新聞に死亡記事。妙に気になっていた人・ミッキー安川さん（タレント、本名安川実〈やすかわ・みのる〉十八日、肺炎で死去、七十六歳）。ラジオで聞けなくなっていた。

八時すぎ起床。信二が神田へ荷を運ぶところ。「カミュー・クローデル」という久鬼氏の残したビデオを見る。

昼食「コロッケパン」。正午〜三時倉庫。久鬼氏本、あらかた片づいてきた。夕食をはさみ三時〜八時、七夕大市原稿書き。

一月二十日（水）　晴

昨夜は三時間近く4Fですごした。同時に「白い山」と芳川氏の「風の宿り」を通読した。

「白い山」もよかったが、芳川幸造作品を見直した。久鬼氏は最高作ではなかったが、芳川氏はここでベストとなった。私の入会辺りでは下降期だったのだ。

八時起床。昼食。十二時三十分〜四時まで倉庫。次回市持込分作り。四時〜八時（途中夕食と夕寝）、3Fの原稿類整理。底が見えてしまう。

夜、夫婦で「私は死にたくない」を見ながら七夕原稿。九時すぎに4F、「久鬼日記」。境遇、人生、考え方——かなりに自分と似ている人だった。

一月二十一日（木）　曇

昨夜も「久鬼日記」。今の自分と同じ七十七歳分——読むのは一種ためになるし、楽しみ（?）でもあるが、これだけ他人のものを読むヒマがあるなら、自分の古い日記を読むべきなのでは——とも思った。

Wは風邪気味だったが少し寝て、一緒に〝松屋〟に食事に行く。三百二十円で満足出来る店。

午後は倉庫。信二が友達の知り合い(大工)に見積りをして貰ったら九百万円と答えが出たと言いに来る。夕寝せず、八時まで七夕の原稿書き。W風邪気味。こっちも薬飲んで早く寝る。

一月二十二日（金）　晴

五時半頃に起きてしまった。ゆうゆう用意が出来、七時すぎには映画物の入札品を持って出た。新お茶の水で十分つぶして会館へ。出品四十二点。がらくた展四千八百円。田沢氏より三千円を二千円に負けて貰った。

8Fで休む。鵜沢氏とテレビ前で語る。東部支部、総会あっていよいよ終りらしい。あと4Fへ。3Fと上下していた。○○堂氏見えない。信二からTEL。

中村君(多摩書房)、森井氏、絵はがき屋氏と語る。氏が、今業界でもっとも人気の絵葉書についていろいろ教えてくれる。映画もの売れ、原稿類も多少売れる。

帰り道にまた信二のTEL。千二百万なら頼みたいと言ったら、吉田工務店折れてきて千二百万プラス消費税では？と言ってきたと言う。帰りに店に寄った。

一月二十三日（土）晴

「講演会準備」と思っていたが、終日映画物整理ですごしてしまった。

上に、どこで仕入れたかも分からない数十枚があり、なりそうな品。それと歌詞のチラシ多数。

信二から千二百五十万で決めたという電話があった。

一月二十四日（日）晴

小沢一郎聴取のニュースと特集番組。

今日は講演会の原稿作り。拡大コピーに行ってファイル入れ。

倉庫へ一時間余り行く。本売れないので紙類整理。

Wは風邪気味で、うとうとして暮らしている。自分、コピーして安心してしまい、久鬼氏遺品のビデオ「戦争と平和」（ソビエト版）を見た。

一月二十五日（月）晴

Wは四時頃から目を覚ましている。逆にゴミ出し時間にうとうとしているのを起こした。

終日、映画もの、歌謡もののゴミ（？）整理をした。途中、溝口の映画「残菊物語」、杉村春子の舞台録画「女の一生」を見る。九時に一段落する。正一、昼間寄った。

＊　＊　＊

テレビは小沢問題、普天間問題、等。

一月二十六日（火）晴

朝方、艶夢を見ていた。

午後、倉庫。終日かかると思ったが、二十九日の荷は映画物で七、八点すぐに出来た。

今日読んだ「サンデー毎日」、楓にセンター試験のことが特集されているのであげた。

一月二十七日（水）　晴

リポ、他のゴミ出し。Wはよくもの忘れする。関塚君の「みち」届く。

十一時、思い立って筑摩にＴＥＬ。青木真次氏と今日四時を約束。本、前向きとの返事を喜ぶ。

四時に筑摩へ。青木氏は原稿（四束）を持って下りて来る。要するに、注文することをやってくれれば出す、という。メモを取って行く。少し雑談して、同じものがあるからと、『古本探偵追跡簿』一冊を置き帰る。

ふと、蔵前の八鍬君の店へ。お母さん店番していて、「どちらさんでしょう？」

「青木です」

「堀切の……」と、九十いくつの元気な言葉。

＊　＊　＊

筑摩書房・青木真次氏の「ドン・ザッキー伝」のアドバイスは左記であった。

「もっと全体をふくらませて、頁数を増やす。少年の部分が、どうもいけないのでは？　分かる人には分かるが、何も知らない読者のために書いてもらいたい。エピソード的に。のちにはこうなる人……とか。詩人達の人物の一々についても。『南天堂〜』のこと、兄弟なのに本が渡らなかった、とか。

伊藤信吉先生のこと、お礼などは！　の言葉。品川力氏についても！　一誠堂オナギ氏のことも。日記の再録はいらないのでは！　日記で知る知識を全体の中に振り分ける。推理的に進行しているのを壊さない程度に」

「編集部の実態は机一つ。バラさない？」

「いや、本当を言ってもよいでしょう」

「でも、これだけの詩人を糾合、紙面に立ち上げる力量、カリスマ性はあった？」

「それは、そうでしょうね。ドンが『アッ』と声を上げる場面とか。ボソボソ調でいきましょうか？お涙頂戴調も。行きすぎたら読んで消しますから」

「三ヶ月くらいでやりましょう。途中、どうやってるかの中間報告をします」

一月二十八日（木）　晴のち小雨

早く起きてしまい、又寝たい。関塚君の「みち」が最終号を出すというので感想の葉書を書く。

午後、４Ｆへ。「ドン・ザッキー」をやる。取りあえずは「講演」の準備が先だ。

＊　＊　＊

古い洋画「未完成交響楽」を見る。「お姫様」になる女優には参ってしまう。

一月二十九日（金）　晴

食事して十時前神田に向かう。出品用意、十点。趣味展で四千六百円買う。八鍬君が会計をしていた。古書展の場で月の輪君に会った。

「このところ神田は来ないのね」

「ええ」

「まだ年齢は意識しない？　こっちは大分年とりましたけど……」

「意識しません。でも青木さんは若いですよ」

（年よりは？）と心の中で。

市、見て精算。それから樽見君を訪ねる。古通に西原和海さん来て少し話す。西原さんにも、

「うちだって雑誌だけだったら赤字です」と樽見君。

九点売れ、落札なし。中山君、同じようなカタログ出して余り売れなかった。〇〇堂氏来ている。

「もう八十六だよ……」などと誰かに言ってるのが聞こえた。

一月三十日（土）　晴

朝、早く起きてしまった。裕子さんが注文の福永武彦の原稿を取りに来た。十時、お弁当展とかでWと堀切の赤札堂へ自転車で行った。結局大したことなく、帽子を一つ買って貰う。別れて一人で帰途につくが、思い立って土手へ出てスカイツリーの伸びるのを眺める。帰るとWも帰ったところ。

終日、講演の前半原稿を書いた。やはり、いいかげんには出来ない。後半の樋口一葉の部分は「新潮45」の文章で間に合わせる。

Wは元気になって、亀有のイトーヨーカ堂へ行って来る。広告ビラを眺めること、郵送の旅行案内を眺めること、注せんのついた物を買ったりを好む。買物依存症の気配。

夫婦共、確実に「老い」におおわれ始めた。自分には「ドン・ザッキー」出版の夢が出来た。が、書く方も老いてきている。

有花は今月で「写真屋さん」をやめるらしい。

一月三十一日（日）　晴

九時すぎに信二にTEL。夫婦でやって来る。朝、吉田さんの倉庫へ荷を運んだとか。鍵を借りてるので、

もう三分の一ほど何回かに運んだとか。
　昼食を亀有「万世」へ行き、Wの誕生祝いに信二がおごるということになり、行く。
　午後、昨日からの講演材料を清書、夕方までに終える。

二月

――葛飾中央図書館で講演する

二月一日（月）　晴のち夜雪

信二、千恵さんと契約しに行く。もっとも、とうに吉田方の倉庫へ建築期間の商品は運びつつあるのだが。

新聞、テレビ、二十五歳の女が殺人で逮捕のニュース。あとは小沢問題、貴の花が理事選に出たとか、朝青龍が場所中素人に乱暴した事件とか。

「ドン・ザッキー」の文章コピーに行きたかったが雪になってやめる。

二月二日（火）　晴

雪はやんで、残雪もまばらだった。

コピーに行く。関塚氏から『満洲発・東京下町生活』送り来る。

中央図書館へＴＥＬ。明日二時を約束。講演会へ行く、正一が運んでくれる資料の荷作り。

二月三日（水）　晴

午後、金町の中央図書館行き。吉川さん、司会の若い女性とを相手に六日当日の打合せをした。行ってよかったのは、手話の人も来るので少し短めにということ。夜、その作業をした。

二月四日（木）　晴

八時前に起床。八時半に一家の小旅行で、有花（先月で勤めやめる）連れた正一夫婦が車で、信二夫婦に自分ら夫婦が乗って（楓は学校）、二台並んで（先導は正一）出かける。

一時間くらいで「我孫子　鳥の博物館」へ。その近くの「魚の博物館」も見る。

次は我孫子駅に近い「我孫子市　白樺文学館」へ。小さな建物だが、お金をかけた家庭的な建築。七十歳以上も有料とあり、正一が払った。すると事務室兼応接室のような部屋で、館長が案内の話をすると言う。副館長が事務をとっている。

正一が聞いて相づちを打っている。その内に自分が疑問を問うたりして二十分の館長の話になってしまった。夢二展は一部屋、資料十点くらい、基本の白樺派展も資料二十〜三十点であった。しかし、自分が大市に出品、八木書店が納品した、

志賀直哉、小林多喜二宛書簡

小林多喜二、大熊信行宛書簡

がレプリカで、メインの資料として並べられていた。それにしても「佐野」という男はすごい！　志賀の家があったという高台を見、そこからは食事をしに車は

左より次男嫁、長男嫁、長男、次男、自分達夫婦

左より長男嫁、長男の娘、次男嫁、次男、自分達夫婦

走る。割と近くで、十二時に食事処へ。計八千何百円だった。文具シモジマへ。次に三郷の大きなアウトレット。組立の棚を二つ、他を購入。四時半頃に綾瀬を通って帰宅。夜は講演用品の用意。

二月五日（金）　晴

神田行。和洋会を見る。四千六百円。

市の途中、彷徨社へ行く。皆川氏と目時さん。廃刊までの料金を払い、三十分ほどしゃべって市へ戻る。8Fへ、○○堂氏昼寝している。

市、買う気も買う品もなく、明古の総会待ち。帰って十二時まで明日の用意と左の葉書書き。遅く入浴した。

＊　　＊　　＊

・川西政明氏へ

過日は川西さんの新著『新・日本文壇史』第一巻を岩波書店を通してご恵贈たまわり有り難うございました。面白く有益に読了しました。私には、何と言っても久米正雄の項に感銘を受けました。またこの度は、相馬泰三と秋庭俊彦の件で、ささやかにお役に立つことが出来、参考文献にも記録して頂くことが出来ました。お体を大切にされて、全巻にまい進して下さい。

・関塚昇君に

前略　新著『満洲発・東京下町生活』を有り難うございました。関塚さんの、ご苦労をされた半生がしみじみと感じられる一冊ですね。それでいて、決して境遇をうらまず、時勢をうらまずの、天性の豊かな人間性がにじみ出た文章に感銘を受けました。鶉屋書店・飯田淳次さん、葦名先生、大里八郎君、金井裕幸君、私が知っている当時の人達がみな文章によって生き生きと書かれています。私のこともあって、恐縮に思います。

昔「早稲田の三尊」と言われた市島春城は「書物は我が墓標」と己の本のことを言っています。近頃身にしみて感じられる言葉です。

二月六日（土）　晴　講演日

よく眠れた。十二時半には出て、一時十五分頃に金町・中央図書館へ。

二時～三時半講演。寒く風強い日(係も言っていた)で、七、八分が埋まる中での講演だった。

終って熊田幸男君が近づく。それと佐藤さんなど「語る会」の人々近づき、立ち話。

五時近くに帰宅。あがらなかったし、やっと宿題を果たした気がした。帰宅後食事、夕寝、テレビ。正一が荷を持って帰ってくれる。

二月七日（日）晴

午後、エアコンの暖房のことで言い合い。結局、壊れてもいないのに悪しざまに取りかえろ、ケチ呼ばわり。W、暖房にこってしまう。しかし夜、2Fでつけたまま眠って部屋中乾燥して、身体も乾いてしまって、起こすと後悔していた。

＊　＊　＊

『場末の子』につき、郷土・天文博物館の寺島玄氏より郵便あり。思いもせぬ分析をしてくれているので、左記書簡と資料を添付しておく。

（手紙）

先日は『場末の子』をいただき、有り難うございました。

昨年十月に、木根川史料館で研究発表の機会を得、『場末の子』についての発表をいたしました。そのときのレジュメを同封いたします。後日、文章にして、なんらかの形で発表したいと思っております。ハラハラさせるミステリータッチ、散りばめられたエロティシズム、貴重な史実。例えば、終戦後の大米軍飛行機群の話、映画館の多面性など、美辞麗句を排した簡潔明瞭な文体、何よりも「地」を語る迫力に魅力を感じました。

尚、年末に荒川治水資料館に於ける講演論文集を同封いたしました。読んでいただければ光栄です。

寒さ厳しき折、御自愛下さいますよう。

平成二十二年二月六日

寺島　玄

青木正美　様

（資料）別紙

青木正美著『場末の子』について

二〇〇九年十月二十四日　於、木根川資料館

寺島　玄

1　全巻の内容について

＊「場末の子」

＊「少国民の頃」

＊「飢えの記憶」

＊「少年の春」

＊街並み、教育内容、戦時学童疎開、子どもの遊

び、仕事、などの歴史資料として

2 「場末」という武器

＊隅田川、そして、荒川を越えるということ

＊「場末」の痛感

＊「地」を描き「地」を語る。

3 青木版「ヰタセクスアリス」前篇

＊「欲情」の黎明

＊女教師、クラスメート、友人の母………描かれた女性は皆、魅力的である。

4 「貧乏考」つげ義春との近似値

＊「リアリズムは嫌い」or「リアリズムへの接近」

＊「志向」としての貧乏と「宿命」としての貧乏

＊「清貧」と対峙するもの

5 「映画館」の多面性

＊「オンボロ」とやじ

＊「インチキ」

＊東条英機・座席の区割り

＊「性」の舞台として「キンカン」、「デート」、「開かれた密室」

6 家族への愛情、故人へのレクイエム

＊欠点を描きつつも、そのていねいな綿密な描写に、筆者の描かれたひとへの思いが窺える。

＊歴史上刻まれぬひとの詳細を丁寧に描くこと

7 『場末の子』の詩情

＊淡々とした史実の語り口から、壮絶なるディテールの描写への落差

＊巧妙なるミステリータッチ

＊美辞麗句の排除

＊完結部のペーソス

8 永井荷風、豊田正子、川本三郎、つげ義春、青木正美による『場末の抒情作品群』の意義

二月八日（月）晴

自転車で東部病院行。十時三十分～十一時三十分。採血と尿検査。正午前には帰った。

七夕用の原稿書きを、二十日分まで進めた。

十二日は明古休みで、古通への二月十三日〆切の原

稿を郵送した。夜は「ドン・ザッキー」。

二月九日（火）　晴　四月の陽気とか。

Ｗは四ツ木のヨーカドーへ行く。倉庫内片づけ一時間くらい。採血が昨日だったのに、Ｗに山口クリニックへの薬貰いに行かす。以後、行火で「ドン」を続ける。

二月十日（水）　晴

午後、全原稿上部に、まだ書けそうな「ドン」の資料、写真版になりそうな個所の記入などする。そのあとは資料探し。「読書相談」の中の「ドン」の文章を清書する。

二月十一日（木）　雨

「ドン」の文章は、四百字で二十四枚あった。

夫婦で山田五十鈴、高峰秀子の戦前の映画「樋口一葉」のビデオを見て、夜は「盲目のピアニスト」の再放映を見た。正一夫婦がちょっと寄った。

二月十二日（金）　雨のち曇

七夕原稿を二月分一杯まで（No.１００迄）書く。終日「ドン・ザッキー」。

二月十三日（土）

４Ｆへ、ドンの昭和二十五年「読書相談」の位置をきめ、その前後の下書き。

有花が、過日の我孫子行の写真を持って来る。勤め、一月でやめてしまった。

二月十四日（日）　晴

下見かたがた、古書会館の講演会を聞きに。一時に出て、少し下見。二時前に７Ｆへ。ほぼ満員であった。話は……？？？　しかし二番目の千葉大の人のGoogle中心の話は面白かった。

＊　＊　＊

今朝、行火の線、裸に銅線見えて、信二来たので電気部品を買ってきて貰い、助かった。

楓がチョコレートくれる。

冬季オリンピック始まる。

二月十五日（月）　冷たく強い雨

六時に起きてしまう。自分、食事をし、「ドン」も少しやって、朝寝も三十分ほどして、中央市大市会へ出かける。
　降り始めた雨の中、十一時に市へ。順に見て行って、思わぬ出品物に出合う。久鬼氏の資料が金銭的でなかったように、その品も商売上では全く価値のないもの。
宮　林太郎・資料　二箱と共著二本
というもので、ろくに見ないで、自分には重要だと分かった。これだけは買おう。買わなければ今日の全ての市での動きが無駄になると思う。
　開札が(４下)十二時五十分と言われ、それまで何度行っても札は入っていない。それでいいかげんの所で、
　　青木　四一、〇〇〇
　　　　二一、〇〇〇
　　　　一一、〇〇〇
　右の入札をした。下札で落札と分かり、二ノ橋さんに言ってロッカーに運んでしまった。少しだけ箱の中を眺めたが、原稿類まであるから、家族からの払い出しか？　きっと蔵書も沢山あって、これを別売したものであろう。
　そのあとは肉筆ものの安物に入札した。落札は信二が見てくれるので、それで帰る。まず古通へ。稿料を貰う。三人で昨日の小田光雄氏の講演などを少し話す。
タクシーで千代田区役所行。９Ｆ・図書館での「古書目録と反町茂雄」展を見て、帰宅。どしゃ降りの雨だった。

二月十六日（火）　小雨と曇り
　Ｗはのど痛になってしまった(留守中に耳鼻科行)。
　神田へ早くつき、宮 林太郎整理。大満足とはいかなかったが、買ってよかった。同時にロッカー整理。買ったものをチェックして帰途についた。午後、「ドン」について「古書月報」「古書組合五十年史」をもう一度点検、発見もあった。

二月十七日（水）　曇
　終日「ドン」。古い「月報」を細かに見る。
　バンクーバーの冬季オリンピック。大騒ぎの割にメダル、銀、銅各１。

二月十八日（木）　雪のち晴
　終日「ドン」。古い「月報」の再々探索。途中、藤田まこと（自分と同年同月生）死去のニュース。古通原稿の校正。今日も「チップス先生さようなら」を見る。

二月十九日（金）　晴

八時半頃に会館へ。台車で箱を上げて十七点を出品。それから古書展「窓」あきつ氏のところ。中央市大市で一回休みだったので大盛況だった。

あとはどこへも出ず、８Ｆへ行って「ドン」を書きすすめ、結構進行した。みんなテレビのフィギアを見ている。高橋、銅メダル。

市、詩人関係の口多し。出品、本は全くダメで映画物は高くなった。○○堂氏、「足が悪くなった」と言いながら、こまごまと品物を見て歩く。八鍬君は出品のほか、このところ来なくなった。

帰宅後、夕寝。「ドン」まとまってくる。

二月二十日（土）　晴

十時、夫婦でミカワ屋。

正一来て少し話す。医者へ行くと言い、図書新聞等持ち来る。

終日「ドン」。

二月二十一日（日）

終日「ドン」。

正一、裕子さん、有花でパン屋へ行くとかで寄った。正一あとで車で来て、六、七箱本を持って行く。丁度信二来て、話して行く。このところ藤田まことのドラマ見続けている。

二月二十二日（月）

自転車で東部病院行。十一時十分くらいには入ったのに、呼ばれたのは一時頃。

Ｗ、中川外科行（頭の突起物）。

二月二十三日（火）　晴　暖

昼食後、山口クリニックへ。薬四週間。

夜、鑑定団、「渡辺与平スケッチ」。東原氏出演。

二月二十四日（水）　晴

Ｗは「上野」へ行き、買物。

女子フィギア・ショート。浅田真央二位。「ドン」前半「付」までいいのだが、終章（第二部）はボロボロ。

「日本の名作」ＣＤ届く。

二月二十五日（木）　晴

終日「ドン」、「戦後篇」をやる。

正一、医者の帰りに注文品持って行く。福田清人「虹の如く」原稿。

テレビ、明日の浅田真央のこと、トヨタ社長のアメリカ下院での証言で持ち切り。あと、ギリシャ経済破綻。オリンピックは銀1、銅2のまま。

＊　＊　＊

歌謡曲の懐かしさは、必ず少年の頃の昭和二十〜二十三年頃に行ってしまう。

二月二十六日（金）　小雨

十一時半頃に神田へ向かう。まず、中央市大市分の支払いに事務所へ行き、三十万二千九百円支払い。そのあと明古の精算をした。

地下の〝ぐろりや展〟へ行ったが、買うもの一冊もなし。

8Fへ上がって、明日あさってで終えたい「ドン」のつなぎの文案を書いた。それから4F。またまた多い。しかし入れるものもなし。

日記特集の「新潮」を見に行ったが買う気になれなかった。通りに出るとテレビを見る人々あって、浅田真央が負けたことを知った。

8Fへ行くと、みんな負けた録画を見ていた。少し作文をした。市に少しいて、ロッカー整理に出かけた。

五時十五分に総会。二十分くらいで実行委員会とかで帰る。帰って夕食。夕寝した。ABコース、結局元に戻ったと、八鍬君のTELあり。

＊　＊　＊

朝、時間あったので山下武氏宅へTEL。夫人、あのあとはどこからも蔵書のことでは連絡はない。自分には本のことは何も分からないし、息子も離れて暮らしているので何も言ってきていない。本などが下がっていることは分かっている、まあ、三年くらいはあのままにしてあげたい。みんな本につぎ込んでいたようだ、などなど、と。

二月二十七日（土）　晴

終日、一生懸命「ドン」をやる。

二月二十八日（日）

「ドン」をやる。「少年の日記」を入れる部分変更。

冷蔵庫壊れる。

三月

――「ある詩人古本屋伝」を書き続ける

三月一日（月）

信二の車でコジマ電気行。「ドン」をやる。

三月二日（火）曇

終日「ドン」をやる。

Wは冷蔵庫が来るので用意。四時頃に来る。

＊　＊　＊

三時頃に青木氏にＴＥＬ、四日二時に届け。

三月三日（水）晴

終日「ドン」をやる。

ボケていまだ火曜であるらしい感覚だったことに気づいた。樽見君からまた十冊注文。「読書人」に書評あり、と。

夜、十一時すぎにコピーに行った。

＊　＊　＊

カムカム堂裏、コワシ第一日目。

この一ト月「ドン」で暮らした。これが文庫として通らなければ、全く才能がないということだ。

三月四日（木）曇　夕方より雨

午前六時、手交原稿のコピーに行く。午前中、ドンの「詩」追加分清書にすごした。

筑摩書房へ。青木氏に原稿手交。電車の中で読みます——と。「割と早く結論出ると思いますよ」

浅草で下車、「観音様」、「子育て観音」に詣でた。懐かしいカケラがチラホラの浅草。もうみんな死んじゃっただろうからお互い様だ！　タワー見たさに東武線で帰る。

コワシ、二日目。昔、買った二軒目の家だった。

三月五日（金）晴

神田行の寸前にドンの「その後」の方を一章にすることを思い立った。十二時前に家を出て、それを読みながら行く。

４Ｆの大量の荷を見て歩き、古通へ二十冊搬入した。十の注文に二十冊持ち込んで、伝票これで二百三十冊、と村上さんに直して貰った。それから三省堂へ行って「読書人」を探すがなし。

二時に呼ばれ、受付で西坂氏、小川氏と面会、８Ｆへ。一時間ほどほとんど自分が語った。大島博文氏、他のこと。

実は一時から二時まで8Fにいたのだった。○○堂氏が昼寝していた。それでも目を覚ますと、その辺りにいた同業にお説教的な言葉を投げていた。みんなごもっともだが、天才のマネは出来ない。

二人を送り出してからは、ずっと3Fにいた。○○堂氏、足はれているとかで片足引いている。中央堂曰く内臓からきているのでしょう——と。今井氏、八勝さんも総会を気にしている。○○堂氏、結構出品もしている。

総会あり。出品料二千円のことと、現役作家原稿のことで質問した。八鍬君休み。藤井という〝実篤色紙額〟を持ち歩く男の話題あり。

帰りに「コワシタ家」の跡を見た。

三月六日（土）　雨

朝から「詩人古本屋伝」の原稿のコピーをファイル入れ。終日かかって正続とも出来た。この一ト月かかりっ切りだったこと、何とか筑摩が認めてくれそうと思うが。

三月七日（日）　雨

気ままにすごしてしまった。昨日で「ドン伝」コピー終り、悩みはなかった。

それから裕子さんが作ってくれた「インターネット商品記録05～09」探し。これはなかなか見つからず、二時間くらい探して「ファイル」を思い出し、見つかる。

信二来て、話す。Wも話が分かるようになった。

三月八日（月）　曇

「文芸テープ」を聞く。起きてしまう（二度昼寝）。山下家へ葉書出す。

土曜日まで七夕原稿を書いてあった。昨日からの分の原稿書き用品を出す仕事をした。

裕子さんにヴェルイマン「野いちご」テレビからのビデオ録画を頼んだ。

三月九日（火）　曇のち小雪　寒

午後、土地を見に行く。意外に四角っぽいものだった。

七夕原稿、土曜日までやった。

三月十日（水）　曇　寒

「七夕」を十数点やった。W、中川外科。

信二が荷を持って来てくれた。宮 林太郎を眺める。無論エロ作家などではなかった。

正一のところへ行って「野いちご」を取って来て、見た。今のところ「？？？」。

三月十一日（木）晴

七時半起床（二度昼寝した）。

昨日眺めた〝宮 林太郎〟資料は「無縫庵日録」六冊を残し倉庫へ戻した。

正一夫婦来る。「梅崎春生」、二点。Wはさかえ屋。午後、倉庫。明日の出品用意。

三月十二日（金）晴

昨夜は何ともつまらなくなって——やることもなくなって、十時半に就床。

Wが新聞をめくる音。眠れなくなり、目覚ましの七時寸前で夢……どうやら〝雑誌〟取りに渋谷行なのだ。途中、どこかで本を拾い（？）……どうやらオートバイに乗っており……

八時半には出る。3Fだけの出品物。持参の映画ものと、過日中央市で仕入れた〝カストリ〟一万円分を分けて、全部で十三点の出品。

開場間もなくの〝城南〟を見る。一万二百円。それを置きにロッカー行。それから古通へ。樽見君一人いる。どうしようもなく本の安い業界の話。原稿手交。「社長、休みです。来月誕生日で九十五歳。もう出て来ないって言ってます」などと。

「宮 林太郎って知ってますか？」と自分。

「知らない。大工の作家？」

「あれは稲葉真吾でしょう。久鬼さんは偉かった？」

「久鬼さんはね」

背がスラリと大きくなったように見える村上さん戻り、原稿料くれる。○○堂氏来て少し話す。

市へ。8Fへ。○○堂氏と鎌倉の昭和十年生れの人が加わって話す。

「昼寝してたんですか？」と○○堂氏に。

「いや、旧ハトヤの並びにあるアンマでもんで貰って来た。三十分三千円……」

3Fは人で一杯だった。市場でセドリした「カストリ」に札が沢山入り、映画ものダメ。

朗氏、森井氏見えず。八鍬君も。年上は順に、○○堂氏、中野氏——息子の買ったものを台車にまとめている。金文氏夫婦。今井氏、市見て行く。免許更新の話など。中央堂さん、上さんらしい人と。八勝さんと、三省堂の8F古書展のこと。

終わらぬうちに帰宅。

夕寝し、また「野いちご」を見る。この映画、期待しすぎだった。

三月十三日（土）晴
六時起床。昨夜は眠れなくてトイレばかり。とにかく、努力々々の人生しかないのを感じる。これでは○○堂氏の後を追っているだけではないのか。

1F片づけ。昼寝。食後、思い切って塩沢歯科行き。二カ所に詰めものをして貰った。千三百円。

午後は倉庫。戻って手紙類の整理をしようと思ったら、出ると正一が寄る。Wと三人、話して行く。有花とベトナムへ一週間行って来るとか。

昼一時間、夕三十分寝て、何とか仕事を続けた。手紙類をやって、荒っぽく終えた。夜、NHKドラマ、犀星の「蜜のあわれ」を原作としたのを見た。

「斎藤茂吉異聞」を清書した。

三月十四日（日）晴
午前中「蔵書家列伝」のノート。午後は「手紙」整理。
夜、「吉本隆明」をテレビで聞く。下半身が歩行やっとの身体。しゃべりは永六輔よりも格段によかった。くどくど言っている、一種の文学論だった。「昔の文学」にくらべ、その後は万般に亘った余計の付属物がついた文章になる。「昔の文学の方が上だ」――となる。

三月十五日（月）晴
午後、倉庫。七夕原稿「142」まで。
W、パーマ屋。

三月十六日（火）晴
十一時頃に出て神田へ。3Fに行くと、原稿・手紙が一列の片面だけ。数点は入札できるが、様子だけ見る。地下へ行くと額面等。
古通へ行って、三十分ほど過ごす。社長来ていない。会館に戻って8Fで休む。二時に3Fへ。にぎやかで、札も多かった。結局、安いものを四点落札した――と思っていたら、落札するなどないと思っていた浜田広介書簡百十通　四〇四、○○○が落札した。森井氏旅行で欠席（落札あり、番頭か）。八鍬君と会えた。話しかけてきて、次期古典会副会長、と。研優社氏、隣に座って「浜田、やられました」と。浜田広介だけを持ち帰宅。

夕食、後は一時間余り夕寝。夜、「斎藤茂吉異聞」のうち「永井ふさ子」。

三月十七日（水）晴

テレビ、新聞。Wは銀行へ。正一夫婦と赤札堂で会った、とか。

楓は今日から修学旅行（信二夫婦もめったに旅行出来ないからと、泊り旅行?）に出かけたらしい。午後、倉庫へ行くが一時間で戻り、3Fの手紙類整理。

思い立って、筑摩・青木氏にTEL。「読み込んでいて、まだ途中までです」と。「よろしく」と言うよりなかった。

五時まで手紙。「京浜詩の会」関係の二函を見る。面白いし、市売りも可能に思えたのだが、肝心の一束（詩人たちが感想を投稿した）が見つからず、整理中止。

夜、Googleで竹内多三郎（越村）、大野巳之吉、四宮ビル、浜田広介などを見る。九時から二時間ドラマ見てしまい、Wは眠ってしまったので寝にやる。十一時から「斎藤茂吉異聞」。

三月十八日（木）晴

楓の修学旅行だったが熱を出してしまい、やっと行かせたが、夫婦の旅行は中止したと言い、Wも伴い「さかえ屋」行き。

Wは午後、約束して二時に墓参。正一、有花も来た、と。自分は倉庫で、急に思い立ったことを始めた。電燈関係のタコ足配線をめぐらせたコードを整理する。四時には終って、疲れ切った。夕食後、夕寝。七時から4F。「斎藤茂吉異聞」の6月号分を清書。

三月十九日（金）晴

十一時頃に神田へ着く。そのまま和洋会を見、六千円ほど買える。〇〇堂氏、ていねいに客として見ている。八十六歳――そんなヒマがあるのか。売場前のウインドウ内の品も一つ一つ見ている。あいさつだけした。

市、3Fだけで、出品しなかったことを悔いた。逆に買う物なく、ロッカーを整理して、浜田広介書簡十通を鞄へ忍ばせ帰途につく。よい手紙だった。そのうち祐天寺、三ノ輪、浅草へ行きたい。懐かしい場所、全くなってしまう。

帰途、信二の所へ寄る。「基礎」のことで吉田さんに関口方からＴＥＬあった、と。倉庫、五時まで。そのあと、「京浜詩」葉書探し。見つかる。

＊　＊　＊

堀小、堀切中学。

小高園、菖蒲園付近。

四ツ木までの道、変電所。

梅田陸橋。千住大橋、三ノ輪。

本木、萩原さん。

白鬚橋、向島、六高通り、旧向島市場。

岡山玩具、四ツ木通り。

浅草公園、東武線浅草駅、堀切駅。

田原町、国際劇場通り。

上野高校から谷中、日暮里へ。

北千住通り。神社、桜木町、尾竹橋。

みんな懐かしい場所がなくなった。


そして、はるかなる女達……

もう、多分いないだろう。そして例外なく誰もが死ぬ。痕跡を残そうと残すまいと。死ぬ間際の満足感だけ！

思い出の人達、思い出の日記たち、思い出の品々、思い出の本達、思い出の資料たち――緩急自在の装置を持つ頭脳。

生きたい、は切りなし。しかしよく生きたし、よく選んだ思い出だった！

三月二十日（土）晴

まず「京浜詩の会」はよかった。「浜田広介」は、そうでもなかった。

楓から葉書が来て、当人も帰った。京都でも熱を出したとか。

夕食は久しぶりに「松屋」牛めし行き。終日、徒労だった感じ。

どうころんでもあと十年。

三月二十一日（日）晴

朝方（五時前後）の大きな台風のような春の突風に目が覚める。怖いくらいの規模だった。窓ガラス一枚が割れたら、家中が荒らされるほどに感じられた。

七時すぎにやみ、起床。倉庫へ行った他は、とうとう無為にすごしてしまった。

アメリカ映画１００選、日本映画１００選をみたが、映画には結局期待出来ない感じ。文学との違いは「活動」という初期の呼び名がふさわしいのが「映画」だ。そのくせビデオで映画ばかり見てる。

三月二十二日（月）　晴

寒いがうららかな日となる。

いくら寝ても眠い。猪俣さんへ礼状と送本しようと、反響などのコピーに。前の建売の販売員が看板はがしている。三軒売約となった——と。

（石川）節子ちゃんのＴＥＬ。Ｗが代って、文ちゃんの墓参云々と。

Ｗは午後一人で出かける。四時半に帰宅し、案内本古く疲れただけだった、と。

倉庫の整理、面白くなって五時までいた。

夜は映画プログラムの内、自分用と黒沢などの取っておいたもののファイル入れ。そんな仕事が面白かったのは？　〇〇堂さんが、丁寧に古書展廻りをして一冊々々本を見ている図と、似てないか？

三月二十三日（火）　晴　夕刻より雨

新聞、テレビ。民主党のもたもた。九時に猪俣さんへの送本。

昼食、カラ揚げ弁当を二人で食べる。午後、まず昼寝して一時頃に倉庫行。もう整理つかない本々々々。

ふと、トイレに家へ行こうとすると、角の植木の散らかりぶり。整理を始め、十五分位で片づけてしまった。Ｗが出て来たので呼んだ（あとでＷ、隣の奥さんも出ている分引っ込ませていた——と）。

節子ちゃんのＴＥＬ、Ｗに。Ｗは有花に川上澄生展につきＴＥＬ。有花はとりあえず〝失業保険〟を貰うつもりとか。

三時に倉庫から戻って入浴。四時に山口クリニック行。Ｘ線検査。いつも首の骨が曲がっている——と。

帰って夕食。すると猛烈に眠くなり、一時間位眠る。信二達（楓は友達宅へ泊まるとか）田舎へ行って来る、と。七時すぎてやっと目覚め、七夕原稿を書き続けた。ドラマ松本清張の「書道教授」、下らない。それを見ながら七夕原稿。今月中の割当てを終える。

三月二十四日（水）　雨

寝坊した。信二夫婦は田舎。午後、倉庫。楓が帰って、行火でＷと話したりしている。

思わぬ出来事は、Ｗが来て、筑摩のＴＥＬ、と。家に戻ってＴＥＬ。「二、三お話したいところもありますし……」と青木氏。明日十一時半に行くことになる。

楓が来ていたこともあり、無為にすごした。古通校正が来た。返事。

夜「茂吉異聞」次回分をやる。

三月二十五日（木）　雨

十一時半約束の、青木氏との面会。十五分頃には着いてしまった。

結局のところ、文庫化は無理、単行本化で二千円定価位で二千部止まりの本、それも自費出版ではないが印税は……と。直しのあと企画に提出、とも。承諾。その場合送本分だけは無償で貰いたい。また本は写真面を多く……と希望。三ヵ月位での書き直しを約束する。淋しい帰り道。

雨の中、浅草へ出る。「観音堂」、「子育て観音」に詣でる。その帰り、バス停へ。十二時五十分頃か。亀有行は二時三三分まで来ないので東武線へ。牛田で乗り換えて帰宅。昼寝と夕食。

三月二十六日（金）　曇のち雨

荷は行っているのだが、最低五千円の市なので出品せず。

十一時頃に神田へつき、「小田切秀雄全集」だけ出品。趣味の古書展を見るが、二冊だけ買う。ふそう氏の安さにも動かされなくなってしまった。八鍬君と会う。市は3Fだけ。夏目氏、赤もうせんの「独歩原稿」のことを自分に聞く。「写しだろうと思うけど」と朗氏に電話かけたりしている。

8Fに行って、小一時間すごす。鵜沢氏いて、「六月に東部の市が廃止になるので月報へ何か書いてくれませんか」と言う。「二十年位行っていないから、その期間を知っている人が書くべき」と言った。

市にいたが、ろくなものなし。龍生氏におくやみ、客は3Fのみでごった返していた。「小田切」に入札なく、ロッカーに入れてしまう。全集本が全くダメ。

古通へ寄った。そこから帰途につき三ノ輪行き。町屋から久しぶりの都電に乗った。コンビニで「撮リッキリカメラ」を買う。例の「三ノ輪映劇」通り——現、三ノ輪銀座通りを歩こうとして、ふと思い出したのは「浄閑寺」のこと。日光街道を渡るとすぐ分かった。若い奥さん二名、墓の通り道にいるので聞くと、分からない——と。辿りついて写真を撮ったら二人連れがその前の女郎塚のところへやって来た。

「撮りましょうか」と言うので、荷風碑の前で撮って貰った。荷風碑はすっかり整備されたものになってしまった。

また写真館の方へ渡り直して、旧映画館通りを往く。

映画館跡もまた変ってしまっていた。小公園も。

何もない、何もない、何もない、何もない。やっと××猛子のことを思い出した。バスを待って――千住大橋まで「都電、都バスだと障害者手帳で乗れるので町屋から来た」という六十歳位の人と話して待つ。百円均一で携帯用の傘を買う。お花茶屋へつくと雨。丁度さすことが出来た。信二、仕事師が基礎をやっていったと言う。

帰って、夕食夕寝。「ドン伝」のコピーに行った。

三月二十七日（土）晴

八時半頃に起床。とりあえず副本作りだ。やはり木曜以来、敗北感が支配している。才能の問題か？　昼食後、Wは医院行。正一のところへ寄ったら、ベトナム行から帰っていた。

午後、倉庫。――昨日は右の件だけでなく、市場でも何とも言えぬ疎外感。市はやはり売り買いをしないでは、いても面白くないのである。

倉庫、ＣＤ一枚が一時間なので、一枚入れて一時間という風に仕事をする。今日はとくに。トイレに行きたくなって戻ったが、二枚半まで聴いた。服部良一が、思ったより偉大な作曲家と知る。そして今『朝日人物事典』を見ると、大変な苦学をしての経歴だったらしい。

ポスター置場から始めて、本以外の整理棚を整備した。しばらく本以外で市の出品をしてみたい。やがて夕食夕寝。そのあと、やっと「ドン」の副本作りをした。

三月二十八日（日）

目が覚めてしまった。ＤＰ屋へ行った。建物を見に寄ると土台にセメントが張られてあった。

Wは節子ちゃんにＴＥＬ。有花のＴＥＬ。正一が「おっかさんの薬」を取りに来る。のど痛のためと言う。やって来た正一は、協立整形が（区の当番で）日曜もやってる日なので行く、と言う。

午後は倉庫。映画ポスター。新しいものばかりだ。CDを三枚聴いた。夕食後、昼寝したのにまた夕寝。

夜、「七夕原稿」追いつく。そのあとドンの資料で「文藝市場」を探したりする。高見順の文献が役に立つ。Wは八時からのフィギアスケート世界選手権を見る。浅田真央優勝。ビデオで「映像の世紀」5巻を見る。ヒトラーの滅亡まで。日本も負けていなかったら？　そして新制中に拾われなかったら？　きっと何ともならない人生と、何ともならない死だけがあったろう。

三月二十九日（月）雨、晴、雨　寒し

午後、映画ポスター整理。夕食、夕寝。夕寝なくば十二時まで無理。夜「ドン伝」。

テレビ、スカイツリーの話題多し。

三月三十日（火）晴

信二に誘われてW、スーパーへ出かける。昨日と同様寒かったが、晴れて暖かになってきたので、懸案（?）の浅草への花見に行ってしまおうと思い立つ。昼食後にWに言う。一時出発となり、昨日の映画ポスターの続き。

一時に出る。青砥でカメラのチップが入ってないことに気づく。押上下車。何か駅前が工事中ということに気づく。すぐ付近が異様だった。誰も彼もがスカイツリーを見上げ、二人に一人はカメラをかざしているのだ。押上駅前からドブ川（綾瀬川くらい）沿いに歩く。業平駅方面に向かい、人々々だ。昨日東京タワーを越える高さになったと、テレビのニュースが効いているためか。

押上駅を下りて（ここは二ヵ月三商に通っていた時の乗換駅）撮リッキリカメラを買ってあり、写しながら隅田川堤に出る。桜はまばらだったが、人は出ていた。暖かな中、ベンチで団子など食べ、言問橋を渡り浅草へ。「観音様」、「子育て観音」を詣で、六区に出て、三時半に尾張屋へ。荷風の写真を背に食事（天どん）、バス停へ行くがとても待てる時間（懐かしさで乗ろうとしたが）でなく、東武電車で帰宅した。

一時間だけ倉庫の仕事をして、入浴、夕寝。裕子さんの注文電話で目が覚めた。

夜は「ドン伝」の清書。

三月三十一日（水）晴　寒

ドンの『新貸本屋の手引』等のコピーに行った。4Fの片づけ。DP屋へ。午後、倉庫へ。島木健作の『生活の探求』的心境なり。五時半までぶっつけで働く。

まず、映画ポスター棚に置いてあった演劇雑誌（友愛さんの頃だった）を整理、映画ものだけを抜いてつぶす仕事。演劇はダメで、映画だけは生き残る、近頃はますますそうなってしまう。バナナの箱に入れたとしても三箱は捨てることになってしまった。

それから……先日来空いたポスターの裏に出来た場所へ、荷運び用の空き箱を詰め始める。そこへ今度はポスター台前の「映画と演劇」等の雑誌を下ろして積み上げる。空いたその空間棚には、過日ホームセンターで買って来た組立用棚をセットした。
夕食と夕寝。

四月

――作家・宮林太郎に興味

四月一日（木）　晴　少暖

八時半起。「ドン伝」を午前中。頁では半分位、粗っぽく進む。

正一が池沢夏樹原稿を取りに（医院の帰り）来る。「福田清人」入金。のど痛、昨日神父の蔵書買入れで大変だったらしい。

午後、Wはひとり上野行。多慶屋と上野の山の花見。自分、倉庫。がらっと変化してきた。本の整理は売れないのでしない。本以外のもの、結構出て来る。

夕食、夕寝。「ドン伝」。高見順「昭和文学盛衰史」（一）にドンのことが出てくる。

関塚君の「みち」。続ける(?)らしい。

四月二日（金）　曇　突風

七時起床。突風で自転車が倒れていた。

まず、お花茶屋で混んだ。町屋で千代田線に乗り換えると、そのホームが黒山の人々で埋まっている。おそろしくなった。ＪＲにしようと京成に戻って日暮里へ。そこがまたホームに止まっている。ホーム上は黒山の人。丁度、電車は入る寸前で止まっている。老人ぶって一番前に出て待った。乗った電車も前がつかえてノロノロ。倍くらいかかって、やっとお茶の水へ。

出品の用意していると夏目氏、今度経営員になるのでと、息子が紹介される。「青木さんは、自筆物では日本一の人ですよ」などと言ってくれる。

そのあとは古書展を見に。副本として「昭和文学盛衰史」署名本七百円。８Ｆへ行って新聞を見る。近藤書店、顔はらして昼寝。矢島、志賀君の将棋。あとは市にいた。もう、映画チラシも札入らなくなる。二二点出品して五万円。森井氏「目録見てくれましたか」と啄木の話。

○○堂氏、元気になった。「アサヒグラフ」戦後二〇～三〇年合本版、あまりに美本なので……買ってしまう。

＊　＊　＊

帰途、八鍬君と喫茶店へ。二時間位語る。業界のほとんどの構図を語り、ほとんどの人を知っている八鍬君。

帰ると「田辺竹三郎」封書。堀中第一、二、三期合同の会。行かないだろう！　夕食、夕寝。

四月三日（土）　晴

朝、正一から、土手に沿っての階上公園で花見――と。Wが信二達も誘ってみるが、行かないというが自分達は承知した。

十一時という約束で、階段が高くきついが上ってみると中々広い公園である。勿体ないほど空いている。桜に囲まれた原っぱという感じの所に、正一夫婦と有花がいた。買っていった弁当を広げ、小一時間で解散。穴場と言ってよいほどの花見の場所だ。正一は本店に届いた森井氏の目録をあとで届けてくれた。

倉庫の仕事を二時間やった。それから「ドン伝」。生田誠氏の、サンケイ記者を辞めるというＴＥＬあり。昨日絵はがき屋さんに聞いていたもの。

四月四日（日） 曇天 小雨

少年少女雑誌を沢山見つける夢。何とも哀れ……。新聞をめくり、テレビ。Ｗは区役所脇の桜を見に自転車で出かける（小一時間で帰り、大変な人出だったとか）。

午後、倉庫。二時間やって通路広くしただけ。夕食、夕寝。

戦前映画「柘榴一角」、「まぼろし城」を見る。前者は大都映画、白井喬二の原作も下らない。後者は志村喬も出ている。こっちの高垣眸の原作はたくみだ。初めて全篇をみたが、予想外に長尺だった。

四月五日（月） 雨 寒

信二に、楓が新学期になる前の食事会を誘う。「万世」行。

一時～三時、倉庫。夜、「ドン伝」

四月六日（火） 晴 暖

Ｗは有花と世田谷美術館行。又その辺りにある桜並木の見物。

昼食はコロッケパン一箇。Ｗは五時前に帰り、夕食夕寝。

文芸家協会へＴＥＬ，懇親会も出席と伝える。

四月七日（水） 曇のち雨

Ｗ、信二夫婦、楓と千葉↓高速道路を通過して横浜。四時半には帰宅。
喜寿になる四月。傘寿への一歩。昔は五十で「知命」と言ったが、今がその時かも知れない。

四月八日（木） 晴

午前、浅野君のＴＥＬ。午後行きたい、と。諸――夫婦で掃除。午後来て、三時間語る。いつも七十年前から知っている安心感でしゃべれる。二男あり、孫五人、と。

CDいるならと、倉庫のクラシック音楽十二、三枚あげる。

夜、ずっと探している川上澄生若き日の書簡、やっと見つかる。

四月九日（金）晴 暖

神田へ。ぐろりあ展を見るが……買わず。

古通へ。原稿手交。原稿料を貰う。明古の人事、気にしている。明古3Fのみ。金子光晴原稿二点、見逃すことにした。八鍬君来た。森井氏葉書礼状のあいさつあり。石川啄木売れた、と言う。龍生氏と少し話す。

湯島で降り、不忍池畔を歩き、清水寺に上り、西郷銅像前へ出、京成へ下りる。

夕食、夕寝。テレビ「我が家の歴史」を見ながら「ドン伝」のメモ。

「生涯現役で行くよ……」という○○堂氏の声が市に聞こえていたっけ。すでに八十七歳で意気軒昂の人。

四月十日（土）晴

「ドン伝」。午後は一時間倉庫。

夜は九時まで七夕原稿。九時「ドン伝」。

四月十一日（日）晴

八時半起床。午前「ドン伝」。

午後、正一のところへ行こうとして、WにTELかけて貰う。有花と話そうとしたのだが、出ている、と。写真撮りの約束。「二十五～二十九日の五日間、日に四時間」と伝える。

倉庫へ。久しぶりに書庫の中の肉筆類整理。高価なもの、好きなものを残すべしと思う。

四月十二日（月）雨 寒

「ドン伝」──村山知義が何度も出てくる。

午後、二時間、邦画ポスター。

夕方、夕寝。「ドン伝」──又も村山知義。
三、四十分寝て、起きたあと体調は最低。寒いのでトイレばかり行きたくなる。とうとう疲れて十一時に就床。

四月十三日（火）晴

午前、また倉庫で「映画ポスター（日本物）」。

夕寝。夜は昨日ほどでないが調子よくなく、ほとんど無為にすごしてしまう。

午後、水上勉原稿取りに正一夫婦寄る。

四月十四日（水）　晴

朝、Wは十日くらい前から体操へ行き始める。Wが赤札堂に行き、正一の所へ寄って来る。夕食早く食べて、四時半に正一のところへ。雑談しているとTEL。裕子さんの父が外で倒れたということ。裕子さん、鶴見の病院行き。夜、TELすると裕子さん、「まあ、何とか」の返事でよかった。

猪股さんの手紙（礼状と感想）あり。

四月十五日（木）　晴　寒

九時頃に出かける。古通に寄ると、樽見君市を見に、と。村上さん、「また十冊お願いします」「午後ロッカーにあるので届けます」

市、ロッカーで用意して、4Fから見て行く。何十本一括というのは、××書店の何十トン車の口とか。3Fには、我が店の出品なくて淋しそう。

地下は、奥まったあたりに肉筆が一列。8Fで一時間位休む。途中、ロッカーの二十冊を包み古通へ運び、伝票は明日渡すことになる。

村上さん、昔もっと小さかったように思い出すが、細っそりして、背が高くなったように見える。樽見君いて、少し語る。

二時頃、入札。「内村鑑三毛筆原稿」に六十万まで入れるが森井氏もいて、ダメだろうな、とその時に思っていた。

帰宅。信二のところに材木が運ばれて来ていた。吉田工務店の今も若く見える、昔いた若いしゅとあいさつ。明日立ち上げる、と。

帰って夕寝、そのあとは「ドン伝」。浅野君からTEL、「CD買いたい」とのこと。

四月十六日（金）　雨　寒

今年ほど不順な天候はない。今日も小雨と寒さ。九時に出る。昨夜コピーしてあった「啄木書簡」を読む。彼は思った通り、思った以上の天才だった！

古通に寄って、伝票。落札六点、帰途に湯島で下車。上野駅前のヨドバシカメラでキャスターのことなど聞いて帰る。

雨で建て前は延びた。帰って、昼食、昼寝。

引取り品の正宗白鳥原稿の面白さ。

有花にTEL、有花からも。二十四日からのこと。

四月十七日（土）　雨のち晴

窓をあけるとざんざ降りだ。のち、もっと早朝は小雪だったとか。
二、三日「啄木書簡」を考えているが、その印刷本が見つからない。倉庫へ行っているうち、戦前の「現代日本文学全集」＝啄木集に載っている名書簡と分かった。
午後、コピーに行き、一頁の写真構図など。

信二から、中止と思っていた建前（リフト車来て組立て作業）が始められている、――と。

自転車で見に行って来た。始めは古家を買って太田方に貸したのは昭和四十年頃。地主関口氏の上さんが廻りを囲ったりの思い出。関口氏のつき合いも四十年くらいになったのか。

終日、結局「啄木書簡」。活字の見本出来る。

正一からＴＥＬ。二十二日に「かつ敏」で誕生会、と。

黒沢明の「まあだだよ」を見る。内田百閒の晩年の話だが……。

四月十八日（日）　晴

昼食。Ｗは、明日の石川夫婦と一泊旅行の用意にすごしている。着て行くもの、など。

午後、倉庫。近年の目録から「啄木」資料を見る。（これは夜続きあり）……「啄木」の続きも見ながら「梶井基次郎」の原稿について、森井書店目録を３Ｆで探す。見つかる。「愛撫」八枚五百五十万で売り出されていた。啄木と基次郎、各三百万円はつけられる。

四月十九日（月）

Ｗが石川方と旅行する日。Ｗ出かけ目覚ましの音で起きてしまう。十時頃には昼寝。

「ドン伝」――「その背景」の章。

パン屋、夕食は松屋で「牛めし」。

ＴＥＬあり。Ｗよりで、明日山口クリニックを忘れないでね、と。

ビデオで「カサブランカ」を見る。

四月二十日（火）　曇のち雨

薬だけ貰うつもりで行くと呼んでくれて、血圧高く、おどされ、安定剤までくれた。

午後、やる気になり、七夕原稿。

正一が寄る。Ｗは夜七時半頃に帰る。

四月二十一日（水）　晴

早く起きてしまったので、昼寝二度。

正一夫婦が十一時に来て、そば屋へ。わが誕生会。

信二がカセットラジオをくれた。
校正来て樽見君にTEL。斎藤輝子さんのこと。

四月二十二日（木）　曇のち雨

七十七歳の誕生日。いよいよ残り少なくなったわけだ。古希からすでに七年。三年生きて傘寿。その辺までは行かれそうな気になっているが……これればかりは分からない。

何か出品ひん面白くない(大市のこと)ので、啄木と梶井を売ることにした。売れないかもしれないが……。「目録原稿」の仕上げ。「児童雑誌」、映画筋書など。久しぶりに、中村錦之助の「宮本武蔵」五部作の四部まで見た。

四月二十三日（金）　雨

十時前に出た。「窓」展を見て、二千円。

市、「小説中央公論」編集長旧蔵のもの出て、二点を買う。森井氏休み。総会あり。「文学者」の並べ、年代順にすると、夏目氏。アイウエオ順から年代順に、と提言したのは自分だった。

無難な一日だった。東原氏、六十七歳とか。本を書くなどもう遅いだろうと思うが、「書いといいた方がいいよ」と言ってあげる。いろいろ弁解。要するに古本売買だけが好きなのだ。

四月二十四日（土）　晴

昨夜は、どっちかと言えば敗北感。市場での心の動きが気に入らなかったのだ。人間の事業欲(???)の果てのなさ！

すっかり元気になって、人に教え、在庫を自慢する○○堂氏。あくせくと売り買いし、総会を終わると「これから買入れ……」などと××さん。前者は八十六歳、違反なのに8F室内で喫煙し、飲むのを自慢し、後者は八十一か。

今日、八鍬君、西塚定雄氏ガンで危篤と。彼の言葉が忘れられない。「お前、初めて明古に入った頃、まるで狼のような眼で市を見ていたな」と酔った時に言っていたっけ。

撮影用意。信二が手伝ってくれる。すぐ起きてしまう。一時から有花来て、なごやかに（Wも手伝う）四時半まで仕事。写真撮り、百点を超える。

松屋へ食事に行った。夜は「ドン伝」を少しやった。

四月二十五日（日）　晴

夢。とても神田へ行き切れず（自転車に一杯の荷）、綾瀬川の辺りへ出て、倉庫へ向かうという夢。

信二一家、有花と六人で亀有万世。一時～五時、写真撮り。二度昼寝。

四月二十六日（月）　晴

九時まで寝た。

新聞テレビ。沖縄のこと、仕分けのこと、等。「アエラ」をWに買いにやらせる。

撮影用意。十時半に有花来る。始め、原稿類残りなど。次に子供雑誌や映画プログラムをやり、「啄木」と「基次郎」は丁寧に……。

DP屋も二度行ってもらい、余りは七夕用原稿書きもさせた。こちら、一時間弱昼寝（途中、近所にボヤ騒ぎあって消防自動車、七、八台も）。

夕食後入浴。W五十六キロ、自分六十五キロ。

四月二十七日（火）　曇のち雨

昨夜は九時～十二時まで、「ドン伝」。近頃は眠くてたまらず、ついだらけてしまう毎日。日々歳を感じてしまう。

全連の支払いをして、戻って前回分支払い。古書展へ。〝下町展〟で、とりおき場に松島氏。入口に竹内、「金曜来てるんですか？リハビリで？」などと毒舌。一廻りしたが何もなく、松島氏と少し雑談。「終りの方、三万五千円家賃、車庫代二万で、儲かりはしなかった」と。年の話で、君より十歳は上、と。川野さんは、サンシャインの片づけの前日ピンピンしていて、次の日死んで、「あれだけは驚いたね」と。

市の喫煙所に鵜沢氏、竹内。支部、十二月頃に市の解散式（？）のようなことをやるとか。管理人の守田夫人はまだいる（主人は没）らしい。

市見ると、最終に田中英光書簡十通ほど。

トイレに入ったくらいで帰ることにした。絵はがき屋さんに雑誌「えはがき」の礼、落穂舎さんから「古書目録」を貰った。

二時頃、御茶ノ水駅への坂を上る途中、WにＴＥＬ。有花来ているというので話す。

御茶ノ水↓渋谷↓東横線祐天寺。二時四十分頃着。交番で聞く。通りが二列。写真とるが、三、四枚でダメ。トリッキリカメラを買う。千二十九円。すっきりしない四宮ビル。何か重ね建築のマンションのようで、途中二、三階が医院。下は小さなスーパーだった。やはり物好きの行為だったが、まあ、どうしても来てみたかったのだから仕方がない。しかし、百坪のビルのオーナーなどザラにいても、中々に作家にはなれないから、宮林太郎は志を持った人だったのかもしれない。すると久鬼氏などは……。

渋谷から銀座線で浅草へ。眠くなって少し寝た。観音堂への仲見世は相変わらず外人などで混んでいた。本堂はもうしまいかけており、そこから「子育て観音」へ。帰りは東武線へ向かい、二百五十円のソフトクリームを買い、食べながら歩く。↓関屋↓お花茶屋。信二のところ。

帰って、自転車を下りると鼻血（夕食、夕寝）。鼻血はポタポタと、すぐ山口クリニックへ向かったが午後休診の札。

八鍬さんから、〝廻し入札〟の件でTEL。朗氏、会長やるとか。

二度トイレ行き、新聞テレビ。昨夜やりっぱなしのファイル入れ。「井上ひさし書簡」見つかり出品きめる。

有花来て、「安保関係」「村山知義資料」四点の写真撮り。あとは短冊原稿書き。五時に終了。有花の有能さに楽が出来た。「紙芝居おじさんの晩年」の絵本作りを約束。夜夕食後夕寝。

四月二十八日（水）雨

七夕原稿十五点。信二が倉庫から「自筆物」の在庫戻し。雨がやんだのはつかの間だった。正一の方へ。有花に追加の仕事少したのむ。正一達はネット売りの送りの仕事をしている。

夕寝、「ドン伝」。久鬼氏が五木ひろしの歌をカセットに沢山残していたので、聴く。

四月二十九日（木）晴

「ドン伝」、最後(?.?)の編集。

午後、久鬼氏の年譜(七七～九二歳)作り。入浴し夕寝。

四月三十日（金）晴

（昨夜）一種真剣な、いい気持ちで仕事をしていた。コピーに行ったのはもう十一時だった。水っぱなが出た。……と、流れ出るものが落ちて鼻血と分かった。Wを呼んであお向けに寝た。Wに計って貰うと血圧が高い。薬をのんだ。とまったので寝てしまうことにした。「薬」を二回のんでいた。そのせいかと思う部分もあった。朝方にもう一度出た。

それでも、今日は全連の支払いなどもあり、出かけなければと思い、自重(?)して十時半頃に出た(デジタルカメラ持参)。

神田へついて、まず6Fで前回の支払いをしようとして、7Fの全連からにしようと中止。パソコンに八鍬さんいて対話し始めた。

雨で、日ゼニが入らない、と。二十万につけた昔の品が、一万五千円くらいでしか売れないものがあると言った。「どこの店もそうなんだ」と自分も言った。今日、前回の総会に続き会があり〝回シ入札〟の件とか。古書展、一週間割いているのに三十万行かない時がある、と。

五月

——文藝家協会・長寿会に出席

五月一日（土）　晴

有花、十一時すぎに来て、Wと柴又行。「寅さん記念館」などへ行って四時頃帰宅した。

「アメリカ映画分類別ベストテン」を見ながら「七夕原稿」書き。

夕方から「ドン伝」。九時から「ダビンチコード」。十一時すぎからの分、（それまでは前に見ていた）かなりよかった。

W、柴又行で疲れ、七時前から寝に上って、起きて来たのは十一時。関塚君のTELあり。再び本を整理の予定、と。

写真頁を作った。どうして四宮ビルを訪ねようとしたのか、よく分からない。それなのに、鼻血が出て、ムリして行った明古の日に出かけて行ったのは、ずっと(何度も)行ってみようとしていた宿題のためだったからであろう。思った通り感慨はなく、神だのみに、浅草観音を詣でたのだった。まだ死にたくない！

五月二日（日）

朝、DP屋へ一昨日の四宮ビル行の写真をとりに行き、日記にはりつける。

午後、夫婦でテレビ「失楽園」を見る。「ドン伝」をやる。七夕原稿書きも明日まで分を進めた。

五月三日（月）　晴　暖

八時半起床。

副本作りはコピー行って、十一時に完成。鼻血は出なくなった。

正一夫婦来る。家の水もれ、書庫の壁のペンキ塗りのこと、等。

五月四日（火）　晴

午前、1F片づけ。午後、七夕大市の原稿三十点書き。ビデオ「めまい」を見る。

夜、「ドン伝」とじ直し。

有花にTEL。

五月五日（水）　晴

「ドン伝」の整備で暮れてしまう。

「赤い風車―ロートレック」を見る。

五月六日（木）　晴

Wは体操の会の一日バスツアー。

倉庫にいると、葛飾の「有名人」調査の佐藤さんよりＴＥＬ。十一時に待ち合わせて「サンマルクカフェー」行き。三十分ほど語る。

便秘で、牛乳をタテ続けてコップ三杯ものんで、下痢で汚し、入浴。夕寝した。

五月七日（金）　晴

古通へ、原稿手交、稿料貰う。○○堂氏と会う。古書展で西村氏と会い、あいさつ。市、買うものナシ。朗氏と語る。文芸評論書全く売れない、と。

朗氏と話していると○○堂氏、朗氏に、「子規を出すよ。どうせ、残しておいてもこっちは長くないのだから……」と。

森井氏、八鍬君と会わず。小西氏の倉庫に寄ると、滝氏（故人）の兄、最後の東部市で閉店のとっときの品を売る、——とか。

五月八日（土）　晴

午前中かかって（途中、昼寝）、午後の用意。

有花、五時まで写真とり直し他。夕寝。

五月九日（日）　晴

「母の日」で、正一夫婦、信二夫婦。

七夕原稿三十点書いて、今日で百八十点になる。

五月十日（月）　曇

夢……又夢。八時半起床。

不二出版の大野氏のＴＥＬ。『貸本屋開業の手引』を復刻するとのこと。

十時半に出て、自転車で東部病院へ。尿検査と採血。十七日の結果聞きを二十日にして貰った。

帰って昼食。七夕原稿書き１８０までやってあり、夕方までに二十二点を追加、記す。

生田誠氏、樽見君のＴＥＬ。散髪、入浴。文藝春秋からＴＥＬ。有花にＴＥＬ、一緒に出席をと言ったが「明日旅行」と。

五月十一日（火）　雨　文藝家協会長寿会

新聞、テレビ。出かける用意（——やはり、頭型のことは意識にあり続けている）。

雨の中、歩いて駅へ。どしゃぶりに近い雨が小やみになった。

十二時五十分駅。日暮里から秋葉原へ一時二十分。一時三十分市ヶ谷。駅で二十分校正、アルカディア市ヶ谷、十分前。トイレ。

署名簿があり、文芸協会職員が五、六人。「伊藤桂一」の名の隣に署名すると、一人女性職員が、

「青木先生ですか？　今日は長寿会員でのご出席ありがとうございます。のちほど写真撮らせて頂きますのでよろしく……」と。

目の前の部屋へ案内されて、五、六十名の人（結局、最終で八十名ほどの集合）。古書組合の総会より集まりは悪く、しかし似ていた。二、三分で、一時に開会。デジタルカメラ使っている人あり、こっちもフロントへ取りに行って使う。

延々四時三十分までかかる。出久根達郎氏とあいさつ。そのあと写真撮り。女性三名が笑わせる役。六時まで、1F喫茶ロビーで持参の「ドン伝」の校正。特に、「大正十四年の背景と広がり」原稿が全部校正的に読めたのはよかった。

六時前に行くと（会費制なれど招待）会場は一杯の人。三つの輪で、長寿会員だけ座れるようになっている。いち早く座って待つ。六時開会。落合恵子というタレント（絵本ショップ主催者）の二十分の講演。

そのあと、新会員と長寿会員紹介あり。左隣の女性詩人二名と話す。

伊藤桂一、黒井千次、高井有一を見る。昔知っている高井氏とは入って行った時あいさつ。孤独な感じと、どうにもふけてしまっている感じ。

帰り際、松本徹氏と語る。『東京骨灰紀行（小沢信男）』のことを知らないというのに驚く。

市ヶ谷―浅草橋―青砥―お花茶屋と帰宅。

五月十二日（水）晴

朝、DP屋へ。お昼取りに行き日記帳に貼りつけ。四時まで（Wは区役所行）、七夕原稿の点検。そのあと病的に眠くなって昼寝。

楓に手伝わせて戦前の「セウガク一年生」など、倉庫から運ぶ。アルバイト代上げる。

九時から、「茂吉伝」直し。

五月十三日（木）晴

青木氏にTEL、明日置きにだけ行く。

＊　＊　＊

七夕原稿の仕上げ。「ドン伝」の仕上げ。十二時までかかる。

五月十四日（金）晴

筑摩書房に「ドン伝」置く。

古通へ。直し原稿。古書展、「愛書会」。三百円、一冊。市、荷物多し。故人のものか、一口物続く。
二百点の原稿提出。入札せず家路につく。帰ると関塚氏のTELあり、と。

五月十五日（土）　晴

十時の約束で生田誠氏来宅。十二時近くまで（途中、菓子パンを食す）雑談。氏は二千万近い退職金でサンケイをやめた（五十二歳）と言う。これからは好きな絵はがきを追求、商売にもすると言う。自分、パスポートとしての組合入会をすすめた。絵はがき屋さんの話や、林氏（？）の話題もした。例の、職業づくし絵葉書三十四枚（五千円×三十四枚）等の一冊を二十万で買って行く。

今日から七夕の品を検品することで、いなげや隣の〝ダイソー〟へ自転車で行く。ファイル百枚を買って帰る。信二のところへ寄る。今日分の七点だけ出品物の検品。

夜、信二が、2Fの流し台（化粧台）を修理してくれる。

＊　＊　＊

自分のノート「文春原稿購入記録―ある出版社の作家原稿始末記」を読む。

同時に、「自費出版」についての再確認決意。

五月十六日（日）　晴

そば屋行。昼寝して検品①〜⑤までやる。溝口健二の「雪夫人絵図」を見るが、感心しない。

五月十七日（月）　晴

十一時に出る。査定委員の仕事ありし。会館へ早くつき荷を持って行き、十五分ほどロッカー前の仕事。行くと、7F大会議室前の別室であった。すでに○○堂氏、あとから中野、八木朗、永森、玉英の各氏。今井氏は会議室の地図の部、八勝さんは休み。途中、西塚定雄氏の訃報あり。

まず「うな重」を食す。それから会議室から来る短冊を点検。四時に終わる。○○堂氏元気で一人しゃべりつづける。割愛の電話（荷主への）は朗氏がかける。

帰って関塚君にも二回留守しており、昨日ハガキを出しておいたがTEL。右腕の袁さんも出た。

五月十八日（火）　晴

新しい血圧計を見にコジマへ行ってくる。

3、4Fを見る。もう晩年だ。何もまとまらないのを感じる。映画にはがっかりする。「野いちご」も、さして感心しない。映画（活劇）はみな娯楽だ。七十七歳の老人には何の役にも立たない。

だいたい、楽しみなどいらない。これからの十年をどう生きるかの参考となるものが欲しい。作家も、死亡年齢が自分よりも若い人間だらけだ。漱石も鴎外も藤村さえも。

久鬼高治、宮 林太郎に少し慰められるくらい。古本屋としての反町茂雄はいたけれど。三氏、少しは参考になる気がする。久鬼氏では物足りないというのか？宮氏はどうか、反町氏は？

五月十九日（水）晴

血圧が心配になって、昨日コジマ電気へ行ったのだった。古い「松下電工」の血圧計が不調で、それを持参した。ところが、向こうの新品と合わせて、その古いのが何でもないと分かって、「悪かったねえ——」と帰って来たのだった。それが今朝また不調で、思い立って出かけたのはいいが、三十分も前で（自転車で七分で着）、ボケタボケタと帰って来た。それでも午前中にも一度、今度も自転車で出かけ、昨日の販売員とやりとりあって、パナソニックの進歩した型の七千四百円の血圧計を買って帰ったのであった。

昨日、一日十点に改めたものが土曜日まで終わっており、今日は仕事の方はサボルことにした。

生涯年表の七十代の部のコピーを取りに行って、「副本」の整備をしてすごした。それと、何となく気になる人、宮 林太郎の本をひもとく。「新潮45」に連載文あると知り探しに行くが、その年度はなかった。やはり気になるのは

『無縫庵日録』

が存在するからであった。本人、自身を「スケベスケベ」と強調するが、その辺大したことはなく、そうでない部分が面白いのである。あと、自著「文藝春秋作家原稿始末記」原稿を読む。これ、「石川氏」健在の内は書けないのだろうか。そうでもないけれど、「文藝春秋」というのが引っかかるのか？ テレビの〆としては久しぶりに、「素晴らしき哉人生」（キャプラ監督作品）を見た。「もし一人の人間がいなかったとしたら」のアイデアには今度も泣かされた。

五月二十日（木）雨

普天間、そして韓国軍艦（魚雷）沈没事件のニュース。

無為にすごし、一寸正一の方に電話。秀人が光陽楼の辺りへ引越し独立した、とか。来週の土曜日、神田の荷を運んで貰うこと。

十一時、今日に改めて貰った「前立腺」の結果を聞きに東部病院行き。昨夜からの雨なのだ。カサでは遠いので、合羽を着て自転車に乗った。メガネにシズクがたまってよく見えない。バシャバシャと降り続いている。トイレ行きたくなり、一歩のところで受付にも間に合う。

そう言えば、四時からは一睡も出来なかったのを思い出した。……待合でうとうと……。「長寿」を祝われた己の年齢のこと。もし、余命が十年あった（あると思っている！）としたら八十七歳にもなってしまう自分なのだ。先日の○○堂氏、すでに八十七歳の言葉として、しゃべり続けの中、「うちは長命の家系なんだよ」などと言う。くらべて我が家は父六十三歳、母も六十七歳で死んでしまったからなあ。

かと思うと、「もう何だかだと言っても、どうせ売っちゃうんだけど、藤村の『千曲川旅情の歌』の四連まであるやつはも少しとっておきたい……」などと言っていたっけ。人間は死ぬ前日まで生きている、生きて来た気持のまま生きているのか？　……そんなことを想い出していると名を呼ばれた。

運命の一瞬。女医は「今回の検査結果ですけど、8.5（PSA）に下がってましたよ。また様子を見ますか？」と言い

「是非そうお願いします」と自分。

帰りはポタポタ程度だったので合羽の上だけ着て帰った。帰ると「通雅彦氏」からの贈本あり。

ニュース、韓国艦船。昼寝。うとうとしていると、三時前電話、

「かなり面白くなって来ました。まだ後半少し手を入れて頂きたいところがあります。しかし、来月の企画に出しますので、一応お預かりして……」と、筑摩・青木氏。

「よろしくお願いします」全て片づく感じ。

五月二十一日（金）　晴

前回少し運んであったのと、今朝「柳屋」九冊を運んだので、持って早く出かけた。4Fなく、これはいいと思った。5Fロッカーの荷を3Fに下ろし、例の如く荷を作った。

途中、「七夕」の却下原稿あり（誰だったか）。ちょっと不快（しかし、あとで見ると大して問題なし）。趣

味展を見て、三千四百円。そのあとは８Ｆへ上がって新聞を読み、うとうとする。

３Ｆだけがにぎやかであった。しかし、出品の映画物、札は入ったのに化けない。何もかもが安い。
○○堂氏、今井氏と三人で、次期についての話。そう言えばと、自分、八鍬君に聞く。
「まだ不明……」と。「夏目さん？」

総会あり。廻し入札を行う案。次期については説明なし、質問なし。いや、今井氏の、執行部への一種の苦言らしきものあり。「いいものが雑多な場所へ並べられ、赤もうせんにろくな物でないのが並んでいる……」などと。正自氏が目録部長で、「二四五〇点が集まり、二三〇二点の印刷がきまった」と報告した。また「廻しは千五百点を」と言う。

五月二十二日（土）　晴

暑い夜、十二時に就床。朝、二度寝。

十時に起床。昼過ぎにW、「緑内障の検査を断りに行って来る」と。中々帰らないので断りにくいのでは、と眼科へ行ってみる。戻ってみるとまだ帰らないのでもう一度行くと、信二のところで若狭未亡人と話しているところ。一緒に帰って、小言を言った。ちぐはぐしたあと、Wは多慶屋に出かけた。裕子さんが「注文品」を取りに来たり、楓が新聞を取りに来たりした。

自分は今日も無為にすごしてしまった。

五月二十三日（日）　雨

夢また夢。

午後、検品を始めて七十点やる。石尾氏遺品の「シャーロックホームズ」のビデオを二本見た。映像は何を見ても大して感心しなくなった。

五月二十四日（月）　雨

Wが医者へ行く。

五月二十五日（火）　晴

信二夫婦と車で帝釈天、水元公園。それからそば屋とダイソー。

午後山口クリニック。血圧、１３５〜７５で無事通過出来た。心配していてくれた。

綾瀬から信二の車での、堀切へ向かっての道だった。その道からも正面に押上のスカイツリーが見えるようになった。もしやと思って、二階からセブンイレブンの看板の辺りを注視したのだった。すると確かにその先端らしきものが……。Wに教えると驚いた。

五月二十六日（水）　曇時に雨

五時に目が覚め、眠れないので、起きてしまった。やろうとしていたことがあった。十五年、いや十七年くらい前から開けていない3Fの南向きの窓を開けること。もっとも手間のかからない方法として、スカイツリーが見えればよいということ。途中、体操から帰ったWに見せ(喜ぶ)、午後も徹底的に改造して、開窓作業が終わった。

途中、信二が窓が開いてるぞと言いに来て、見せてしまった（Wとしばらく秘密に、と言い合っていた）。

今日は、ほとんどそれですぎてしまった。

五月二十七日（木）　曇、雨、晴

3Fへタワーを見に行く。カメラで撮ってみる。また夕刻のぼってみると、上部と中ほど(?)に照明がつくようになった(今夜からかは分からないが)。

夜、東京地図を拡大コピーした。青砥から直線的に通じていることが分かった。途中が二十歳で工場勤めをしていた向島辺りだ。

午前中3F。午後倉庫。正一にあげる雑本を搬出してもらう荷作り。昼頃校正が来て、一ヵ所TELする。夕食後、入浴、夕寝。

五月二十八日（金）　晴

タワー見に上る。すっかり野次馬になった。

十時半頃に出る。「和洋会」を見る。五千九百円。喫煙場所に小林靜生君いて、少し話した。

4Fに荷が出ている。3Fでぶらぶらしていた。少し入札したいのもあって、終りまでいることにした。森井氏、早くから来ている。文芸書が著者別にまとまって出ることが多い。広津和郎、宇野浩二、他。

八鍬君が見えたので誘って喫茶店へ。「次期がきまっていない話、朗氏を当てにする夏目氏と朗氏、古典会のこと」など。戻って入札して歩く。「辻井喬原稿」「吉井勇歌稿」等四点買う。○○堂氏来ず。「池波正太郎」「藤沢周平」の原稿が高い。

五月二十九日（土）　曇

松屋で昼食。正一、荷の連絡してくれる。ほとんど3Fの整理。

川本三郎氏から『いつも、君を想う』が贈られて来た。早速読み始める。左の一節がある。

「ゴルフもテニスもしない人間にとって唯一の楽しみは町歩きだが、最近、足の向く先が変わった。以前は東京の下町ばっかりだったが、この頃、にぎやかなところより、人の姿の少ない、静かなところへと足が向かう。」

また、やはり子供のおられない？　出久根達郎氏のことが一ヶ所出てくる。

五月三十日（日）　曇

信二がバザーでビデオを読み上げたので、戦前物の「右門捕物帖」、「髑髏《どくろ》銭」、「独眼龍正宗」、「無法松の一生」を買って来てもらうことにした。

Wは体操の会で亀有行き、六時過ぎに帰る。自分は雑用もしながら右の順に見た。やはり右の順の逆によかった。

夜、３Ｆの整理。

五月三十一日（月）　晴

九時半まで寝た(それでも眠くて夕方また眠った)。

午前、川本氏へ手紙。

Wは銀行などへ行く。昼はそば、他。

午後は３Ｆ。Wはまた出かける。四時に正一の所へ。堀切菖蒲園関係の絵葉書帖一冊持参。先日、菖蒲の季節なので使いたいと正一が言っていたのと、堀切歩きのため、自転車で行く。絵葉書帖を渡し、部屋を見て行けと言うので、秀人が出たあとの壁塗りなど見る。有花の部屋を、そしてお勝手にする純の部屋も。それから出て、駅前の金網に囲まれたガード下をデジタルカメラで撮り、小谷野神社でも一枚。土手に出て、スカイツリーを見、帰途につく。

「文藝家協会ニュース」が届く。ムリムリ笑わされた自分の「馬鹿笑い」している写真が載せられていた。しかしこの号は記録として貴重だ。

六月

――戦前の映画に凝る

六月一日（火）晴

早く起きる。朝から「映画ポスター」整理。
浅野君にＴＥＬ。今週中ＣＤを送付する約束。
川本氏への昨日の手紙。左記。

＊　＊　＊

謹啓

天候不順の年ですが、やっと夏らしい日も見られるようになりました。樽見博さんと待ち合わせて、たしか東高円寺へ伺ったのでした。やがて三人ずつになって焼香台に近づいたのですが、川本さんは憔悴されておられ、私の右に並ばれた方を見てこちらへ立ち上がってその方の手を取って泣かれておられたことなど思い出されます。

帰りはバスで新宿へ出たのですが、樽見さんと二人ほとんど会話もせずすごしたことなども昨日のように思い出されます。

ご恵送の『いつも、君を想う』、読ませて頂きました。ご自身のことも書かれてあり、他人の想像が及ばないこの二年間であったことがよく理解出来ました。決してお上手でない短歌がたまらないですね。

「……それでもなお歯医者に通う……」

いつも同じ言葉になって失礼ですが、川本さんのご健勝と一日も早くよいお仕事にいそしまれることを、お祈り申し上げます。

平成二十二年六月一日　　青木　正美

川本三郎様

六月二日（水）晴

八時半、起床。テレビ前で新聞。今日の七夕の用意をするが、ほとんど用意は終わっているのを知る。十時半頃、テレビのチャンネルを廻していたら、鳩山由紀夫の辞意表明。

衣斐氏へ送本の礼状を書く、文藝家協会への会費払込票を書き、Ｗに出して来て貰った。それでお昼。

午後は思い立って浅野君へのＣＤを箱に詰める。浅野君にＴＥＬ、送ることを言い、枚数(約二百五十枚)など知らせ、明日あさって在宅を確かめる。いかにクラシック音楽通でもこの未使用ＣＤには驚くと思う。それから中継所へ。伝票書いて待っているが中々来ない(中継所は管轄が別と言われた)。電話して、遊撃らしい車が来て手続き(二千三百五十円)し、積み込む。

夕食後入浴。３Ｆですごす。

六月三日（木）　晴

起きて七夕品の仕上げ。３Fの片づけ。

八鍬君のTELあり。最低値計算大分悪く、明日部長会ありしと。

裕子さん、「水上勉原稿」代金持参。

六月四日（金）　晴

七時起。軽食し神田へ九時頃。正一の運んだ「漱石全集」他。３Fで封筒つけ。夏目氏。

城南展へ。預けるところに岡島二世。三千八百円買う。昼前から小一時間、テレビ。菅直人が代表となる。同業、見に来たのは一人。

４F見て３Fへ。○○堂氏、出て来ている。うしろ姿の寂しさ。八勝さん——南部大市に行って来た、と。中野氏、前こごみ。みな年をとる。

八鍬君を誘って喫茶店へ（正自君一人でコーヒーのむ）。部長会すぐ終わって、別に対策などしないことにしてすぐ終わった、と。「『相撲絵ハガキ』が気になっている」と言うので市へ戻った。樽見君に、「古通原稿この次に」と。

六月五日（土）　晴

倉庫の、「アサヒグラフ」判の仕事。

校正のことで正自さんのTEL二度。

信二、次の車きめて、今月で車庫を返す。

六月六日（日）　晴

七時半起。九時に、有花にTEL、一緒に行くと言う。カメラ持って出る。夫婦とも正一の店前まで自転車。純も休みとかで、一緒に出る。セブンへ寄って堀切菖蒲園へ。素通りして、有花が行ったことのある中土手の荒川側にある第二菖蒲園へ。運動場の隣り、細長い菖蒲田んぼ。そこは船の発着場であった。

写真どり十枚ほど。スカイツリーもよく見えた。菖蒲園へ戻るとさっきより人出になっていた。入口に田辺竹三郎がいた。一廻りして、途中おにぎりを食す。代わるがわる写真をとっている婦人二人連れを、有花とってあげたらお菓子をくれた。

出る時、田辺竹三郎に握手。「八日は、やはりカラオケ大会なんだろう」と言った。そして、「やはりあれは苦手なんだ。中学の方だけど、誰か会えなかった人が来るの？」

「うん、今のところ二人だけ。梅組の××学校の校長

浅草での自分達夫婦

長男とわが妻

長 男 の 長 女 と 次 男

自 分 達 夫 婦

やってたっていう、鈴木××」
「出雲崎じゃない？」
「与板だったかな」
「悪いね、欠席ということで。二人、孫です」と有花、純を指す。

有花、前から見たかったという戦前からの宮沢(？)アパート、何かの時はじいちゃんがあやまって上げるからと入口で待って見に行かせる。これはじいちゃんが役立つ。近くの店で四人、ソフトアイスクリームを食べながらぶらぶら歩いて帰宅した。

帰って昼食。昼寝していると有花。写真屋へ行って来てくれる。猫の肉筆絵はがき集を見せる……

新政権関係のニュースをテレビで見る。新聞、明日は休刊。W、疲れて早く寝た。

阪妻の戦中の映画「江戸最後の日」を見る。

「成り上がり伝」の構想。
「○場末っ子からの成り上がり」
「○どこの馬の骨が……どこまでかかわれるか」
「○かかわった人々」
「○かかわった古書……主に肉筆につき」
「○N君の〝狼のような目だったぜ〟の言葉」
「○劣等感からの……」
「○街とのかかわり」
「○女・女・女」

六月七日（月）　晴

朝、テレビ。朝刊は休み。

午後、倉庫で暑さと闘い力仕事。一時間半やって戻り入浴。昼寝。夕刊、政界についてのニュース、テレビ。

六月八日（火）　曇

朝、五時～八時まで倉庫の紙類の分類。

血圧高く山口クリニック行。姉妹でやっており、姉の火曜出勤日。息子二人も医者と言う。もう七十歳近い女医。西園寺公望の書簡(祖父宛)が飾ってあるので、「大変な祖父《おじい》さんだったんですね」と言ったことで(この地区の人は誰も指摘した人なし、と)よく話すようになる。

菅内閣のニュース見る。若さに驚く。鳩山とは違って、少しは長続きの予感？

秀人が下りて来たので、一緒に夫婦で下宿先を見に行く。途中、高梨という、三級位上の老人を見る。向うは覚えていないようだ。……人生！

(旧・豆腐屋の角を曲がった左側、月六万円とか。)

秀人、これから秋葉原へ(買物)行く、とか。

六月九日（水）　雨のち曇

Wと有花、すすめると、誘い合って荒川土手からの船に乗った。両国で降りてからは日暮里に出て散策して来たとか。

夜九時、思ってもみない浅野のTELあり。風邪の熱で明日の船行けなくなった、と言う。一人では行く気もしない。

裕子さんから貰った本代（『自己中心の文学』）入れた封筒をなくした。自分のだらしないのにあきれる。Wの忘れっぽいのと変わらない。

六月十日（木）　晴

早目に寝た。空しい気分。Wがも一度船に乗れば、などと言ったが、帰りに船橋行を言ってオジャン。

終日文具類の整理をしてすごそうとして、まず4F。そして3F。すると有花とサイクリングする計画が浮かんでTEL。丁度Wが食事の支度をしており、食事は？　と言うと、まだだと言う。正一夫婦一泊旅行中で、食べてないと言うので呼ぶ。三人して食事。

自転車で有花と二人、川向こうの千住柳原行を言って、十二時半出発。堀切橋を渡り終えるまで先へ行かせ、柳原へ下りる辺りから自分が先導する。

例の柳原の、巾一間《けん》ほどの狭い商店街を行く。まだ疲れないと言うので、北千住の東口へ出て、トンネルを抜け西口へ。日光街道を渡り、昔、尾竹橋へ通学の時抜けた宿場町のような街道ようのものを探す。やっと見つかったが両側現代風な建物に建て替えられてしまってもう面影はなかった。

また北千住の東口へ出て、も一度狭い商店街を抜け、関屋でマクドナルドに入った。コーラ。堀切橋へ戻り、中土手を行き、菖蒲園に出て裏街の路地を走り、市川新道。そこで別れ、堀切へ帰らせ、自分も帰宅。二時半だった。

帰って昼寝。四時十分に目覚め、倉庫の文房具整理。夕食。そのあとは1Fの文具整理。目的は達した。

六月十一日（金）　晴

出品なく、ゆっくり出かけてもよい日。信二夫婦、固定資産税負担明細を記したもの持参。

話をしていると郵便。――浅野からのCD代の現金書留だった。早い食事をして、十時半頃に出た。

「週刊文春」を読みながら行く。

古通へ行くと、社長の椅子に小林君が座り、その前に椅子を置いて詩人の内藤健治さん。社長、「脚痛」とか？「いやあ、行こうかな」と小林君。「樽見は応接室にお客様」と村上さん。それとなく見えた。

原稿を渡す、原稿料くれる。小林君と古書会館へ。自分、「新興展」を見るが一冊もなし。

8Fへ。足投げ出して週刊誌を読む。4Fへ。帰ろうとすると、「子供のテキスト（日本放送協会一〇五冊）」が気になる（しかしよく眺めて入札せず）。と、八鍬君を見かけ、お茶に。一時間余り話をし、戻る。たいしたものはないが、残ることにした。「市、淋しいね」と白鳥氏。「大阪古典会の大市下見日で、出かけた人多し」と、〇〇堂氏、他はいない。玉英さん、森井氏も不参、八鍬君、明日行くとか。結局、「秋山清原稿」だけ落札した。森井氏、「品物の下落が悩み」「買っておくことは出来ない」等々の現状を話してくれる。バブルの頃が懐かしいのは自分も同じなのだ。

帰宅。夕食後、浅野にTEL。それから夕寝。


今日来ていた「古書月報」六月号に写真。

司書房・中野照司氏から寄せられた「ある日の市会風景」。四名とも八十歳を過ぎられて今なお現役で活躍されておられます。《左から中野實氏八十五歳　八木勝氏八十一歳　内藤勇氏八十六歳　木内茂氏八十四歳》とあった。自分は何歳まで古書市場に通えるのだろうかとの感慨で、しばし眺めた。

夜、浅野と関塚昇へ、それぞれ手紙と葉書出す。

＊　＊　＊

前略　ご送金、ありがとうございました。とうとう流行歌と軽音楽くらいしか聴けなかった私と違い、もっともふさわしい貴兄のところへＣＤのクラシックコレクション(?)が移動出来たことをよろこんでおります。

思えば、十七、八歳頃からの音楽の趣味が全く変わらない貴兄と、一生文学趣味が変わらなかった私とは、それぞれ幸せだったと思ってよいのではないでしょうか。

乗船は八～十一日で終了。また機会がありましょう。この際治療に専念されて、一日も早く元気になって下さい。ここまで来たのですから、米寿までがんばりましょう。先月所属する「日本文藝家協会」での喜寿を祝う会に招待されて行って来た話など、しようと思っていたところでした。

ちなみに、あのコレクションは変な運命なのです。

次男が本の買入れに行ったところ膨大なＣＤも積んであり、これも持ってってくれと言う。「まだ聴いてない封がしてあるのに」「実は結婚するのです。その若い女性の条件が、この部屋の本とＣＤ類は見たくない、私をとるか部屋中のものを片づけるか、どちらをとるかきめて下さいって言う。それで……」と五十歳くらいの客は言う。次男の言い値で売ってくれたと言い、そのＣＤを私が次男から買ったのです。先日見せましたが、あの倍位が流行歌で、私はそれを夫婦で聴いているわけです。（浅野宛）

「みち」四十七号拝受。いつも上野高夜間部時代を懐かしく思って下さって、うれしい限り。貴兄が講堂の舞台でみんなの前で堂々と詩の朗読をされている姿が、いつも思い浮かびます。

二年二学期で中退しましたが、通学路だった上野公園、都電も走っていた不忍池通り、気分によっては手前の日暮里で降り鶉屋書店をひやかし、谷中墓地を通って登校した道など、生涯でもっとも懐かしい場所で、今もたまに行きます。その後文芸部の毛利隆至君の世話で通った本郷弓町教会のある本郷三丁目、二十歳で古本屋を始める寸前まで勤めた墨田区向島、以後五十年余り古本商売で出かけている神田神保町の古書市場、それらが私の青春の地です。思えば貴兄もよく知っている鶉屋・飯田淳次氏が私を引き立てて、下町の古本屋で終わったに違いない身を権威ある本場の地へ引いてくれたのでした。そこが遅い「私の大学」ともなったのだと、今は感謝と共に思っています。いずれまた……（関塚宛）

六月十二日（土）　晴

朝、Ｍ・ブロンシェヴィクの『幸福の条件』を紀伊国屋書店に聞くが重版なし、と。ネットの「日本の古本屋」には二冊出ていた。拡大コピーで、半分くらいコピー。

午後、有花にＴＥＬ。四時に来て、今日は四ツ木駅付近を散策した。例の、湯屋前の商店街の残骸地区（理髪店とラーメン屋は営業）、お寺一、神社二など、他は路地めぐり。有花、絵の材料にと、五十景以上も写真を撮っていた。極楽寺通りまで戻り、堀切で別れた。

夕寝、テレビ。

六月十三日（日）　晴

十時に堀切へ。菖蒲園へ出て、田辺に（人にたのみ）

先日の写真渡す。やきそば、ダンゴ食し、正一の所へ。六畳部屋で休む。W残して帰宅。雨の予報は外れて、Wは催物を見て来たようだ。

無為にすごした。全く何もしない一日だった。

しきりにきざした、書くことでのアイデアとしては、石川氏はあの原稿の山を、ある日突然〝資料会〟の普通市へ積み上げてしまう。そこへ出ていたのが石尾氏で、本能的に百〜三百万の入札をし、私に知らせる。百万で落札、自分が三百万で「買う」……などと……。そして「ある作家原稿始末記」の小説にしたらどうか？ と。

六月十四日（月） 雨

樽見君よりＴＥＬ。七夕の「夢野久作」資料のこと。倉庫で二時間仕事。あとは無為にすごし、夜３Ｆである原稿集を眺める。

六月十五日（火） 晴

昼食、松屋。帰途信二の建物を見に行く。午後一〜四時倉庫。入浴。

信二の倉庫、今月一杯には出来るらしい。同じく、トヨタと、家前のスポーツ型外車に代わり（今月で前の駐車場は返す）、ダイハツの「軽」が来て、家の前に止めることになる。

十一時からの「ガイアの夜明け」―「もう本は持たない」を見る。〝ｉＰａｄ〟購入者の二週間、他。テレビは右か左かの取り上げ方しかないのか？ 六十五歳のバカ者。

六月十六日（水） 雨のち曇

午後、Wが角壁に並べた植木を切った山。昼を食べ、それをビニール袋に詰めることから始め、Wを手伝わせて二十ほどもある植木の山を解体、詰めた袋十くらいの〝ゴミ詰め〟を作った。汗ビッショリの所、信二が通って、

「水を沢山飲んだ方がいいよ」と言って行く。角壁前はかなりスリムになった。

夕刻も寝た。

わが人生、残務整理で終わってしまいそうだ。

六月十七日（木） 晴

朝、植木の枝のゴミ出し、他。新聞、テレビ。サッカー、参院選、相撲界、野球トバク。

午後倉庫、四時半に戻る。夕食、夕寝。ひばり追悼

番組。

六月十八日（金）　曇のち雨

神田へ四点の荷（と言っても重くはない）を持って向かった。「趣味と平凡」「和本『耶蘇教の無道理』」「石川達三原稿」である。

克さんと会う。「横光利一全集（補巻欠）十数冊揃」を台車で運び、「二千円で落ちちゃった！」と。

「もう、うち辺りの商売は儲けなしになったね。これ五組もたまって、始めのは一万五千円で仕入れたものだものな……」逆にあとから出た補巻一冊は一万円近いと言う。

古書展でも見ようと降りるが、途中、せっかく来ているのに、と又考え直した……と、白っぽい本をリフト一杯に積んで、積み込もうと待っていたのは石川仁さん。

「石川さん？」と、その血色のよい人に声かけると、

「あ、青木さん？」と。

「お元気そうで……」と自分。何しろこのところもっとも書きたいと思って書き悩んでいるテーマが「文藝春秋原稿」のことなのだ。

「これは中央市に？」

「ええ、日経新聞社の口です。もうこんな白っぽいものしか出ないので商売になりません。東部も終りになりますしね」

東部会館はこの六月で市場が廃止されるのである。

「それに、店も売れません。もうゴタ屋さんもみんなやめちゃったし、いつこの商売をやめようかと思ってるところです。だいたい八十でやめようと思ってたんです。ただ上さんがね、やめたらボケるだけですよ、なんて言うもんで。でも、もう遠くないです」

「それ、本気で？」

「マジメマジメ。いや、青木さんには本のお礼もしてないんですよ。あれ、『ある古本屋の生涯』、本当に面白いですね。飯田さんの、私達の知らなかった頃のことがよく分かったしね。上さんも面白いって……」

「いや、それはうれしいことです」

「まだ読み終わってないのですが、一度堀切へお礼に行かなくちゃなんて思ってたんですよ」

「気にすることはないんです。それより、あれから出した本と、もう一冊、また差し上げに伺いたいと思ってるんですが、いいですか？」

「あの時、飯田さんが田舎まで来てすっかり選んで行ったものだったんですよ。店の家賃はね、六万なん

です。もっとも隣も只で使ってるんです」

「明古の大市が七月上旬までにはすっかり片がつきます。電話して、一度遊びに行きますのでよろしく」

石川氏は昭和三年生まれ、もう八十二歳なのだ。

「あれ、西沢さんの兄さんの出した本、××さんに貸したままになってしまった」

「『宝石本忘れな草』のことですね」

懐かしそうに、いつまでも話したがっているような石川氏と、やっと話をやめて自分も小さな空の台車をエレベーターに入れた。

古書展は八百円。それから古通へ。市は吉田精一蔵書の某書店の売立日だった。五時総会。夏目氏再選。スケジュール表配布される。

小雨の中帰宅。夕食、夕寝。「鬼平犯科帳」を見る。Wはのど痛出て早く寝る。

浅野、風邪のこじらせ治ったらしい葉書あり。左記。

＊　＊　＊

お葉書ありがとうございました。

おかげさまで体調は快復してきました。

折角計画してくださった乗船について、すっかり御迷惑をかけてしまいました。

いただいたＣＤ、当初の予定より大量で、一生のうち消化しきれるかわからないくらいです。前の持ち主はかなりのマニアと思われ、例えば有名なメンデルスゾーンのヴァイオリン協奏曲同一曲が二十枚くらいもあり、そのうちの十枚ほどはすべてチャイコフスキーの協奏曲と対になっていました。もっとも演奏者がそれぞれ異なっており、聴き比べていたとすれば見事なものです。

さて、小生も歳をとるに従い、クラシックばかりでなく、世間並みに演歌や軽音楽なども楽しんでいる今日このごろではあります。

折を見てまたお邪魔し、いろいろお話を伺いたいと思っています。

関東地方もいよいよ梅雨に入り、しばらくうっとうしい日が続くと思いますが、貴兄も御健康に留意され、お過ごしください。

六月十九日（土）　晴

せっかく「明細表」が来たというのに、やる気になれず、無為にすごしてしまった。

やり始めて、原稿などのファイル買いに「いなげや・ダイソー」行。

テレビ、サッカーオランダ戦。Wに解説した通り負けた。

六月二十日（日）晴

梅雨の予報がはずれてしまっている。逆に菖蒲園は盛りで、今日もWは午後、花を見に行って来た。

信二が八時前に来て、千恵さんと三人で大井のバザー行き。ビデオ十二本を買って来てくれる。帰って、W、楓を加えて亀有・万世へ。

午後、さっきの一本「暖流」を見る。高峰三枝子、水戸光子、佐分利信。戦前の雰囲気がよく分かる。

よく寝る。正一と一時間くらい話した。「座頭市物語」を持って行く。父の日のドラやきを持参。信二は「ショルダーバッグ」をくれる。

六月二十一日（月）晴

W、固定資産税の支払いへ行く。また十二月、六月分の国債の利子、郵便局へもらいに。

現品とのつけ合わせをしながら映画、「片眼の魔王」「旗本退屈男」「純情二重奏」「東京裁判」（途中まで）を見る。

六月二十二日（火）晴

八時半起床。新聞、テレビ、――サッカー、新政権と選挙動向、中国元切り上げ、マツダ工場での自動車暴漢、等々。W、信二達の軽自動車での買物に乗せられて行く。帰ってW、宣伝ビラ見ていて二十四インチ婦人車を買いに行くと言い出す。明日ホームセンター行。

信二、登記のことで吉田工務店と話し合い、登記証書見てくれ、と。夫婦で登記をやってみることになる。

林長二郎「雪之丞変化」
田中絹代「愛染かつら」
をみながら仕事。みな懐かしかった。あと、映画他十点ほど。自筆本のファイル入れをやらなければならない十点くらいを残し、明細書とのつけ合わせ、進む。

ＮＨＫからのＴＥＬあり。自著日記の本使いたし、と。

「七／六～ＰＭ二時　写真撮り　城《たち》秀樹氏他来宅」

明治古典会七夕古書目録来る。来てみれば感激もなし。

六月二十三日（水）雨

七時起床。ホームセンターで、二十四インチの自転車が九千円で売り出される広告。十時開店だったので、最悪並ぶということを考え、九時十五分に小雨の中、合羽を着て出かけた。自転車売場は裏口にあり、そこで待ったが客はなく、買えるらしい。そのうちWも来た。Wの乗ってきた持参の古い方は五百円で回収してくれた。

曇りになったので、すぐ家路についた。帰ると偶然、回収屋が五百円で引き取ると言って走っており、その辺の二台引取らせた。

午後は古通の校正のファクスが来る。夕刻、TELあって信二一家でロッカーの荷を運んでくれる。

六月二十四日（木）　晴

靴下はいて寝ると、割とよく眠れる冷え症なのだ。

信二、軽とめてみた、——と。「彷書月刊」来る。倉庫へ行き来して品点検の仕上げ。

六月二十五日（金）　晴

十時頃に出る。古通へ。小林静生君が社長の椅子に座ってタバコを吸っていた。天候の話題。古書展を見るので、と失礼する。書窓展で、あきつ書店。そのまま帰ることにした。神保町駅へ向かい新刊の巌松堂へ。店前の均一台でＤＶＤを選ぶ。

「七つの顔」「十五の眼」「織田信長」「イースターパレード」「チップス先生さようなら（戦前物）」「三銃士」（各五百円）の六本。地下鉄降り口前で、又別の新刊屋のＤＶＤの立てかけを見ていたら、「彷書月刊」の皆川君と目時さんに声かけられてしまった。てれかくしに、「本屋がこんなもの買って帰るんじゃ、世も末だよね」と言った。

押上行に乗る。帰って有花に明日のことをＴＥＬ。昼寝。夕食と夕寝。「チップス先生さようなら」を見る。早目々々に物事を処理して来た性格の筈なのに、まだまだ「惰性」でうろうろしている。

六月二十六日（土）　曇

有花と十時〜二時すぎまでかかって封筒つけ。有花は理解が早く、思いの外早く終わってしまった。

三時、二人で（自転車）小菅地区を歩いたが面影なく〝現代〟的建築になってしまっていた。雨もポツポツ降った。

「三銃士」「七つの顔」「十五の眼」「イースターパレード」を見て暮らす。

▼口腔の左舌奥に異物感。

六月二十七日（日）　晴

八時起床。新聞、テレビ。明日持って行く荷の用意。

午後、Wはイトーヨーカ堂・アリオへ出かけ、スニーカーを買って来たらしい。

自分、千恵蔵の「風雲・織田信長」（昭十五）を見ながら手元の仕事をした。

六月二十八日（月）　曇　搬入の日

八時半、信二の軽で出かける。地下へ運ぶ。そこで信二は帰す。

自分が残って、点検の間いた。品物数は皆合った。十二時に帰って信二の家の進み具合を見た。帰宅して食事、そのあと昼寝した。

六月二十九日（火）　曇

午前、信二の新築登記のことで出張所と法務局へ連れて行かれる。正一夫婦と有花がパン屋へと言って寄った。

朝九時前に思い立って石川仁氏に電話した。「遊びに行く」と言って、二時を約束した。

「場末の子」「自筆本蒐集狂の回想」「某家売立目録」（これは鶉屋のもの）を持って、一時に出る。お花茶屋駅、──→日暮里、──→田端。手帖へ「北区田端五─一二─一五・石川書店」の住所がメモしてある。

昔一度来ているのでなんとなく分かり、それらしい通りの交番で聞くと地図を広げて教えてくれる。変化したのは人通りのないこと。

「やあ、青木さん」と奥の石川氏。奥さんもいた。

「お元気そうで……」と自分。奥さんも、

「あの節は」などと。

石川氏、「エアコンにしましょう」

今日は上がった。方々に白っぽい本の山。店内もきれいな本ばかりだ。二人とも、本屋の不景気を嘆いた。

「青木さんの本（「ある古本屋の生涯」）日記の前までの部分が本当に面白い、と石川氏。それから一冊のノートを（用意してあった？）取り出し、「これ、昭和三十五年のものです。家内と結婚して、ここで始めてからのノートです」

売上げが書いてある。一日千五百円～三千円位か。そこへ時々、紅谷、飯田、近藤、栗林などの名。どうやら背取り人達らしい。店はそう当てにせず、建場（石川氏は〝原料屋〟と呼んでいる）をとんで歩いていたとか。

現在はいくらも残っていないと、その原料屋の名簿を見せ、一頁で一軒二軒しか残っていない現況を示した。

「当時は、よく夜中に来い、なんて言われて、十二時頃にも官庁などへ取りに行ったものです。日暮里が多かったが、西新井や本木へも行きました。だいたい、建場ってのはそれ一軒々々です。原料屋はけっこう血筋が多かったり、仲間意識があります。その代わり紹介してくれたりするからどんどん増えました。

とうとう資料会は会員にはなりませんでした。今はもう知り合いもいない。東部も荷を置いて来るのと、一ト月おきに金貰って来るだけ。もう話す人もいない。そして今月で市場も廃止です。

店はこの通り客も来ない。もうやめようかなんて言いますが……これでも通りを眺めてるだけでもまだいい。これが家にこもっちゃったらどうなりますか？

会いたい同業もなくなっちゃった。飯田さん、丸井さんにはお世話になりました。西沢さんも亡くなりました。新生さんとは何年も会いません。稲垣さん？六月三日(来客名簿見て)に来ました。男と女は、そう見栄も張らないのがいい。新生さんとは会っても、多少男同士は商売のことなどを話しちゃうでしょう。

これ『商店街名簿』を見て下さい。昭和五十一年度のものですが、この通りです。残っているのはその消さなかった店々。十軒の一軒くらいしか残っていない。シャッター街です。昔は夕方ともなれば店の前の歩道も、買物客や子供でにぎわっていました。今は夕方も閑散としたものです」

自分、本三点を進呈。

「今日は少しお聞きしたいことがあって来たんです」とメモを見る。

「私が石川さんから〝文春原稿〟を買ってからは十年です。その間あれを資料に誰の何という作品原稿の探索をしてきました。その本(「自筆本蒐集狂の回想」)のように本にしたいのです。それで、多少は由来なども記さなくてはなりません。それを今日はお聞きしたいのと、ご迷惑でないかということ、です」

昭和四十三年度の飯田の販売記録なども見せる。

左記、石川氏談。

「書かれればいい。そのまま書いていいですよ。ただ実名だけ出さないで下さい。

あれ、その原料屋もとうにないです。青木さんはさっき鶉屋さんの目録を見せたでしょ。実は、もっと前に求めていたんですよ。車を乗り始めたのが昭和三十九年頃です。ある日、その原料屋へ行きますと、原稿と分かる紙類の山で、何とかならないかと言う。見ると文藝春秋系の印がベタベタです。それに、ほとんど一枚目が切り取られている。ごくたまにタイトル署名の残ってるのも見える。

向こうはそれを紙として分ける作業もしたらしいんです。石川さんなら買ってくれるかもしれないと思って待っていたと言う。少し金もいるし……と。で、値はすぐきまって引取りです。もう値は忘れました。大した額は払わなかった。でもこんな出どこの分かる品をすぐどうこうは出来ないと思った。思い立ったのは上さんの田舎（埼玉）へでもしばらく置いとこうということ。

だから、四十三年はそれからしばらくの話でした。〝燭の会〟だかで、飯田さんが西武展をやる時に、何かないかって言う。あの原稿のことを言ったんです。すぐ出かけました。覚えているのは川料理を出したら、飯田さんはヂストマに当たるとか言って、食べなかったこと。原稿はみんな見て選んだ。こう積み上げて……これだけ買うって。やはり値は覚えていない。全体の分は出たなって思った。その位貰ったと記憶してます。

西武展は根津の弟が手伝いに行きました。よく売れてたって言う。やがて、西武の大市に出品した原稿が問題になってしまう。あんなに大騒ぎになるとは思いませんでした。心配していると、飯田さんがとんで来ました。『あれ、お前には心配かけない。日暮里を通りかかったら、車に原稿の山を積んでる車を見つけた、それをとめて買ったことにする。お前と俺では何もなかったんだ』って言う。

だから、二人はそれ以後原稿の件は何にも触れない。文春からも何の話も来なかった。何か言って来る同業もなかった。ただ情報は入って来ます。文春ではこの件で責任者が一人やめさられたって言う……」

………

石川氏、「だから、青木さんに十年前この件で声をかけられた時はびっくりしました」

「いや、けっこう業界では知ってる人は多かったんですよ」

「誰でしょう？」

「××さん辺りではないかしら」

「××さんは知ってますね」

「その後あの倉庫へ戻した？」

「田舎で息子が暮らすようになってから持って来てしまった」

「最後は、やめる時に一山に積んで売ってしまおうなんて、前回言っていましたね？」

「そう、資料会でね」
その後も一時間半位話をした。帰途は上野へ出て、座って帰った。

六月三十日（水）　曇

七時に起床。――昨夜はラジオでサッカーの日×パラグアイ戦をきいていて、負けてからも暑さもあり眠れず。

八時、また連れられて法務局行き。登記を夫婦でやってしまう。昼は、すきやが七差路際に丁度開店したので四人で行く。

午後は「緑園の少女」を見ながら、「文藝春秋原稿始末記」のファイル二冊の整備。

七月

――明治古典会・七夕大市会に古本屋生活最後の参加をする

七月一日（木）晴

例年は一時集合の今日、斎藤良太君と連絡、十時から、と。十五分くらいおくれて会館へついた。

4F、文学の部の並べの手伝い。昼食、みなで。二時には帰ることに。筑摩書房から家にTELありし、と。青木氏にTEL、六月は出来なかった、七月に提出、——と言う。

七月二日（金）曇

降る降るの予報に反し、降らない日が続いている。信二の軽、家の前に止まっている。建築はピタリ六月で終了。これから棚作りをして、在庫を運び込む（吉田さん倉庫から）とか。

九時半、会館へ。7Fで新聞を読んだ。百瀬君がコーヒーの用意をしている。4Fへ。

十一時に食事。八鍬君に聞くと東部の市場が（泪橋展も）終わるのは今月中らしい。昼すぎ、杉丸家の女性二人来て、案内した。すると入れ違いに西原氏が来る（昨日目録の礼状あり）。それから、酸素器具を引きずっての田村治芳氏。樽見君も。

しばらく杉丸のところにぎやかだったが、西原氏、田村氏、落穂舎が誘うので四人で地下へ。杉丸家（夢野久作の父）の件は朝日の今日夕刊に出る、とか。

ただ、地下での一時間ほどは、田村治芳氏の食道癌克服談となった。もっぱら栗原氏が聞き役であった。西原氏は血色のよいこと——。

帰って夕食。朝日新聞に「夢野、異母妹思いやる手紙　小説世界と違うまじめな姿」の見出しで大きく出ていた。

七月三日（土）晴

下見二日目であった。

出かける前に、有花と午後一時（に来展）に約束して出かけた。

早く昼が来た。今日も「天一」の天丼。五、六箇あるので、けっこう選ぶ人はいるのだろう。有花も来てもいいのだが、〝幾つ？〟〝高校生？〟などと聞かれるのはいやだと言う。

有花が来て、二時間近く主に美術書と美術品コーナー、最後は錦絵なども見て歩いた。

有花を外へ送って行って、すずらん通りの〝キントト文庫〟に行き、紹介してそこで別れた（後で帰ったかを携帯でTEL）。

終わって一時間ほどしまいの手伝いをして、帰途についた。

七月四日（日）　曇のち雨

九時前についた。４Ｆ―３Ｆ―地下。地下では廻し入札。中台は置入札の併用で進む。

最終札あけまで総合結果は分からない。前はけやきさん、かげろう氏、左に大山堂。バカ言いながら、左の河野氏（氏は仕事）に押して行けばよいわけ。小宮山氏、紅谷君などもいる。もうそこからは開札へ廻すだけ。

最終のⓀ最優良品は驚きの連続。何しろ「一将功成って万骨枯る」だった。

そこまでの品＝歩兵たちには、恐ろしいの何の……バタバタと討ち死にしてしまった。

「啄木書簡」三百八十万

「梶井『闇の絵巻』」三百万

「鬼平犯科帳」百六十万

「僕のユリーカ」百五十万

になった。四将（も）〝功なって〟しまう。

「大菩薩峠」原稿は百五十万（百四十万まで入札）で××書店に負けた。「面白くなくちゃ、面白くない」は達した。

七月五日（月）

早く目が覚めてしまい、起床。日記など。

信二、九時に来て（千恵さんも）、引取りに出かけた。帰って、Ｗ連れて信二の車でそのまま西新井のかつ屋へ食事に行く。

帰宅すると、ポストに月の輪君の古書目録「太宰治伝」あり。Ｗまで感心する。小林秀雄原稿を裕子さんに持って行かせる。

月の輪君へハガキ出す。

＊　　＊　　＊

謹啓　「月の輪書林古書目録・太宰治伝」をご恵送たまわり厚く感謝申し上げます。大変なご労作で七十七歳の老いの身が大変勉強させられ、刺激を受けましたことを告白致します。とくに津島家の写真頁は圧巻で、松本清張や石川桂郎あたりとは対局にあった素性だったことがよく分かります。島崎蓊助から〝浅草〟へ入って行くところ、藤村とも同時代作家だったのですね。永島氏（「古本屋奇人伝」では会見したことを詳述）から私の文庫に触れて頂き（後の頁では「昭和少年懐古」についても）、これもうれしいことでした。私もあと三、四冊の本は書いて死にたいものだと、日々努力しておりますが、どうなりますか……

七月六日（火）　晴

「石川達三日記」（真筆）の読みと箱作り。

午後、二時に「留守中日記」の写真撮りにＮＨＫの「城秀樹氏」他三名来る。倉庫に四時半までいた《たち》。

自分は小一時間仕事。月の輪君に礼状を出す。夕方、正一、有花来る。

七月七日（水）

Ｗ、四時には起きて、ミステリーツアーの用意。自分、起きてゴミ出しに精を出す。

正一が小林秀雄のお客の金を持参、信二がもう一度実印がいるとやって来る。

Ｗからは

ＴＥＬ三度ある。バスは新潟県燕市へ来てしまっている、――と。

七月八日（木）

倉庫の仕事。七、八月は出品しないで休みにしとこう、とか……。後半は３Ｆの仕事。七夕で昭和十年代の本物の日記を得たことで石川達三が身近になる。古書市場にはこんなものが出てくる不思議！

夜、明日の古通原稿。

七月九日（金）　曇のち雨

神田へ。先に古書展を見る。樽見君と会う。喫煙所に八勝堂さん、種市氏。通りすぎようとすると種市氏に呼ばれる。

「青木さんにサインして貰おうと思って」と、一誠堂で買ったという『「悪い仲間」考』をバックから取り出す。「面白いですよ。いや、きっと面白いですよ」「済みません、うれしいです」と自分。

市にいた朗氏と話すと、

「青木さんは本当に勘がいいから……」と。そして「古書、今まで高すぎたのでは！」とも。

古通へ。「斎藤茂吉異聞」二回分を一気に載せよう、と樽見君。

市場は森井氏に「真山青果」原稿が負けた。

七月十日（土）　晴

Ｗと、有花と三人で浅草行。参詣のあと、ロックス館行。ほおづき市で混雑の中、尾張屋で食事。銀座線で上野広小路へ出て、千代田線で根津へ。弥生美術館へ寄る。

帰って昼寝。夜、夫婦でビデオで洋画「昼顔」を見る。

七月十一日（日）　晴　夜雨

選挙へ行く。もう一度民主党へ。

昼寝、そして昼寝。夜、選挙速報を見る。

七月十二日（月）　晴れたり降ったり

午前中、裕子さんが来る。有花は今日勤めの面接らしい。午後、二時間倉庫の仕事。

石川仁さんからお中元。関塚君にハガキ、石川さんに礼状。

七月十三日（火）　降ったりやんだり

十一時に墓参。正一、信二夫婦。有花、秀人。

午後、倉庫に一時間と、あとは何となく。

昼間、関塚昇君のＴＥＬ。スカイツリーの文。

七月十四日（水）　曇

民主が負けたこと、相撲不人気、千代大海疑惑、九州豪雨被害、等々のテレビ。芸能界、韓流は持ち上げ、政治はけなす。こっちは始終眠くてたまらないときている。

午後、裕子さんからＴＥＬ。田村治芳氏からの手紙読みあげる。

二時に取りに行った。これがカンカン照りとなって街歩きも出来ない暑さ。

田村氏の書簡の内容は……すぐ電話で返事をしたが、要するにある商品としての肉筆物を買わないかという話だった。悪いが買えないと断ったのである。

家の中の気温は涼しいのである。それで夕寝した（のべつ眠いので）のがいけなかったのか、のど痛になってしまった。思い切って、十時に「風邪ぐすり」のんで就床。

七月十五日（木）　曇

昨夜、耳痛とのど痛で、本能的に寝についたのはよかった。風邪薬のせいかよく眠れたし、夢も善夢の方だった。

八時まで十時間眠って起床。のどと耳痛も治っていた。樽見君よりちょっとＴＥＬあり。『濹東綺譚』原稿のこと。

午後、倉庫へ行く。すぐ帰って来てしまった。テレビ見ていたらうとうとしてしまった。が、眠ったわけでもない。

夕食用意の時、レンジに音がした。W2Fから下りて、忘れていたらしい。焼きついた匂いがして、「ついていないとダメだ」と言った。夜は眠くて出来る〝絵葉書〟整理をした。けっこう面白いし、大市出品も出来そうだった。

七月十六日（金）晴

十時半までには食事。出かける。「趣味展」を見るが二冊。ふそうさんのところで佐々木靖章氏とあいさつ。

市、一点目録原稿を提出。精算に行き、次回まで待って貰う。8F、××君に支部の最後を聞く。いよいよ八月に総会があって散会、とか。

森井氏、自分の自筆本の先見性を言ってくれるが、最近は氏に負けることが多い。古通には土井虎賀寿の筆跡コピー。さすがにふそう氏の棚、何もなかった、――と。

市では、買うものなくふらふらしていた。○○堂氏見えず。終わって総会。大市報告。廻し不評。五十嵐君会をやめる。今井、八勝さんと中退、朗氏欠席で盛り上がらなかった。

帰途、七時半～九時、八鍬君と喫茶店へ。明古関係の話をする。

七月十七日（土）晴

長雨は予報ばかりで、東京はほとんど降らずに梅雨は終わってしまった。夫婦で松屋へ食べに行った。終日ほとんど〝絵葉書〟。「売る」となると気が楽になった。

七月十八日（日）晴

正一達来る。有花も。信二達来る。正一達帰り、軽のうしろに千恵さん寝て、五人で亀有万世へ。

帰ると眠くてダメ。有花がWの髪を切りに来る。正一、二時に本（十箱）取りに来る。

夕食万世のラーメン。Wは正一達の中華を食べに。自分寝てしまった。目が覚めると、ボケて〝朝〟かと思った。夜、楓の成績表。四・五平均の好成績。

パソコンですごす。

七月十九日（月）晴

六時頃起床。〝絵葉書〟整理。昼、ソーメン、他。結局〝絵葉書〟ですごす。けっこう面白く、かつてこういう仕事はよくやったことがある。ポチ袋コレクション、マッチペーパー、映画ポスター、映画スチール、映画プログラム、切符、等々……をだ。

七月二十日（火）　晴　夏本格的……

十一時食事。１Ｆで、いつもの足投げ出し「座す形」。それから立つには「よいしょ」と右の小箱の引き出し（入口）などにつかまったりする。と、腰に激痛。少しためすように動作を始めるが、いけない。いわゆる「ギックリ腰」の症状。すぐ思い立ったのが〝協立外科〟のこと。火曜だけは午前中一時まで。用意をして自転車で出かけた。三人目に呼ばれて、Ｘ線、四態。例の如く、あお向け裏返し等と力わざの診察。そのあと電気器機にかかる。看護婦が次々と話しかけるので、「こちらの先生は現代の赤ひげって感じですね。今お幾つ位？」と自分。

「五十半ばでしょうか」と。

診察、Ｘ線、電気治療とあって七百五十円。薬局は百七十円。無論これは一割だが、他の医院とくらべて安い。帰って、結局〝絵葉書〟整理。

七月二十一日（水）　晴

暑い夜。苦痛の中の夜。

トイレに立つのも痛い。昨日、絵葉書の重い箱で働きすぎたか。甘く見すぎたようだ。

朝、もの忘れ気味のＷとはチグハグである。

協立外科へ行かせることにした。言い争ったりして、結局〝染谷先生〟宛のメモを持たせた。メモがよかったのか（？）座薬の痛みどめをくれた。終日腰痛、治らない。Ｗとの〝チグハグ〟は続きっぱなしだ。

正一が有花と寄った。〝野呂邦暢の原稿〟代持参。

夜十時、いくらかよくなる。不思議な映画、アンゲルブロス監督の「永遠と一日」を見る。

七月二十二日（木）　晴

六時まで目が覚めない。まだ痛いがトイレ。

幾分よくなる。座薬二度。のっそり歩き、コピーに出かけたが交差点がこわい。

七月二十三日（金）　晴

十時出る、が約束。十分前に信二夫婦。

上野多慶屋へ寄る。自分が運転台に座らされて買物するのを待つ。無事。

十一時、７Ｆ。会計、外口、中村、職員一人。小切手を切って貰う。

市、古書展を見る。本「三浦環」他。

4F、3Fにいた。絵葉書屋さん、会報をくれる。「明治期絵葉書集成」参考にと、コピーあげる。最終列にあった、正岡容原稿「我が円朝研究」に賭ける。落札。すると荷主が話しかけて来て由来を話す。精算は小切手でする。今年中のロッカー代も。

八鍬君、白内障手術――と。

帰って眺めた正岡原稿は、近来にないよい原稿であった。

七月二十四日（土）　晴

午前中診察の協立外科行。薬少なくなる。

正一夫婦寄り、純が秋に会社の出張で英国行、とか。暑くて汗が背中を流れる。Wは四時に出て、荒川さんと上野の歩行者天国行。

NHKの「スカイツリー」特集をみる。毎日五百人が仕事に従事しているという。

七月二十五日（日）　晴

Wとみかわや行。

七月二十六日（月）　晴

Wを中川外科へ行かせる。

ごみ出し。「彷書月刊」来る。

「原稿綺譚」ノートまとめる。

七月二十七日（火）　晴

Wが、夕方五時前に柴又の花火へ行く。十時半頃に帰る。荒川さんが一緒だった。

校正来る。二回分一緒。

腰痛は楽になって来た。今日も〝絵葉書〟整理。

七月二十八日（水）　晴

絵葉書整理。何しろ、二万一千枚からある代物である。中々「控え帳」の文章に至らない。歯科へ行く。

青木氏の返事があれば今日か明日という思いはあった。絵葉書のことはパソコンを見て調べた。

七月二十九日（木）　風雨

朝、思い立って「彷書月刊」終刊号への文章を葉書に書いて送った。

＊　　＊　　＊

「彷書月刊」へは、「作家の手紙」を永く（確か7～80回）、「古本屋畸人伝」を100回まで書かせて貰いました。後者は〝ちくま文庫〟が『古本屋群雄伝』という題で出してくれました。

「五〇年、一〇〇年したら明治~昭和の古本屋はこうだったのかと証言してくれる本の一冊でしょう」と田村さんはいつか言ってくれました。

前者も、今になって、多くの(本当ですよ)人達によって利用(?)されるようになりました。大村彦次郎氏ともここへの楢崎勤の手紙で知り合い、ほとんどの著書を贈ってくれます。川西政明氏の『新日本文壇史』第一巻では、秋庭俊彦、相馬泰三のことで、その後は別資料からも協力させて貰いました。

田村さん、皆川秀さん、目時美穂さん、お世話様でした。(七月二十九日　記)

朝から整理々々。絵葉書、貴重さの分かるこの頃だ。お昼小やみの中歩いて、松屋の牛めしを食べに行く。信二の書庫の棚を見に寄る。

明日、有花誕生日で秀人、純と三人でディズニーランドへ行くとか。

夕刻、青木氏の「『ある「詩人古本屋」伝』の企画通りましたので――」のＴＥＬある。さんざん手こずっただけに青木真次氏への感謝と共にうれしい。

七月三十日（金）　雨

二点出品して古書展「がらくた展」へ。

あと市にいた。五千円以上の市で、二点売れず、落札もなし。

市、高笑いの会長。「錦絵」多く今日の出来高は×××万は行くでしょう、と外口氏。

五十嵐君の退会の個人的挨拶。八勝さんにもあった、と。

「はい、古本屋は続けます」

八鍬君、昨日白内障を手術、今日はもうよく見えてる――と。テレビもぼやけて見えていなかった――とか。

帰って夕食、夕寝。

七月三十一日（土）　晴

四時に起きて「控え帳」の原稿書き。これは午前中で一回分終える。

チラシを見たＷとコジマ電気へ行く。二十分待ち。扇風機一台四百円、二台買って積んで帰った。

腰痛はよくなる。有花、ちょっと寄った。写真技術のことで面接が今日雑司ヶ谷であると言う。夜は１Ｆ身の廻りの片づけ。

八月

——ある大蔵書家の話をきめる

ありし日の蔵書の一部

八月一日（日）　晴

朝から「控え帖」＝「この一年」の下書を書き始めるが、気持ちが乗らなかった。昨夜バッファリンを飲んだのに治らず、今朝も飲む。頭痛と言っても頭皮のすぐ裏辺りの痛さで、気味悪いものだ。

赤札堂へ行った妻が有花と帰った。有花は写真関係の面接。一、二〇〇円の時給で二カ月見習いのアルバイトとか。

扇風機二台組立てる。頭痛連続して起きる。十一時に寝る。

八月二日（月）　晴

夜中にも時々頭痛。それでも九時近くまで寝ていた。ムリムリ始めて、原稿を終えた。

信二が中央市へ行ったついでに、用意したロッカーの荷を運んで来てくれた。

五時前に青木氏のＴＥＬ。直しを話し合いと言い、明日十一時を約束した。

八月三日（火）　晴

副本を持参して、十一時の約束の筑摩書房行。

「全く印税を出さないというのも、って話し合い、1パーセントだけ出ることになりましたから——」と、青木氏。自分としては、自費出版でなければ印税などどうでも、と思っている。

八月四日（水）　晴

頭痛しきりで、偏頭痛ではと解釈している。

信二達、奥多摩行。

夕方からは「ドン伝」少し直す。四時有花来て、額類や紙の小物など選び、沢山持って行く。

八月五日（木）　晴

終日、「ドン伝」直し。自分は到底プロにはなれない。

Ｗ、正王寺行。

頭痛しきり。夕方バッファリン飲む。

八月六日（金）　晴

ゆっくりして、出る。

会館では５Ｆにバック置き、古書展（城北展）を見る。ナシ。精算に行く。コピーして古通へ。樽見君いなかったが、「控え帳」原稿を村上さんに置く。

市、訳稿類に入札。「意志と現識の世界（ショーペンハウエル）」の「増富平蔵」他。落札はこれだけ。〇〇堂氏、森井氏見えず。絵葉書屋さんと少し話す。八鍬君とお茶に。ほとんど白内障手術の話。帰途、八千代台で人身事故とて千住大橋で三十分も電車動かず。

夜八時頃に山下武夫人のTEL。N氏（三十三歳位?）という男《ひと》が遺言にあり、一人でもう一年も本を運び去っている、とか。

「もう遅いとは思いますが、見に来て下さってもいいですよ」――と。Nさん、北海道の父(アパート経営)の所へ運んだり、北海道の図書館へ送ったりしたとか。山下家の自転車を借りたりも。通帳もN名義――と。少し不信を言ったら二十万円だけ置いて行った、とか。「誰にも言わないでくれ、って言うんで相談出来なかったんです。私共は主人の死後税金とか、支払いが多くて困っているんです」

明日、一人で様子見に出かけることになる。樽見君にTEL。「もしもの時はノリでやりましょう」と樽見君に。「出かける必要あればいつでも行きますから」と、樽見君。

八月七日（土）晴

眠れなくなり、早く起きてしまった。

テレビ前で寝る。十二時十分前、お花茶屋駅へ。

山下家へ来るのは昔から数えて四回目くらい。この先は帰りの快速電車での訪問メモである。――結果は意外(?)なものとなった。まず、書庫を全部見たのである。かなりの本が抜かれてはいるが、逆に、かなり「本」が抜かれていなかったのである。相手側は由美子夫人、日野昭宏(娘の二年前からの旦那)、由美子夫人が電話で話した山下氏長男である。始めは中々のみ込めず、やがて分かってきた。夫人は要するに本など全く分からず、話しも全く論理的に出来ない人。話していると日野氏を相手とすべき、と。

「母がN氏に任せると約束しちゃったのなら、それでいいのでは――」と言うのが長男の意見らしい。娘は日野氏と一緒で、「N氏のやり方はおかしい」と言った。夫人が長男と話すように言った。夫人は「青木書店さんが来ており、日野さんも来ている」と言った。自分は「日野さんの考えはよい、お兄さんと話してみた方がいい、親しいのでしょう?」「まだ何度も会っていません。もう亡くなる前で、少しよく話をしましたが」。そして日野氏が言った。「この際鍵を取り替えてしまいましょう。それがいいです」

あとは自分が仕切った。「これまでのことをとやかく言わず、この時点でN氏を切れないか」

「それをやりましょう」

「弁護士を立ててもって言ってみたら」

「論外でしょう。家族でもないし、こっちは刑事事件にしてやります」と日野氏。

「だいたい、一人に任せるのはよくない。このあとは最後の本も出した、売り方を請け負ってくれる〝日本古書通信〟という所に任せ、一括売り立てをすべきです。二〇パーセント前後の手数料で、売上はみな夫人にきます」

「なるほど」と、日野氏も夫人もうなずく。

「それで、Nさんの切り方ですが、N名義のその二十三万は返してしまうこと」

「そうよ、返しちゃいなさいよお母さん」と娘。

「それでも絶対残りは何百万にはなりますから、まず私と古通の人とで見積りますよ。それでいいとなったら任せて下さい。では、これで……」

「遠い所を……」皆で送り出してくれる。

八月九日（月）　曇

昨夜は扇風機かけて（廻して）寝た。広島、長崎の日。

十時。Wは出かけ、山下武夫人と電話。

午後、テレビ買替えでコジマ電気行。携帯に裕子さんのTEL。夕方シチュー持参。

夜は「ドン伝」の年譜作りを始める。

八月十日（火）　晴　時々少雨

九時半、古通にTEL。十一時に行く。会館の裏口で小西さんと会う。今日〝古典会〟がまだあるとか。樽見君と山下武蔵書の処分までのスケジュールについて小一時間話した。

神保町から押上──↓青砥と帰る。

藤村原稿についてファックスでの質問をしてきた人に葉書出す。夜、「ドン伝」の年譜作り。

八月十一日（水）　晴

信二夫婦、嫁の実家本庄行、日帰り。

終日、「ドン伝」年譜作り。粗っぽく終了。葉書（藤村）の礼のTELあり。

八月十二日（木）　晴

Wが買物に出るくらいで、出ない。右の背中少し痛むが、協立行かず。

夜、テレビ見るとNHKに朗読されている銃後の文章。自著『戦時下の庶民日記』のタイトル、終って協力者「青木正美」も流れた。

八月十三日（金）　晴

終日「ドン伝」をやる。

右の背中は大分よかった。特に頭痛が治ったのは本当によかった。

集書散書の末路としての山下武蔵書は見たい！　自分が処分した伊東一夫先生とはどう違うのか？　二人の違いは、学者らしく資料となるなら汚本でもよいという伊東先生と、資料に使うにしてもより美本、完全本を生涯かけて蒐集した山下氏の考え方が蔵書に表れていること。無論売立にはケタ違いに後者が高くなるわけだ。

八月十四日（土）　日照り弱いが残暑

よく眠れた方か。八時すぎ起床。新聞は戦争特集、高校野球のことばかり。

日野氏と電話で話す。

◎本については、山下先生のリストを書いた目録資料のようなものがあるって言うんです。

◎Nさんの本、戻すことが可能とも言っています。

◎捨てる本も出して、かなり（夫人は百冊と記憶）捨てたらしい。

◎西村文生堂というのへ、かなり売ったと言うんです。

◎こちらで相談をした結果は明日夜お知らせします。

……と日野氏

日野氏と話せたことで、浅草行。楓も行くと言い、夫婦と三人で行く。観音様と子育て地蔵を参詣。尾張屋へ。各千四百円の天丼。東武で業平橋下車、スカイツリー。駅は下りず、牛田乗り換えで帰宅。

寝る。夕食をはさみ「ドン伝」。テレビ「座頭市物語」を見る。座頭市もこの初篇だけはよい。

八月十五日（日）　晴

夜遅くまで待ったが、日野氏のＴＥＬなかった。テレビと「ドン伝」をやった。

八月十六日（月）　晴　酷暑

昨夜は一～二時、天野敬吉×横尾忠則を聞く。

九時半頃起床。終日「ドン伝」など。夜九時にこちらから日野さんにＴＥＬ。

「昨夜は兄も参加して、も一度Ｎ氏と話しました。父の書いた記録、ノート三冊があるんです。一万点あったと言うのですが、現在は八千点になってます。段ボール何箱かが戻ってますが、まだ中は開けていません。それと、あと風俗文献が百万位に売れるかもしれませんってN氏は言ってます」

「相当いいものがなければ、今の古本屋ではお金に中々ならないですよ」

「N氏は、本はもう、そう興味はないって言うんです。父（山下武氏）への敬愛とか――そういうことなんだそうです」

「九月十日頃、その後の相談などするために電話します」

「ええ、お願いします」

八月十七日（火）晴　酷暑

暑くてすぐに目覚めてしまう。扇風機は廻してかけっぱなしだった。起きてしまい、もう一度寝に行く。

終日だらだらとすごした。体調よくない。

四時に山口クリニック行。ＮＨＫ・城氏からのビデオ到着。

八月十八日（水）晴

夜が暑さで眠れない。汗びっしょりで目が覚めてしまう。扇風機を向けて寝ても、喉が痛くならない。

信二達、楓と待合せて川越へ行ったとか。

倉庫へも、３・４Ｆへも行けばすぐ汗になってしまう。夜、１Ｆで寝ることにした。

八月十九日（木）晴

Ｗが起きて来てからは２Ｆで寝た。

午後、倉庫で一時間半過ごした。夕方、正一夫婦が来た。秀人にテレビを頼んだ件。有花が霞ヶ関ビルの写真店を任されることになったと言う。

朝、裕子さんのＴＥＬあった「久生十蘭」原稿（六十万円）持って行く。

テレビ見ながら「ドン伝」のダメ出し箇所に附箋入れる仕事。

八月二十日（金）晴

神田へ行って、古通へ。小林君いる。樽見君、例の話は？　と。経過を言う。「十二日でもいいよ」と樽見君。

古書展なし。八鍬君と話しに。明古の次期、今総会で東部会館を売ること、他。

市、帰ろうと思っていたが終りまでいた。森井氏の札、〝加藤周一原稿〟十六万数千円の落札。「府立二中（現・上野高校）〜写真集六一〇〇円」他で二万円くらい買う。結局、自分が最後まで市にいた人間の最高齢だった。

田村書店の番頭さんと話す。リーマンショック以来店は全く売れないと言う。買入れもなく、本の動きが止まってしまった、と。

八月二十一日（土）　晴

三〇度で寝る。午後倉庫。

八月二十二日（日）　晴

暑い日がずっとずっと続いている。外出しないのでエアコンのある家の中にいるのは辛くないが、夜がたまらない。この数日は二九〜三〇度にクーラーをかけて寝る。「のどが痛くなる」と、Wは1Fへ行ってしまう。「ドン伝」をやった。

八月二十三日（月）　晴

東部病院、検査、往復の暑さ。

筑摩・青木氏にTEL、水曜日二時。

八月二十四日（火）

九時間位眠った。

午後、アンテナの下見の人が来る。関塚君のTELある。そのうち本の整理してもらいたい——と。

青木氏から三時半に、とTELあり。

八月二十五日（水）　晴

二十五日間三〇度を越えている感じ。昨日、終日我慢した昼寝をした。

二時三十分に出て蔵前へ。（今日、神田では組合総会だった）

青木氏と十五分ほど。「出来たらもうこれで」と。「多分これでゲラを出します」——と青木氏。

八月二十六日（木）　晴

小沢一郎のニュース。政界、何かもやもやしている。

「みち」来る。

暑さに参ってしまう。疲れてしょうがない。八十歳代には「一古書肆の思い出」的に、「文字が身を助く」を書くこと。その構想。みんな計画倒れ。

八月二十七日（金）　晴

夜が暑くて眠れないのである。

山下夫人にＴＥＬ。

「日野さんとは十四日(土)に電話して話をしました。九月三、四日引っ越しだそうで、そのあと、またＴＥＬします。そこで日を決めて、本の評価をしに日本古書通信社の方と行きますので——」など。

そのあと、山下氏の思い出話を二十分ほどした。

「とにかく本が生き甲斐の人で。私は全く本には関心がない方なのです。気むずかしい人でしたが、青木さんとは気が合うんだって言ってました」などと言ってくれる。

食事して神田へ。窓展を見る。樽見君を訪ね、夫人の話をしておく。

市、今井氏、八勝さん、○○堂氏。朗氏と語る。森井氏外遊して来たらしい。

メーンは目録品の花袋原稿（鉛筆書三点）自分にとっては戦前のきれいな「講談社の絵本」。花袋はみな朗氏に負け、「講談社」は××さんが買っていた。

八鍬君とお茶に。駅エレベーター近くの。一時間余話す。

今日総会で、東部会館売った発表あって、東部の終りらしい。

八月二十八日（土）　晴

正一が荷を運んでくれるので、早起きして五箱まで作った。

一時にアンテナ屋さん。わかったのは、ビデオ、ＤＶＤが新しい感覚で見られるようになったこと。〝風景〟がよい。

信二は体調よくない。お腹の具合が、と。正露丸、楓に預けた。楓に朝刊を二日分くらいずつ渡している。このところ勉強々々で、読んでいない——と。

八月二十九日（日）

秀人よりＴＥＬ。大村氏から本の恵投あり。ビデオ「愛と喝采の日々」を夫婦で見る。

八月三十日（月）　晴

関塚君と大村彦次郎氏に左の葉書出す。

昨年『場末の子』を出したばかり、その葛飾区からも間近に日々眺められるスカイツリーが出来ることは、多分「長生きしてよかった」ことの一つとなりましょう。実は昔、浅草には「凌雲閣」という十二階があったのですね。ここは建坪はわずか三四坪。そこへ五二メートルの塔のようなものが出来ました。各階には昆虫や風景画など飾られていまして、展望台が人気で、あの啄木も上って、歌を残しています。貸望遠鏡もあって、関東平野一円が眺められました。震災で倒壊しましたが、スカイツリーのご先祖です。完成しましたら、関塚先生を誘って、一度スカイツリーに上りたいと思っています。ご健勝で……

＊　＊　＊

筑摩より『荷風・百閒・夏彦がいた』が送られ、ありがとうございます。円本ブームから始まっており、すぐ藤村の「分配」を想起しました。銀行へ二万円を下しに行き、円本の印税を四人の子供に分ける話しです。当時の二万円は今二億円でしょうか？　また、乱歩全集の件。本人恥ずかしかったという平凡社版は古書価十万円もします。過日の明古七夕大市では直筆の「石川達三日記」を求めました。豊田正子の件では、去年区の有志と旧宅など見学してきました。正岡容の件では、つい先日「円朝研究」原稿を求めました。昭和十七年の時期に紙質の悪い原稿用紙に……

起きてしまった。テレビ、小沢、鳩山、菅の和解か？よく分からない。三浦哲郎死去。

カンカン照りの暑さ。十一時すぎに東部病院行。さすがに病院の待合も、各科も空いていた(先週も)。ウトウトした。呼ばれて有沢先生と対す。

「またPSAが10・3に上りました。前々回に戻りましたね。でも、青木さんは様子見るというご希望ですので、そうしますか？」

「そうして頂ければ……」

「では、次は半年後ということになります」

「よろしく」

「本当はね、肥大ということで手術をしてしまった方がね。症状は？」

「やはり、夜が三回は起きます」

半年後のスケジュールで、伝票をくれる。家にTEL、少し遠回りして帰宅。汗が背を伝っている。

昼寝した。夫婦で二時半には家を出た。信二のところでマゴマゴして、駅は三時に出発した。去年行ったのに、もう行き方忘れている。都営地下鉄「東銀座」下車。余計な歩きせず、次々に人に聞いて、「画廊るたん＝第10回元展」に着く。十数人の展覧会。五、六人の人達にあいさつ。一廻りでみな見て、最後に有花のものを。有花も、横浜の「あーちゃん」も来ている。同人の人を意識して、会話に注意した。

「豪華になったね」「来年は大きなキャンパスに書くといい」などくらいしか言わない。お茶が出された。

四人して銀座を歩き、信二の教えてくれた「天国」という天ぷら屋へ行った。結構歩くが、これもデパートで聞いたりして一歩も間違えず行かれた。高速道路の手前。店は名店らしい雰囲気のよいところ。有花だけは「もずく」とか言う物。三人は二千五百円程度の天ぷらこしらえ。松栄夫人のボソボソという話を聞きながら食べる。夏の野菜を主としたセット。
○一日一万歩も歩いていること
○絵も画いていること
○裕子さんが本当は本を二冊出していること
○作文や詩が上手だった子だったこと
○妹は独身で、今日も来ていたのだが、四時前に帰られたこと
などを聞く。

ほとんど天ぷらを残し、ビニールで持って帰ると言うので、〝折〟にして貰った。支払いは八千百円、むろん自分が払った。有花に来会の友人からTEL、先に会場に帰った。三人、東銀座まで歩く。何しろ七十三歳までこの近くまで和服の仕立仕事を取りに来ていたと言い、夫人は詳しいこと。

押上↓青砥と帰って来た。

夜は早めに上った。

八月三十一日（火）　晴

鳩山が仲立ちして菅と小沢が会うとかの話。夜、結局物別れになったようだ。

今日こそ涼しくなっている、と願って目覚めているのに、全く変らない暑さだ。午後、倉庫へ行ったが、三十分も我慢出来なかった。

夕方、3・4Fのエアコンの付属物（エアクリン？）の掃除をするが、ほとんどききめなし。本人がまた、何もやる気なしときている。

九月

——突然中咽頭癌に襲われる

九月一日（水）

四時半、起。テレビ、小沢、菅の対決。朝寝。

十二時半頃、ディノ印刷へ。花井氏、関谷氏もいて、見積り等。昼寝。夜、コピーに行く。帰って、コピーして来たもののナンバー改め。

九月二日（木）　晴

ディノ印刷へ行こうとしている時、信二、車で乗せて行くよ、と。楓の早稲田の話他。花井氏にコピー渡し。

正一夫婦、敬老の日で、Wに頭刈るハサミくれる。信二も一寸寄る。

「控え帖」原稿書き。和田芳恵のことだが苦労してまとまらず。

九月三日（金）　晴

朝から猛暑なり。神田へ。古通で樽見君と話す。山下家蔵書の件。彼、古書展へ行くので一緒に会館へ。

市、４F少し、３F、二、三点しか気にならず、帰ることに。○○堂氏と、百何十年ぶりの暑さ（と○○堂氏）のことを話す。下へ降りるエレベーターで岩森君、もう一度事業部長らしき。小西氏の倉庫へ寄った。十六坪月十六万で借りている、全集売れず、とか。全部の市場に行ってセドリ行為が商売、とか。暗澹たる業界！

話したのは入口だったが、中を見せて貰うと本、頭より高く積んであり、怖くて、それ以上入れない。気づくと隅に女性。出て、聞くと「バイト」と。これほどのところで働く時代かと……。今の時代ではゴミ本ばかりだ。家にも本を置いている——とか。上さんとはうまく行っていないらしい。歯ぐらぐら、作業衣。

お茶の水駅への坂を上りながら、まあまあの我家のことを考える。

今夜より、二時間昔の日記読みをする。

九月四日（土）　晴

「控え帳」＝「藤村『分配』」を書く。

夕食を信二一家と行く。そば屋。帰って、明日英国へ出発の餞別一万円を、純に取りに来させた。

九月五日（日）　晴

とにかく熱帯夜が続いて安眠出来ない。

朝、山下宅にＴＥＬ、留守。午後二時、４ＦでＴＥＬ、引っ越しの片づけ中です、と。孫は自分以外にはなつかず、3Fで暮らし、2Fでは日野氏夫婦が、と。玄関も別にしたとか。こちらは評価しておいた方がという話をした。

紀田順一郎氏へ『明治傑物伝』への礼状を出す。

九月六日（月）　晴

朝、花井氏に、遠りよ＝「遠慮」と。そして樽見君に二十五日の件。W、さかえ屋、南千住と信二達と行って来る。まぐろの刺身で昼食。

余生を生きる資料作りをした。自分もやっと変る。変るだろう。

九月七日（火）　晴

Wは、ほしの医院行。

松屋へ食事に行った。牛めし二五〇円。

一九七〇年日記の五分の二までを読了。あと、五分の三ある。

九月八日（水）　台風

台風のため、大変な豪雨になった。Wが一人気をもんで外へ出てぬれて、何かやっていた。外に不安はないのでかまわずいたが、2Fにベランダの増水と聞いて上って行く。外へ合羽着て出て、つかえたものを外して水を流した。

倉庫へも水もれを見に出かけた。信二が防水して以来は無事。午後、「許されざる者」を見る。Wは〝水〟の疲れか、寝てばかりいた。

雨のポストに金井未来男氏の「創作集」恵投あり。礼状出しておく。粗読したが、よいものであった。発表誌等のいわれ何もなく、これは不満。

九月九日（木）

涼しくて寒いくらいの夜。よく眠れた。昨日の台風のおかげだ。

午前倉庫、一ト月ぶり位の、二時間をすごす。昼食。W、多慶屋へ出かけた。自分、「70年日記」の二冊目を読む。

川本氏の本、恵送あり。

九月十日（金）　晴

しっかり食べて出かける。

古通へ寄り、原稿手交。村上さん、原稿料くれる。樽見君に山下蔵書の件、よろしくねと言った。

「趣味展」三千八百円。買い方はまだ昔のままだ。4

Fへ。一点だけ入札した。あと、市にいた。黒猫屋(?)本の出品多数。

朗氏、森井氏と少し語る。今井氏古書展にいたと、八勝堂さん。○○堂氏見えず。金文氏、背を丸め、夫人と、とぼとぼと。

絵はがき屋氏と語る。うぶもの、余り市に出なくなった、と。石井研堂の、「事物起源」にある〝二少年とシャボン玉〟の絵葉書を持っている、とか。絵はがき専門の〝ポケット文庫〟の話。買ったのは昔の「日記」一冊。

上野から〝日記〟読みながら帰る。帰って夕食、〝日記〟読み。何とも言えぬ日記。少女に恋する女教師。

九月十一日(土) 晴

十一時前、松屋へ牛めしを食べに。午後は昼寝したりですごす。Wは公園へ和太鼓連を見にと、ビール飲みに。

昨日来、女教師の日記読み。そして最後の空しい述懐。

九月十二日(日) 晴

暑さが戻った。終日かけて、二冊目の日記を読了した。これで70年日記の三分の一だ。すさまじき三十七歳の男(自分)!

九月十三日(月) 晴 夜雷雨

正一夫婦来る。自著四冊を買ってくれる人あり、署名しておいた。

外国の純、家の食事を断られて寄らなくなった秀人の話。

午後、一泊旅行にWを誘う正一のTEL。

朝、コンビニで買って来た「週刊現代」「週刊ポスト」読み。後者、全くダメ。前者は一応大したものだ。ふそう氏の「古書目録」(千円)届く。資料としても貴重なものだ。こういうコレクターもいたのか?

午後、倉庫。ジリジリと暑く、二タ箱がやっと出来た。正一に上げる本は積み上げるだけ。

＊　　＊　　＊

やっと台風一過、涼しい日もやって来るようになりました。

この度は文藝春秋から『小説家たちの休日』をご恵送たまわりありがとうございました。私のもっとも好きな昔の文壇をめぐる話で、もう半分以上まで読ませて頂きました。と言って頁順にではなく、相も変らず手持資料との照合という不純さも混じる読み方をしており、この点失礼をおわびします。

例えば私の許に「オール讀物」掲載の「銭形平次」の原稿があります。たまたま「鉄砲の音」もあり(ただし皆書き出し一枚ずつが欠)、それ以前数作は晩年の眼疾で筆跡が左へ左への流れ、ところどころ判読も難しいほどですが、さすがに「鉄砲の音」は、連載の最後と自覚してか、やっとのことでそれなりに整然さを保って書き終えています。

大佛次郎と荷風について言えば、昔買った「壷中雪煙」なる、題字も荷風筆の書画帖のことを思い出しました。これは単行本の『古本屋三十年』に考証らしきことをしましたが、まず中央公論社長辺りに頼んで、荷風は藤村の「千曲川旅情の歌」を書かせます。その五面ほどあとに、荷風は七言絶句の漢詩、絵入俳句と続けています。本は必ず流失するもので、最終的には大佛次郎の所蔵となります。大佛邸の蔵書整理をしたのは神田××堂で、私はこれを××堂販売目録で注文し、買いました。大佛次郎旧蔵だったと分かるのは数ヵ月あと、帖のうしろをめくっている時に見つけた異様な、と思える顔ぶれの俳句画讃でした。それは大佛の一句、清水崑の絵というものので、何とも表の二文豪にはつり合わないもので、大佛は染筆の誘惑に負けたのでしょう。しかし帖でも大佛の荷風崇拝、そして荷風の、少なくも藤村の筆跡崇拝だけは分かるものでした。

石川達三はいわゆる社会派(?)の故に全く人気がなくなりましたが、「生きている兵隊」は大変な勇気で書かれたものですね。過日は肉筆の「石川達三日記」なるものを、いつもの道楽癖で買いました。昭和十一年元旦から昭和十三年三月十六日まで一一九頁が使用された「自由日記」です。三月十六日の朝日夕刊の「……氏召喚」の新聞切抜が貼られた箇所で日記は終っており、これを誰かに預けたか、どういう経過で流出させてしまったかして業界に出現したものと思えます。

つまらぬことを書き並べました。「別冊文藝春秋」などで見た(?)樋口氏の写真も貴重で、とにかく頁を消化してしまうのが勿体なく、永く座右の書とさせて頂くつもりであります。

いつも川本さんのご健勝を祈りつつ……

九月十一日

青木　正美

川本三郎　様

九月十四日（火）　晴

まだ暑い。送られてきたふそう氏の「古書目録」は大変なものだ。

Ｗ、手の指の痛さを言い続けているので、協立外科行をすすめた。昼近くまでかかって、おかず買って帰って来た。

倉庫へ。信二が運ぶのを三箱作り、正一の方へ行く雑本出し。ＴＥＬして正一が車で来る。七、八箱。

民主党の代表選を二時〜八時までテレビで見た（途中夕食、風呂）。

九月十五日（水）　晴　涼しさ

猛暑の終りか、涼しくなった。楓が慶応大を見に行くと言うので、車で行く信二からＷに誘いがあったが、Ｗは断わる。

昨日正一に出荷して、皆背文字が見えるまでに本の整理が出来そうで、倉庫へ。ＴＥＬあり、Ｗが取らず、倉庫のを取る。青木氏。

「十月初めにはゲラ出ます。３章を少し直して貰います。一応現状の進捗状態を申し上げました」

「よろしくお願いします」

外気涼しいが、中は暑く汗びっしょり。十一時に戻り入浴。

午後３Ｆ。疲れて昼寝。樽見君、作家署名のことでＴＥＬある。寺元氏から「習志野ペン」届き、礼状。

夜、３、４Ｆの整理。かなり変化させた。

九月十六日（木）　雨のち晴

アリオへ行く信二のＴＥＬ、Ｗを誘ったのだが、協立外科へ行ってしまっていた。

佐川急便が「電動ウォーカー」を運んで来た。一万九千円弱。信二来て、組み立ててくれた。午後倉庫。

九月十七日（金）　晴

昨夜、署名ある葉書探し（古通に頼まれて）していて、尾崎士郎書簡束がなく、探しあぐねた。

八時すぎに起床。もう長袖の寝間着ないと寒い。

十一時頃に出る。古通へ寄る。

古書展へ。七百円。市見て、市にいた。４Ｆ、菅原通斎資料ダメ。３Ｆ、女学校の訓導の残した高等女学校生徒の図画集、他、八万五千円位入札して日月堂さんに負けた。結局、巻子仕立の露伴の原稿を落札した。これは安く、改めても買えたもので、バブル的感覚を思い直した。

前回来ていて、火曜日の古典会にも来ていたという忠敬堂・今井哲夫氏の死が(娘もやって来て)伝えられた。急死に驚く。絵はがき屋さんが来ている。「古通」あげる。絵はがきの話、他。明日の亀戸行を約束。

終って、八鍬君とお茶に。「反町茂雄伝」を誰も書かないことの不満を、自分言う。福次郎氏、市へ来ていた。九十六歳である。

九月十八日(土) 晴

十二時前に出て、青砥→浅草橋。総武線で亀戸へ。便意のためトイレへ。

二度くらい来ており、分かった。会費千円。畑中氏来て、隣へ席を取ってくれた。三十名位集まって、一時十分位に始まる。林氏を立て、畑中氏が仕切っている様子。即売の説明など。

結局面白いものだった。二、三年前から来ていた方が良かったと思った。あの頃よりは選ばれた品が多く、一枚でも札が入っていた。

・東京風景も珍しい生写真
・地方でも商店店頭や商店街
・広告もの
・絵葉書でなくても珍しい生写真

等々は売れる。

よく教えてくれる畑中氏。結構進行役の他にもNo.1クラスの商売をしており、実の娘さんというのが手伝っていた。

プロらしき者は十人くらい、と。ポケット文庫とかも来ている、と教えた。四時頃までかかる。次回は一回だけ浅草で開会するとか。入会もすることになった。

帰りに新小岩へ寄ってみた。女のアパートも分からなかった。もう昔の面影はどこにも残っていない。

八時頃、思い出して日野氏にTEL。日野氏上さん出て、

「古本屋の青木(さん?)ですって」と言っている。日野氏出て、

「お約束した二十五日土曜日、古通通信社と二人で出かけますが、ご予定よろしいでしょうか?」

「結構です。時間は?」

「午後一時です。お互い食事を終えて、あと三、四時間は仕事できますので……」

「分かりました」

「もうご連絡しませんが、よろしく」

九月十九日（日）晴

Wは早く墓掃除、献花に行って来た。誘われてW、信二一家とスーパー。帰って十一時。正一夫婦、秀人来る。信二も来て、二台で食事に。

万世行きから、正一が肉食べるのを医者に禁じられたことが話にのぼり、携帯で連絡、八潮市のそば処へ。

帰って昼寝。あと絵葉書。

九月二十日（月）晴・曇

Wはのど痛になった。

午後二時間ほど倉庫。絵葉書の箱を家に引上げる。夕食、夕寝。絵葉書の置場所整備。

中国との尖閣列島摩擦記事、テレビ放送。

九月二十一日（火）

明日旅行で、W耳鼻科へ(夜も)。関塚君へTEL。雑談。「大分ボケて……」と彼。

▼九月二十二日（水）晴

九時半に山下宅にTEL。夫人も「二十五日(土)一時」を知っており、改めて確約した。十時、樽見君にTEL、右を伝えた。

すでに四時に起きたWは、六時に迎えに来た正一夫婦と車で日光方面へ一泊旅行で出かけた。

昼の弁当買いに行く。DP屋へ行く。昼寝。中央図書館のモギさんのTEL。豊田正子原稿の件。WのTELある。

舌の奥の方不快。不安なり。

「彷書月刊」をばらし「絵葉書」特集を作った。

九月二十三日（木）涼

八時半起。ごみ出し。倉庫へ。時々強い雨。「みちつく。信二からTEL、さかえ屋からで雨のため弁当を買って来て貰う。

無為にすごし、七時頃にはW帰った。

夜、絵葉書整理。九時～十一時、役所公司の「三蔵法師」を見る。

九月二十四日（金）晴

古通へ。明日の約束。

○○堂氏見えず、突然死の今井氏の話題。地図類の出品、値段つきで多数出品されていた。

八鍬君見えず。畑中氏終り頃に来て、絵葉書の話をし、結局十月一日に来宅を約束。

九月二十五日（土）

山下家行き。樽見君と書庫の見積もりをし、一千万円位を提示する。疲労困憊して帰宅。

▼九月二十六日（日）　晴

中国人船長の釈放のニュース。

Wは日帰り旅行。信二一家と「亀有万世」へ。楓を元気づける。絵ハガキの仕事をしていたが、途中喉の異物感から鏡を見て驚愕。インターネット見る。信二を呼び、見て貰い、有明の癌研にTEL、明日新患受付ありとの応えあって、行くことを決める。

夜、秀人、有花がパソコンを持って来てくれる。喉のこと言わず。

食欲もなく悶々とした時間をすごした。

▼九月二十七日（月）　雨　有明がん研行

六時に起床。今日およその結果は分かるのだろうが、今は何も分からない。鏡を見れば、丸い小さなビスケットのようなものが見えているのは、昨日からの咽頭の症状である。二、三日、少し体調的に違うのは、どっちかと言えば便秘ぎみでちょくちょく軟便が出るようになったくらいだ。不安、不安、覚悟、覚悟。

約束の六時半数分前に、信二のエンジンをかける音。車は高速の昇り口小菅へ向かった。高速道路へ乗ると、疾走また疾走で雨が強く景色など見えない。まごまごしているとはじき出されそうな、ここも都内有数の大動脈なのだ。ほとんど知った風景もなかった。

信二のことだ、七時に迷わず癌研前に着け、「これで戻るから――」と夫婦置き信二帰る。そのあとも、別の入口でうろうろしているのに、「あっちが玄関」と向こうから合図する信二。

七時に開いた病院はさすがに一番乗り。1のNo.1＝101番の札。その場所に、一人の老人が座った。Wは親切に、「番号はそこですよ」と。

「いや、前にかかった癌の予後を見てもらいに定期検診に来たのですよ」

自分は詫びて、その老人（昭和五年生れ）と二十分ほど雑談をしてすごした。二人は昭和時代の話をした。老人は会社の会長で、何々会の会長もしていると言った。子供は二人男の子だが一人はまだ一人身で、孫は上の息子の子供一人です、とも。

七時半に、書いておいた「初診申込書」を提出、P

ＨＳ（器機）と診察券を受け取る。２Ｆ20番受付へ、と言われてエスカレーターを上る。そこで待つことの指示があったので、

「大よその予定は出ないのでしょうか」と聞いた。調べて、「やはり午後になりましょう」と女性事務員。

十一時、下のロビーへ行って、喫茶店風な軽食を食べさせている店へ入る。あとは器機を持っているので、院外へ出る他は自由ということ。それでもやはり夫婦は二階の呼ばれる場の前に座ってしまう。物を置く椅子を確保しようとするが、にわかに人が増え出し、なかなか探せない。待つ、待つ、待つ。

方々で器機が鳴った。再診の人達であろう。自分は持参の翻訳本の推理小説『私家版』を読み始める。Ｗは週刊誌などを……。自分はとうとう『私家版』を読んでしまった。二人は途中、少し眠りについたりもした。本はこんな状態の中としては、まあ面白く読めた。Ｗは三時頃に、「お腹《なか》すいてダメ……」と、下のコンビニへおにぎりを買いに出かけた。「三種類しか残ってなかった」と不満。

三時すぎた頃に「中待合」に呼ばれ、十分ほどで診察室へ呼ばれた。斉藤医師で禿髪の、信頼出来そうな五十前（？）の人。Ｗも入室して、のどのはれを見、首付近を触診した。そして、

「今日病理検査までやってしまいましょう」と言ってくれた。肉片を取り、止血してくれ、他の検査が示され、尿、血液、胸のレントゲンと夫婦で検査室を歩いた。

それから、消灯時間近くまで二時間も呼ばれず、そのいら立ちと不安な時と言ったらなく、『父逍遙の背中』（飯坂くに・小西聖一編　94中央公論社）を読んで気を紛らせた。逍遙の没年は同じ七十七歳であった。

夫婦共に呼ばれ、斉藤医師から告げられたのは、「悪性の癌でした」であった。（本当なのか？　本当に自分のことなのか！　この年で未来は絶たれるのか？　何という過酷な運命であることか。悪の報いか、自然現象か？）

暴れることも、叫びも出来ない。医師は「これから手術か、延命治療かの検査をする予定表を、看護師に説明させるので待って下さい」と、夫婦を中待合へ追い出した。

会計は最後であった。Ｗの足にも追いつけぬのろろ足でついて行き、ゆりかもめ線駅へ昇った。夜景が広がる「お台場」ベイブリッジなどを通過、その夜景

も何も自分の目に入らなかった。都営新橋駅へ下りる時の、階段に寝ているホームレスの人達。彼らよりも不幸な男！

信二にTEL、正一を呼んでおいてくれと伝えた。帰ると三夫婦が語り合いをした。最後の方はWのもの忘れ検査行きが出た。明日自分が一緒に行くからと、いいほその医院行きをWに納得させた。

皆が帰ってからの夫婦のなすり合い的な保険証探しが十二時過ぎまで続いた（三夫婦話し合いの途中、もう大した問題でなくなった山下武夫人からの、「処分お願いすることにしました」のTEL）。

九月二十八日（火）雨

昨夜は暗澹たる気持が支配、眠れなかった。

五時頃、起きてしまう。もうろうとした中、用事を片づけ始める。信二も起きて来る。信二が次々とバッグなど探すと、Wのショルダーバッグから手品のように保険証を見つける。千恵さんは千恵さんで、中咽頭癌の治療文書をインターネットから見つけ、印字してくれた。

Wは千恵さんとなら「ほその」へ行ってもよいと言い、信二の車で行く。帰った信二が、自分が呼ぼうとした印刷屋へ乗せて行くからと言い、行く。花井さんから一、二月分出来たとのTELがあったのである。関谷氏来て、事情を説明し、「日記」は中止、「詩集」の見積りを頼む（二人とも事情分かって無言）。帰途、Wの行っている「ほその」へ。三、四十分で帰り、認知症ではない、と判定される。二夫婦でスキヤ行き。

帰って、樽見君に木曜日に寄るとTEL。一万円送金の博文館へTEL、五冊送れと言うと承知。会社は町屋へ引っ越して来ている、と。福井氏にハガキ。

午前終りの方の、山口クリニック行。山口先生が面談してくれた。財布さえ忘れて出かけて来ていた。

十二時近くまでかかって、病院関係書類のコピーなどへも行き、ファイルにまとめた。Wの貰ってきた安定剤を飲んで寝る。

九月二十九日（水）晴

昨日、信二が五日間送ってくれることを約す。

高速混んでいると下から行き（千恵さんも一緒）、九時に到着。2Fへ。少し遅れているとかで、昨日の庭園が見られる喫茶店へ。するとPHS鳴り、二階へ。

十五分ほどで呼ばれた。助手とエコー（？）を見る先生。左右の首の廻りを液を塗っての触診。

超音波ーリンパ節転移をチェック

のどにがんがあるため
食道がんも生じやすいため胃ファイバースコープでチェック

肺のCT、アイソトープは転移の検索

早期ー放射線治療
表在性で境界が明瞭⇒口の中からメスやレーザーで
切除のみ

5年生存率　　　がんで死亡
ステージⅠ・Ⅱ　70%　51%　83%
〃　Ⅲ　66%　81%　61%
〃　Ⅳ　33%　41%

T　大きさ 広がり 深さ　T_0~T_4
N　周りへの転移　N_0~N_3
M　他の臓器への転移　M_0 M_1

長谷川式

10:30~
10:00 時刻表

放射線療法
抗がん剤治療

（医師の診断書）

~~医師控~~

IC用紙

病状・治療に関する説明書

全 1 枚 1 枚目

西暦2010年 9 月27日

患者氏名	青木正美　殿　男（○）・女
生年月日	明・大・昭（○）・平　8 年 4 月 22 日
病歴番号	4807434

財団法人癌研究会有明病院

診療科　頭頸科

医師（署名）斉藤 祐毅

（署名）

参考資料を使って詳しく説明し、ここにはその要点を記載してください。

生検結果：悪性　扁平上皮がん（性質）　＜ 浸潤 / 転移

食事　声　息

診断：中咽頭がん（扁桃がん）
（場所）

・口の中、のど、食道によく出来る
・大きくなったり転移のスピードが早い
・根治治療、手術、放射線
抗がん剤‥補助的に用いる

病気の広がりを CT、超音波、MRI etc. で推定していく
→ 応じた治療方法をきめていく

・がん細胞を0にする根治療 ← 体に強い負担が生じる
・姑息治療　症状をやわらげる治療 → 緩和ケア

出血：動脈から出血する事がある

上記医師から、記載のとおり説明を受けました。2010 年 9 月27日

署名（患者氏名）青木正美

（同席者氏名）青木千代子

（T）

複数枚に及ぶ場合には、最後のページに署名してください。

「何の検査だったのですか？」

「転移があるかどうかです。結果は先生の方からお話するでしょう」

それから三時半からの二つ目の検査待ち。ところが、すぐまた鳴って、肺機能検査を行うと言う。二番の、吐いてすぐ吐き出す動作うまく行かず、五度。中の一つを取ります、と女医。

会計済ませ、タクシー（１２５０円）で豊洲から有楽町線に乗車。浅草参詣を思い立ち、Ｗの疲労からの反対をおかし、有楽町で日比谷線へ、更に銀座で銀座線に乗り換えて浅草観音を詣でる（勿論、子育て観音へも）。

線香の煙りでの首付近のさすりなどＷにして貰って、トイレに二度入ったり（便通多し）して、東武線で帰宅。暑く、東武電車のエアコンが気持よく、いくらか元気を取り戻すことが出来た。

休みだった信二夫婦と話す。

主は言われた「復讐するは我にあり」と。

自分の一生はどんな一生だったのだろう？

九月三十日（木）　雨

一新会と古通へ行く筈だった。

Ｗと、やって来た信二夫婦が神田行をとめる。それで樽見君に病状と山下家蔵書処分法について話した。事情説明の中、前立腺肥大を利用した。折返し、山下家と話をつけた樽見君の報告あり。十月六日一時三十分、山下家集合を第一陣とする。明古市と打ち合わせもしたと。

青戸の家を見に来て、青砥駅からの櫻本氏のＴＥＬあり。病気のこと言えなかった。ＴＥＬ教えて、目黒駅下車　油面公園近く　ということで、遊びに来なさいよ、と言う。

延々と昼寝。Ｗ、衣類の片づけにすごす。

十月

――検査々々に暮れる

十月一日（金）（大市残務）晴

八時近くまで、まあ眠れた。W体操行。

九時駅へ。畑中氏に事情（前立腺として）を説明、連れて帰宅。十一時まで、粗っぽく「版画絵ハガキ」「日露戦争絵ハガキ」を氏が見るのにつき合う。カメラ、チップス買いにと中絶（菓子折）。その間に組合の飯野君にTEL。電話あった裕子さん分の注文品探し。

畑中氏帰って、博文館本を福井氏に送本。筑摩、青木氏のTEL、月曜二時を約す。畑中氏より聞いた、林弘樹氏と「くるわの絵葉書」共著の人達のガンとの闘いの様子に感銘を受けた。

四時～五時昼寝。夕食。

十月二日（土）晴

薬飲まずに何とか眠れた。

今日は斉藤先生の面接もあり、夫婦では心もとない気になって、千恵さんにTELしてしまった。そのことで信二に叱られた。

始めは「診察券」のことでWの記憶力が信じられなくなったのだ。それでも九時四十分に車で出る時には千恵さんも一緒だった。Wのバッグの中味の多さが車の中で批判の的となった。

信二は車で帰った。すぐ、白い溶剤を注射で入れる検査が、それから斉藤医師の面接があった。千恵さんがよく聞いて、質問してくれた。もう一人の先生も終り頃に診察してくれた。

千恵さんは先に帰り、夫婦はコンビニで買ったものの軽食をした。新木場までタクシー。有楽町→日暮里。ホームで偶然楓と会って、先頭車に座る。検査のせいもあってぐったりしてしまった。信二のところへ寄った。正一の方にもつきそいを頼むべき、と信二。そうすることにし、自転車を借りて一人帰ったが、ふらふらだった。

夫婦とも三時半から六時半まで昼寝した。体調が回復したのはもう夜八時に近い頃であった。

信二来て、リポビタン全部（五十本くらい）取り上げられた。一つのもの、長年とり続けた報いかも、と信二。自分も納得。

八時過ぎに、これは思い立つようにして八鍬君にTELし、正直に話した。八鍬君に自分の本当のことを話した。筑摩の帰り（四時）彼の店へ寄る（古典会の用事あるのに帰ってくれる）ことを約した。これは非常に元気の素となった。

十月三日（日）　晴

関口洋子さんにハガキ。

午後昼寝する。体調悪かった。起床してから「控え帳」の原稿を書き続ける。「映画『私家版』」と「『巣箱』」の二回分を八時前までかかって書き終えた。

患部が変化しているように思え、その内のざえるのではないかと恐れる。それと食欲がないのである。その割には便通はよくある。

朝から言ってあり、夜八時に正一夫婦来て、信二夫婦も呼び、えんえん十時半まで雑談。

スケジュールのこと

その限界

相続のこと

倉庫の本のこと

倉庫の本を払ったあとのこと

建築構想のこと

等々、話合いをする。暑くて時々エアコンをつける。逆に行火にしたりもする。

十月四日（月）　晴

十二時前の就寝に、例の安定剤を飲んでおいたせいか、トイレも二度で済み、よく眠れ、Wに家計費を渡し、3Fに行ったついでに八鍬君に〝お礼に上げる〟木版の「歴代横綱相撲」絵葉書をファイル一冊にした。

下で足投げ出して休んでいるとTEL。樽見君からだった。自分は前立腺は嘘で、中咽頭癌だったことを詫びた。山下家のことで、六日午後一時は、長、次男がオートバイで駆けつけることを約す。樽見君は、「運送が古書会館に着いたあとはやるから」――と言ってくれた。高いもの（いいもの）を一回目に出品して、今年中に三回に売ること。二〇％の外、経費（運送・明古手数料）は売った分から引くから、と樽見君。

青木が行けないことで、山下家にTELしておくので、と自分。

一時に出て（例の如く蔵前でトイレに入る）、筑摩書房入り。ゲラを説明して二、三ヶ所の注文が青木氏から出た。二十二日〆切。

やはり癌のことを伝えた。そのあと単行本『廓を絵葉書で見る』を分けて貰おうとすると、「僕がかかわったもので……」と一冊下さった。

近くの喫茶店で二時二十分～四時、読書。それから八鍬君の店へ。

もう自分は古書会館へ行かず。組合とのことは息子が。しかし明古のことは八鍬君に中継をお願いしたい、と頼む。

(八鍬君に木版相撲絵葉書を上げる)喫茶店へ行って八鍬君と二時間余り話した。

八鍬君は車で送ってくれた。

十月五日(火) 晴

九時に起床。
①山口クリニックへWに行かせ、返書を持ち帰った。
②明日の件、正一が樽見君にあいさつ、携帯番号を聞いておく。二人、オートバイで行く。
③東部病院へTEL、明日Wが行ってくれることになる。
④八木朗氏にTEL、事情説明。少しして夏目会長からかかってくる。山下蔵書売立の件を頼む。
⑤関谷氏が来て、九万七千七百五十五円の支払い(夕方、詩集の見積りのファックス来る)。
⑥裕子さん分のコピー、朝来て渡す。
⑦はディノ印刷のダブリ。
⑧飯野君の件↓先延ばし。
⑨校正、六〇頁まで。
⑩豊田正子の件↓先延ばし。
⑪写真版、手つかず。
八鍬君が電話してくれた。朗氏「○○堂さん達には今言えないよなあ」と。

十月六日(水) 晴

昨夜、十時半就床。夢を見ている。四時すぎに小用。八時半起床。一緒に行くべしと言うWを、十一時半約束の東部地域病院へ行かせた。二時近くに帰り、癌研の文書の返書を持ち帰った。

朝、信二は帰り、組合へ買った分を返し、飯野君にはロッカー代にするようたのみ、古通へも、原稿を置いて来たという。樽見君にTELしておく。「和田芳恵……」を先に、——と。

山下夫人にTELしておく。少しやる気出て、癌の宣告あって以来、散らかり放題の1Fの片づけ。

三時頃に正一、信二帰って報告。山下氏の「控え」。業界の話。

夕食。夜、ノーベル賞に二名輝き、思わず落涙した。Wと歌謡曲番組を見る。

『昔日の客』(関口良雄)届き、別に葉書もあり、関口洋子氏、山本善行氏へ礼状出す。

十月七日（木）　晴

昨夜は薬のまずに寝、何とか眠れた。

八時半に起床。調子はよくないが、新聞、テレビ。明るいニュースはノーベル賞受賞の人達。八十歳と七十五歳の化学者。

Ｗがさわいでいる。

一、クレジットカード、印鑑違いの件

二、正美実印見えない

三、亀信証書、探したがない

と。一緒に興産信金行。それからりそな銀。「おりじん弁当」。赤札堂でサンダル。帰って昼食。

午後、Ｗは疲れて寝てしまう。自分一時すぎ一人で出かけようとする。印鑑、さっき違っており、自分が運転免許証(日付切れ)を見せてコピー貰ったのが役立ち、それを持って行ったので、今度はクレジットの件解決。

帰ると、二度の自転車乗りで疲れてしまう。癌のざわいが出ているのだろうか。

それでも少しずつ校正の仕事はしていた。Ｗは実印も見つけた。正一にＴＥＬ、明日の予定を確かめる。

四日にディノ印刷・関谷氏が来た時に、あわてて柱で長い巾のすり傷を二ヶ所も受けてしまっていた。それをよけながら風呂に入っているとＴＥＬ。Ｗ出ている。

「誰？」と寒くないので出て行くと、「樽見さん」。出てあいさつ。今日の報告だった。ふそうさんが手伝ってくれたこと、会長も一生懸命やってくれたこと。明日は百三十点ほど。特選市で六百万位（？）になること、などを樽見君言う。

「お世話様、みなさんによろしく言って下さい」と言った。

信二が寄って、新聞を持って行く。

十月八日（金）　晴（有明行）

薬のんで寝たので四時まで目を覚まさなかった。ところがトイレに行ってからは眠ったり目を覚ましたりであった。

七時十五分くらいで起床。

すると樽見君のＴＥＬある。研究文など出ているが、と。「日記以外は売っていいのではないでしょうか」と答えた。

正一の時間が夜中になって心配になったので、千恵さんにかかったＴＥＬで聞くと、ゆうゆう間に合うでしょう、と。運転はたくみで、ゆうゆう間に合った。

地下駐車場へ。

受付から2Fへ。十時呼ばれて、あお向けで「息を吸って、とめて、楽にして」と三度の検査。それから十一時の三谷先生の面談。「肺への転移は全くなかったですよ」と、初めから言ってくれた。

また自分が、「初めは一ヶ月かかる検査を早くにして頂いてありがとうございました」と言うと、「天皇陛下でもこれ以上早くは出来ないです」と言ってくれる。感謝。

下を通って帰った。信二夫婦も来て、二十分ほど雑談。

正一、あげた犯罪本コレクションをインターネットにのせるという。昼寝。Wは堀切の眼科へ。

樽見君の報告あり。二百万くらい(?)、また特選で四、五百万(聞き返せなかった)は、と。ただし「乱歩は誰か買う人が出るのかどうか」とふそう氏が言っていた、と。

紅野敏郎氏(八十八歳)死去。

十月九日(土) 雨

校正をした。四時「年譜」も含め出来た。

裕子さんに、明日来てくれることで打ち合わせする。向こうの校正も終わった、と言う。

「森田思軒書簡」の注文あり。捜すがなし。

中国の人権活動家にノーベル賞。

十月十日(日) 午後うす曇

夜中、豪雨。五時、Wが片付けを始めて音がして目が覚めてしまう。Wを下に行かせて眠る。悪夢のような善夢のような……。

正一夫婦来る。校正のつけ合わせで三時間くらい裕子さんとすごす。語法など、多く教えられた。感謝。

高木少年日記を見てゆく。

六十五万円の入金。久生十蘭原稿、他。

午後昼寝少し(眠れず)。「思軒書簡」探しをし、一時間半くらいかかってやっと最後の箱に見つけたのは、超うれしかった。

裕子さんには現物と年譜コピーとを持たせた。こっちは校正のつけ合わせを続ける。

NHK「上村松園」を見る。女史は七十四歳没。

十月十一日(月) 晴

昨夜は一時間前から安定剤をのんでいたので、六時まで寝た(昼寝少し)。

終日、元号と西暦を入れる仕事。食欲は出るようになった。

Wはなくした何万が入ったタオル(?)が出て来て、よかった。

十月十二日（火） 朝雨のち晴

十時半には床につくことにした。刑務所の中にある(あった?)中学生（老人、他）のテレビを、ラジオの音で聞いているうちに眠れた。それが三時で、トイレ。すぐに眠れて、次は五時のベル。自分は七時にかけておいたのに、Wが下りてしまったので五時にかけといた方のが鳴っているのだった。六時半のタケロウのタイムで下りて行く。

郵便等のととのえ。上から見ると車に乗ろうとする信二に（折から、やんではいるが、先ほどまでざんざの雨)、「もしもの時は駅までのせてって」と。

「出かける所なんだよ」と信二。

「駅の時間を気にしてるより、出かけてしまおうよ」とWに。

夫婦、自転車で駅へ。ひと駅の青砥へ。ホーム混んでいる。①「普通」、②「馬込行」、③「特急」と来る。②に乗った。押上で③に乗る。結局新橋まで約三十五分。ゆりかもめ、三十分。この交通は病人には全く無理と分かる。ゆれ、くねくねの曲がり。

九時に(七時半に出て)夫婦は病院着。受付で聞き、2FD番へ。2Fステーションへ。ここで斉藤先生への文書のことを聞いているとPHSの音。検査室・MRI頭頸部へ。まだ九時十五分なので、

「十時でしたので…」

「すみません」

「葛飾から一時間半、まだトイレも入っていないので、トイレだけでもいいでしょうか?」

「どうぞ」と。行くが、水一杯のんでなく、ほとんど出なかった。中待合へは一人、Wは廊下の椅子。

キー付の更衣室で、下着の外は着替える。女医（看護師?）が注意点を述べて、耳せんを二ヶくれた。ブーっという音、ガタンガタンの音がくり返される。中待合が九時四十分、十一時まで待つ。たった一人、トイレまでが不安になって来る。も一人の女医（看護師?）が、問診のことを聞きに来て「閉所恐怖症と言っても、ムニャムニャムニャ……」と自分。

待ったのは三十分位だったかも知れない。ベッドから解放されたのは妙齢の女性であった。その同じベッドへまず耳せんを、と。座らされて、あお向けに、「少

放射線治療を受けられる

みなさまへ

癌研有明病院頭頸科

外来スケジュール票

ID:0004807434

青木《アオキ》　正美《マサミ》　　様　77歳(男性)

※来院時は、必ず再来受付機で受付して下さい。(月に1度は保険証をお持ち下さい。)

患者さんの予定

1 F(4) 会計窓口

会計窓口で料金計算を行います。
自動精算機では精算出来ませんので、ご注意下さい。

次回以降の予定

2010年10月08日(金)
CT
(頭頸科)

2階　D番　画像診断受付へお越し下さい。

肺のCT検査を行ないます。
予約時間：　09:42 です。

診察予約
(頭頸科)

頭頸科　三谷　浩樹　の診察があります。
予約時間：　10:10 です。

2010年10月12日(火)
MRI
(頭頸科)

2階　D番　画像診断受付へお越し下さい。

頭頚部のMRI撮影検査を行います。
予約開始時間までにお越し下さい。
予約時間：　10:00 です。

食事ぬき

他科依頼
(頭頸科)

血液腫瘍科　照井　康仁　の診察があります。
予約時間：　13:40 です。

他科依頼
(頭頸科)

頭頸科　照射依頼／頭頸／浅利　の診察があります。
予約時間：　14:30 です。

2010年10月14日(木)
核医学
(頭頸科)

B1階 核医学受付へお越し下さい。
予約時間：　15:30 です。
予約時間15分前までにお越し下さい。

核医学
(頭頸科)

B1階 核医学受付へお越し下さい。
予約時間：　16:30 です。
予約時間15分前までにお越し下さい。

診察のお問い合わせ は、診察券に記載されている電話予約センターにお願い致します。　(受付時間:平日14時～17時)
検査のお問い合わせ は、診察券に記載されている代表番号から各科にお願い致します。　(受付時間:平日14時～16時)
※時間指定がある検査の予約変更は原則できませんので、ご了承下さい。

2010年10月02日12:02 頭頸科 齋藤　祐毅 出力　(1/2)

し前へ出て下さい」。

「そのまま、首を動かさないで下さい」。

「××注射はあとからになります。それでは始めます、目をつぶって下さい」

ブーブー、ガタンガタン、クオークオー。合間の静寂。そのくり返しが耳せんをしてても大きく聞こえていた。ツバをのむことだけは絶対にしてはいけない。意識すると、深呼吸がしたくなり、それがさしつかえてやしないかと心配で……。イエスの像は出るが自分には仏らしいものは現れない。結局トリとめない想いが次々と浮かぶ。めい目のままなので機械のさまは分からない。よくここまで——こんな機械の中で治療する時代まで（？）——来たもの、と思う。永い永い年月だったなあ、とも。もし生きていられたら、——今度こそはこの思いを役立てた生き方をしよう、——と。

とりとめない思いは続く。立派なことなど何も思い浮かばない。ただ切れ切れに何かがのぼって来るだけ。

一度中断、「××注射をします。手を握って……はい、終わりました。手を開いて」

こうしてふたたびブー、ガタガタ……。

そこから、食事くらいとっていいのと聞いて1Fへ。（さっきステーションで聞いた斉藤先生への山口クリニックと東部病院からの文書の件でちょっと行く。）サービスタイムの喫茶店で食事。そこに十一時までいて、そこから見えていた屋上庭園を二人で散歩した。

一時を約束の、正一の来るカフェー近くの待合椅子席に夫婦対して座り、ノートに日記を書く。

「こうなったら体験したことは何でも書いてしまおうと思う！」

一時に正一が来たのはいいが、来たとたんに一時四十分予定の、血液腫瘍科　照井先生のＰＨＳが鳴り、行く。その先生から、突然〝入院〟の話が出たのはうれしかった。苦しむ経過についてもこんこんと話してくれる。胃に穴をあけ栄養をとる胃ろうの話も。

次いで二時半約束の、頭頚科　診察・浅利先生のところへ。そこで思わず言った「個室」の話をすると、「その方が早く入院出来るでしょう」と言ってくれた。両先生共に、正一が色々質問してくれた。それから入院手続きの事務室へ。説明を受け、書類一切を貰い、帰れることになる。

三人、帰途につき、タクシーで有楽町線の豊洲へ出る。有楽町では日比谷線で仲御徒町へ。

多慶屋でWの金庫を買い、正一の買い物を待つ。正一の携帯に樽見君の、今日、金券の件のTELあり。
夏目会長にTEL。
「大丈夫ですよ、きっと治りますよ」と言ってくれる。
タクシーで京成駅前へ。上野から帰宅。八木福次郎氏(九十五歳)からの見舞い手紙あり。

十月十三日（水）　晴

昨夜十時すぎに2Fへ上ったのだった。それが、いつ眠れたか、二時台に変な夢。昨日有花が明日一緒にライトアップするスカイツリー見ようよなどと言うので、**先日の絵を貰いたいというと、それ方々七時すぎに行くよ、と言った。何かその絵が出て来たようだった。そして寒いのか暑いのかわからない布団の中……眠れないのである。とうとう薬を……。**

五時半、起きてしまう。

十一時に予定されている病院行（昨日決まる）だ。八時に出た。

お花茶屋　8：12〜日暮里　8：25
日暮里　8：30〜有楽町　8：50

病人看護のため云々のアナウンスあり、この混雑ったらなく拷問だった。

有楽町　9：00〜豊洲　9：08
タクシーで病院へ　9：25

歯科へ行く。X線とりに2Fへ。写真持って下りるとPHSが呼ぶまで、——と待合い。W、おにぎりを買って食べる。その間夏目氏に二度TELするも出ず。樽見君にTEL。結局待合で、日記書きをしてるしかない。

呼ばれたのは十一時半頃。歯科の女医(看護師?)が、かぶせた金物を全て取っていいかを聞く。取って欲しくない旨を言うと、歯垢はとってよいか、と。それをして貰う。マスクをしたやさしい女性だった。そのあと年輩の医師の同じ質問があって同じ答えをした。口頭で、浅利先生に返事をするようにと言う。

医師はすぐ去り、また女性が近づいたので、口頭だけではと、メモを貰ったのである。

それからマウス(仮の金物かくし)作りをその女性がする。これは上あご、下あごの順にやるのだが、辛い辛いものだった。

さっきのメモを渡しに地下へ下りたりし（そこも2F同様の施設が広がる)、そのあと軽食。計算し、帰宅となる。

タクシーで有楽町線豊洲へ、有楽町線よりJR、上野から京成で帰った。

帰って二時、約一時間半昼寝をした。やっと人心地をかいふくした。

ふと忘れてしまっていた、昨日来ると言っていた有花のことを思い出した。夕食後、途中まででもと思って、「秋刀魚の味」を見始めた。小津安二郎は六十歳でこれを遺作としたのか！　有花、途中に来て、秀人も一緒だった。何故か信二も楓も寄って、にぎやかになった。電飾のスカイツリーは大したことなかったと、見て来た信二達が言った。それでも、有花がそう言って来た気持がうれしかったので、一緒に３Ｆへ行って（秀人も来て）眺めた。


有花が、写真にした有花の画集を持って来てくれた。

十月十四日（木）

昨夜は、初めて睡眠薬を飲んで寝た。

朝、トイレに起きて、七時以前に食べなければ三時までは食べられない（検査のため）ので食事をした。それから、まだ効いている薬の余勢でえんえん九時まで寝た。

昨日、正一が電話して来た。松坂屋前——大江戸線・カチドキ——タクシーの利用を、蔵前——カチドキ——タクシーを提案した。金庫の件で多慶屋にＴＥＬした。

福次郎氏へハガキ、佐藤繁氏に『古本商売蒐集三十年』を送本した。

十二時半には出た。信二の方に寄って、自分が千恵さんと話していると、Ｗは勝手に駅へ向かって歩き出してしまった。例の入院資料の入った袋を千恵さんに預けた。

Ｗは改札口に上ってしまっていた。ふと、駅員に、蔵前での大江戸線への乗り替えを聞くと、「意外と不便って言われてますよ」と。乗った電車の中で言うと、「そんな乗り換え私はいやだ」とＷ。

青砥で話し合って自分はカチドキをためす。Ｗは有楽町線で行くということになった。「階段はヒザが痛い」がＷのアキレス腱なのである。特急が来た。

蔵前で大江戸線へ乗るための、地上への昇りと地下鉄への下り方、やはりＷではムリと分かった。乗ってからは早く、やがてカチドキへつく。タクシーに乗車。何と一時間に満たない時間に病院へ到着してしまった。手続きをし、１ＦでＷの来るのを待っていると、ＰＨＳで呼ばれてしまう。

地下へ。わけ言って、１Ｆへ。多分三十分は遅れて

有花が持って来てくれた彼女の画集から、８枚を選び載せることに。
末尾２枚、病中の思夢に似る。

氷
ice
Tea

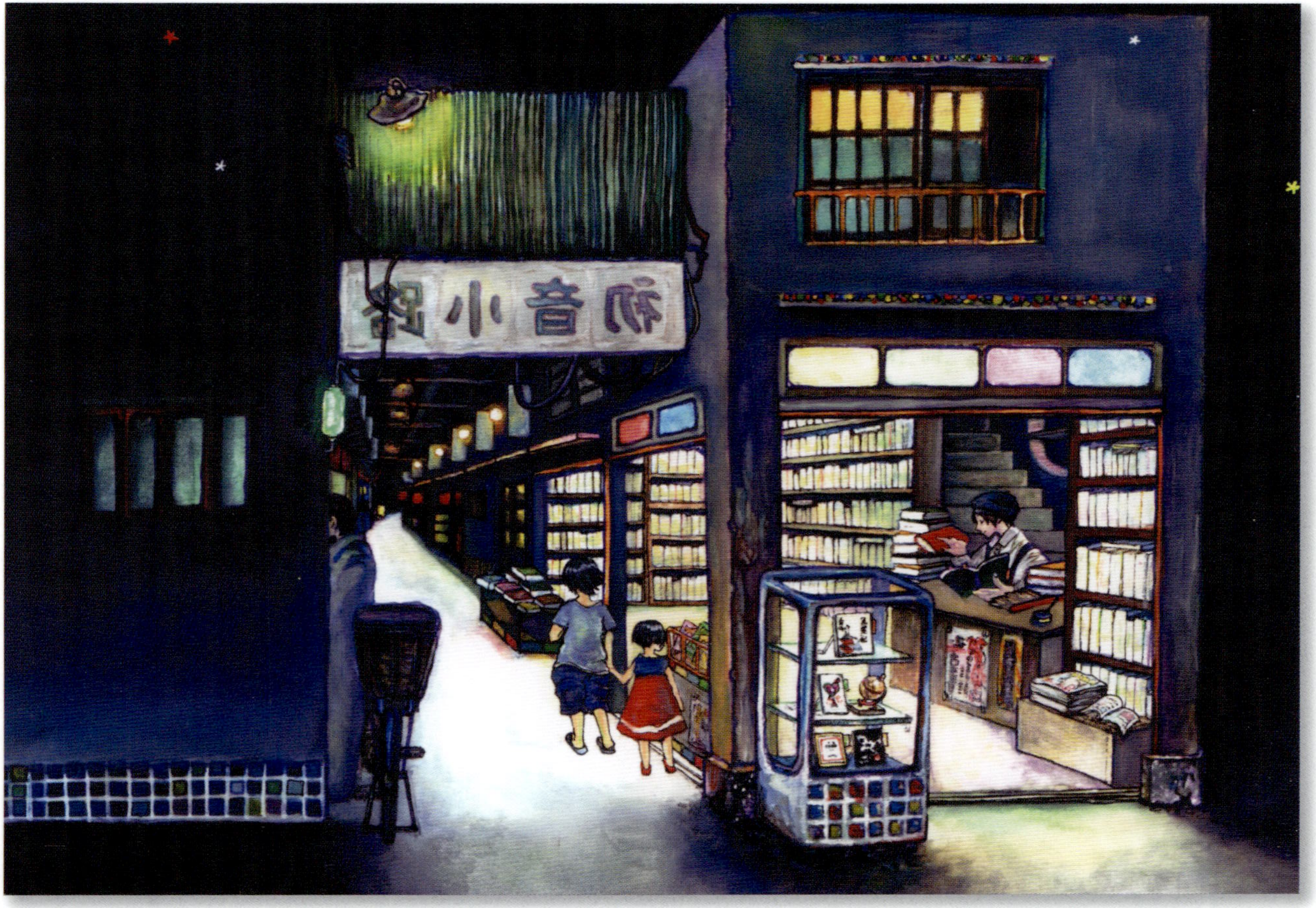
路小音初

Wが……（すぐ千恵さんにＴＥＬ）。
地下では三十分待たされて、糖分注射。それから小一時間の安静時間、そしてカプセルへ四十分乗せられて動かされる検査。じっと上を向いているだけ。終りの方はしばしば天井を見ていた。ドームが時々上下移動した。
　待合椅子で二十五分
　注射後　四十五分
　ベット上ドーム　四十分
であった。Wはただ待ってくれているだけ。ナースは美しく親切で、Wを探しに行く時もやさしかった。巨大な施設、長い廊下、不自由なく備えられたトイレ、大きな機器、誰一人不快にさせない教育の病院、癌の宣告以来マッスグの感覚が少しおかしい自分。
Wを説得して、来る時と同じ方法で帰ったら一時間でついてしまった。Wには弁当屋へ行かせて、自分は信二のところへ寄った。
帰って、夕食。そのあと小一時間寝る。同じく横になって寝てしまったWを二階に寝に行かせた。
八時、「東京物語」を見る。先見性で、黒沢の「酔いどれ天使」と双璧である。人生の哀歓がよく出ている。

十月十五日（金）

裕子さんの（光太郎ハガキ）注文のＴＥＬ。樽見君のＴＥＬ。運んだ一回分の支払いは一度にマトメルこと、と自説。それからも一度あって、どうやら特選市は〝のべ〟勘にしてくれたらしい、と。それで自分も夏目会長に礼の電話をした。

裕子さんがゲラ訂正の校正を持って来てくれ、注文品を持って行く。午後はその校正をした。

夕方、関塚君のＴＥＬ。病状を正直に話した。

正一、信二寄る。Wのつきそいが大変ということ。

七時前に夕飯、もうこれ以後は絶食である。睡眠薬を一ヶ飲む。

十月十六日（土）　晴
八時二十分頃には出た。
お花茶屋駅　8：30　乗車　8：35
日暮里　乗車　8：47
有楽町　乗車　9：06
と、めずらしく記録していたが、乗車した電車が動かないのだ。そのうちに「事故あって全線不通」のアナウンス。（ここは待っているべきだったが、しかたがない。）あわてて（時間は充分あったのに）外へ上り、タクシーを探す。これが乗り場前にみな乗ってしまい。やって来ないときている。それで新橋から〝ゆりかもめ〟ということになるが、パスモが効かない。やっと入れたら、今度は地下鉄有楽町線が動いていると言う。出て向かうが、けっこう遠くへ来てしまって中々（さっきの交番前）も通り、下り口に着かない。すると一台の空車が……それをとめて乗ってしまう。

驚いたことに、基本料金で勝鬨橋を渡ってしまったこと。自分は夜学の都立三商時代、こっちから登校したりしていた頃(自分は試してみたことはなかった)を思い出した。二三三〇円ほどで病院へ着いてしまった。

少し休み、水を飲み、B1Fへ。手続き。やがてベッド一つある広い部屋へ呼ばれた。やさしくない看護師が「のどの麻酔薬、コレのんで……奥でとめていて」と。あと寝させられ（セリフを思い出したくない）全身麻酔の注射を先生（?）から打たれ、口にマウスを。……目が覚めると「終わりましたよ」と。のど辺の苦しさと痛み。

休憩室で三十分休むと言う。Wに、息子に伝言と看護師に頼んだ。胃痛か、のたうつようにしている女性(三十半ば)他、四、五人が休憩室にたまる。

説明を受けて、⑳で待つ間もなく信二が来てくれた。帰って昼食(昨夜以来の)。テレビ見ながらの昼寝。「S・P」というのの特集を見た。

眠れなくて、睡眠薬を飲んだ。

十月十七日（日）　晴

八時すぎ起床。

午前、「あとがき」の下書き。

Wが昨日に続いて「ほっともっと」へ行ったあと、〇〇堂さんの見舞いのTEL。

「僕は生涯現役で行くつもり」云々。

昼食。「小早川家の秋」を見る。正一のTELで「本を取りに行くよ」と。

正一来て「犯罪物」の本三十本ほど車に積んで行く。もう三分の一ほど残しているようだ。

「あとがき」の清書をした。

昼寝を一時間半もした。何かやはり、やる気が起きない。

映画「小早川家の秋」を見る。「細雪」のような?

十月十八日（月）　晴

十時に薬をのみ、八時半に起床。信二と九時四十五分に出ることになっている。

始め、水戸街道まで出たのだが、混んでいてダメ。信二は首都高速へ小菅から入り直した。地下へ止め、1Fへ。

十一時の総合内科・胃ろう栄養外来の診察。その先生の、胃に穴をあける手術経過の説明など。十一月十八日が手術日ときまる。信二も聞いていてくれる。

そこで信二帰り、食事。十二時すぎまでレストランにいて、一時半の歯科。左下奥歯脇のフクレ。いい先生で、これは治療後にしましょう、と。先日のビニールの歯型合わせで終わる。トイレ、排便。2Fの⑳番前で待つ。二時半に千恵さん見えて安心。

斉藤先生の診断あり。

「形が変わって来たような気がします」と言うと見て下さる。

「変わってないですよ」と先生。

二人で経過を聞く。新たに十一月一日が加わる。入院予約係と話し、支払いをして地下へ。千恵さんの運転で帰る。

帰って、八鍬君のTELありしと。TEL、二十一日二時を約す。筑摩の青木氏にTEL、校正届けに、二時を約束する。

同業の山田昌男氏より手紙あり。中々の人だ。

夕食、テレビ。

十月十九日（火）　晴

山田君にハガキ出す。郵便局長と会い正一方へ行く。Wとも話し合って少し延ばすことにした。

午後二時頃に多慶屋の金庫届く。

夜、Wと「ドン・ザッキー」の写真版用のコピーに行った。

テレビ見ながらその整理にすぎる。

十月二十日（水）　曇　小雨

正一夫婦来て、裕子さん残る。「あとがき」を読んで貰った。

昼食後、Wと墓参。自分が歩き、Wは自転車に乗る。

昨日信二に言われた体力増進のためなり。

古通の校正来て、直し、樽見君と少し話した。

昨夜のことは書いておかなくては。

十時頃、パソコンで「胃ろう」のことを調べると、カラーの図解が出ていた。千恵さんに印刷をたのむ。

信二も来て、「オヤジは悲観的すぎる」と叱られた。その通りなのだ。

夜十一時半、就床。……ところが眠れない。一時に

Wに薬を下へ取りに行ってくれるようたのむ。ところが、薬をのんだのに眠れない。すると二時半頃か、

「キャー」！という、始めて聞く哀切きわまりないWの叫び声。これは自分が昨日「胃ろう」の話を聞き、眠れないと薬まで飲んでいたWだったのだ。この声の要因は「胃ろう」の話が残ってのそれだったろうが、自分は今までの悪行の報いと取れた。一生忘れられないほどの耳に残る声だった。思わず起きて、

「アーちゃん大丈夫？　ごめんね」と耳元で言った。「怖い夢見たんだよ」とWはすぐに眠ってしまった。

それ切り眠れなくなって薬も効かず四時のニュースでNHKからTBSに替えたが、それでも眠れなかった。五時前から少し夢を見たが、すぐに頭はさえざえとしてしまう。それも七時にはそれきり眠れなくなってしまった。こうして八時には起きてしまったのだった。

十月二十一日（木）　雨

九時まで寝た。

筑摩行きの用意。十二時に信二、車で蔵前へ乗せてってくれた。一箱に近い量を持ち込む。

○コピーだけに使った（元）校正稿（年譜稿も）

○拡大コピーして校正し、移動した校正稿

○年譜稿（コピー）

○写真版貼付稿本（一〜三冊）

○「あとがき」原稿

で、順次手渡し話して行き、青木氏、見て行く。そして連絡場所。裕子さんのこと(入院予定のこと)。メモして来た手帳を見て〝落ち〟の点検。三十五分頃まで雑談。

向こうの、「古本と詩人」というタイトルに、こちらは「ある『小倉日記』伝」の例を引き『ある「詩人古本屋」伝』を強く、熱心に主張したが……。

セブンイレブンでトイレを借りて、御蔵前書房へ。母堂いてあいさつ。

「堀切の青木さんよね」と、もう十年はお会いしてない九十幾歳。

八鍬君と例の喫茶店へ。飯野君から預かった席料持参してくれる。

古典会、明古の話。二時間近く話し、車で送ってくれた。感謝。

のど痛む。夕食、日記。

十月二十二日（金）　曇

寝坊した。

朝、裕子さん方の注文（谷川俊太郎詩稿・十万円）あり。今日は歩いて山口クリニックへ赤松光生に会いに行こうと思っていたが、急遽、Wに薬貰いに行ってもらう。

詩稿、十時半から探し始め(正規のところになくて)、昼食、休み。十二時半に始めて、3Fへ移ったのが勘良く、やがて一時間くらいで見つかる。裕子さんは夕方取りに来た。さすがに疲れてしまった。

昼寝。続いて上のベットへ。眠れなかった。思い立って、有明病院資料の整理をしてすごした。十一月一日まで病院行はない。

十月二十三日（土）　晴

昨夜は十時に就床。八時すぎに起床。Wは信二夫婦と南千住。

八勝さんの見舞いのTELあり。

午後、正一の店まで歩く。年度別大市残品の件。予定表の件(行きに墓参)。帰りは押してった自転車。

夜、インターネットざんまい。テレビでセリーグ優勝戦（中日─ジャイアンツ）を見る。

十月二十四日（日）　曇

十時に寝たが眠れず、睡眠薬を飲む。

九時半くらいまで寝ていた。

昼食後、夫婦で（自分は歩き、Wは自転車）普賢寺まで行く。弟・孝之の墓参りをし、線香を上げ、広い墓地の四分の一ほどを歩いて帰宅。

帰りは一人、創価学会平和会館を外から眺め、途中、売地＋建売、三八〇〇万の不動産をひやかして帰る。「文藝春秋」を買ってきて貰い読む。

明日、青木氏に出す文書(タイトルのこと)をまとめておく。

十月二十五日（月）　曇

昨夜、正一方に行ったこと等を信二に話す。一日は信二が行ってくれることになる。

インターネット、十時〜十一時半。

朝、青木氏に封書。森井氏にハガキ。

信二に〝都民銀〟の通帳を下しに、と頼む。TELしておく。

印を3ヶ持参し、高橋さんという女性に代った鈴木さんという女性と話す。

ところが印合わず（W外のものは預からせず）、三十分も全額下しの手続き遅れる（トイレ借りる。広々として、出る時迷う）。

大屋さん（主人）とはあいさつなし。そこへアルカディア・矢下氏。矢下氏帰りしなにちょっとあいさつ。「体調悪くしちゃって……」

「ええ、聞いてます」

信二のジェットコースターのような運転。涙も出なかった。

十月二十六日（火）　曇りのち雨

昨夜はパソコンを二時間くらい見た。「老いの万華鏡」（天野正子）を利用する。

午後、自転車に乗り夫婦で堀切へ向かったが、途中Wの後輪にぶつけ、大通りへ大の字に投げ出された。方々傷し、そこから帰って来てしまった。大した怪我ではなかったが、すっかり病気に負けている。

千恵さんに新聞三日分、楓に三千円小遣いを預ける。

十月二十七日（水）　曇

昨夜も〝ネット〟での遊び。十一時頃就床。

九時頃に信二の携帯にTEL。食事に誘おうとしたのだが、千恵さん出て、今日は（休み）昼間は楓の学校へ行くのと、夜は有花が来るので出かけられないと言う。

Wの体操の友達で、父親が昔口腔の悪性の腫れ物で通院した話をした笠原さんという女性あり、と。裁縫も頼んだことがあると言い、今日ならと言ってくれたと、夫婦で行く。

文具店の道を突き当たって左へ二軒目くらいの小さな二階家。掘炬燵に足を入れ、話を聞く。七十歳の小太りの人で、すぐ話に入った。二十年前の父親の症状から、築地の国立がんセンターでの治療に通った、という。青砥から東銀座まで行くのだが、放射線が重なってくると一時間半くらいかかって病院に着くなどの苦労。三姉妹だが、上と下は地方で、みな笠原さんが二ヶ月ついて行った。やはり上咽頭がんだったそうで、ここは割と転位のない部位だから大丈夫ですよ、などとも言ってくれる。ご主人はもう故人で、やはり昭和八年生まれだったとか。仏壇に写真。

それよりも、と、二年前自分が大腸がんで手術、今もそれをかかえているのだとか。「病気のことなら」と言っているが、社会常識全てに打てばひびくという怜悧な人であった。そして前向きな明るい人であった。

一時間ほど話を聞いた。

新潟県での疎開生活、東部病院の何々先生、々々々々と明確に出てくる記憶力。ご主人と住んでいたマンションは委託貸で家賃が入ること。三万円くらいは裁縫で収入があることなども話す。帰りには、お米を袋に入れてWにくれた。Wは昨日、「何も持って来ないでよ」と言われたとか。持参のものに「りんごのいいのが……」と持って行ったものにすぐお返しする笠原さん。

午後、えんえんと二時間も昼寝をした。

夫婦で(自転車こりて離れて走り)堀切地区センターへ戸籍抄本を取りに行った。

八時過ぎ、有花来る。〝額〟をあげる。仕事はうまくいっていると言う。

「やせた」と言うので信二の方に行っているリポを取りに。

「有花にやるので……」

「うちは一切飲まないので邪魔だからみんな持ってって」と千恵さん。

「楓、今晩は」知らん顔。

リポ、三箱もあったので二箱有花にあげようと言うと、Wが利かない。

「私のことは誰も心配しない」

結局、どこかで自分を間違えたのかな、と思えてしまう。

有花は、信二がさっき堀切へ来て、じいちゃんとケンカしたと言っていた、——と。有花絵ハガキ位の絵を十枚、東京駅に飾られることになったと言う。一万円かかると言うので上げる。

黙して語らず、が一番よかったのかも！　自分はしゃべりすぎる。

十月二十八日（木）　雨

午後、樽見君からのＴＥＬある。

「明日､見えますか?」「行きません。すみませんね」

「それはかまいませんが……」

夕方、青木真次氏のＴＥＬ。タイトルの件。

夜、タイトルの分からないビデオを見る。洋画で、列車が走り出し、そこでの男女の人間模様(白黒)である。(「夜行列車」)？　Wとは「死刑台のエレベーター」を途中まで見る。

十月二十九日（金）　晴

山下家二回目（特選市）売立日。

五時頃、この頃よく勃起することに驚く。今生の別れ、とでも脳が作用してるのか?

昨夜、正月用の下書き原稿書きをしたのを、朝少し添削した。それからとろとろと夢になった。古書会館に行っている自分に気づき、見回すと○○堂氏がいた。そこから逃げ去ろうとすると、堀小の幼児期の、いじめられて母を呼びに走る砂利道であった。

大市の残品整理であいた棚に身の廻りのものを移し、少し座った場所が広くなった。

昼食後、「死刑台のエレベーター」後半を見た。大昔、見合いして初デートの時、上野でこれを見て、何と何を買ってくれたのを食べた、とW。

そのあと久鬼高治氏のビデオ、「平将門―関東独立の夢」(昔のNHK・30分)を見た。久鬼氏の生涯の興味が分かるものだ。そのあとは樽見氏からのTEL待ちの日となった。

例の山下武氏の〝蔵書目録〟でも見ていようと思い立ち、眺める。

六時頃に樽見君のTEL。八百七十万にもなったと言う。「ゴジラ」百何十万、乱歩八十何万、云々。

そのあと河合塾(楓への連絡)のTEL、伝えようとしたら信二、しばらくぶりで話した(気がした)。夜、有花とTELした。

十月三十日(土) 雨のち台風

有花が来るということに振り廻された(五時半に来ず)一日だった。朝から正月用の古通の原稿清書。夕方までで終った。

信二の携帯にTEL。千恵さんで、食事を誘ったが断られた。

「月曜は?」と病院のことを聞くと運転中の信二に千恵さんが聞き、それは行くと言う。

有花は六時に来て、もう時間ないのでと、三日(祝日)に来ると言って帰った。

NHK「無縁社会」を見る。

十月三十一日(日) 晴

注文があり、正一が取りに来る。純、帰国した、と。

夜、マスク作りのDVDを見る。信二にも見てもらおうと言いに行くと取り合わない。無理々々スケジュール表をタテに来て貰う。何日ぶりかで話し、三、四十分いた。話せてよかった。

十一月

——癌研有明病院へ入院する

十一月一日（月）晴

午前、夫婦でもう一度ＤＶＤを見る。

出かける寸前Ｗが「保険証」なくしたと、また大騒ぎ。とにかく出かけることにする。

十一時十五分に出る。有楽町線「豊洲」からタクシーで病院へ。十二時半着。ところが、歯科がこちらか向こうかの間違いでキャンセルとなる。

信二、二時にとＴＥＬある。信二、今日はやさしかった。途中、二人で入院手続きの部屋へ行った。鉛筆書きを見せ、指導を仰ぐ。事務員、日は明言せず「前日電話します」の一天ばり。三時四十五分頃に中待合へ。五十分呼ばれる。

ＤＶＤ〈マスク〉３日間。

４日目より治療。

胃瘻？

３・４週間は連続。

予定表は別に出されるのか？

そして放射中に腫瘍が消えていくのか？

のど、物がつかえる感じが多くなったこと。

〈表を見ながら〉

何日くらいから治療に入るのか？

胃瘻は途中にですか？　その日から入院？

胃カメラ内視鏡の結果は？

こんな風なメモを見て斉藤先生に聞く。まず診察をしてくれ、

「そう基本的には変ってませんよ」と言う。内視鏡の結果も異常なし、と言われた。力づけられる話を聞き、十八分（計っていた）の対話が出来た。最後にＷが「睡眠薬を」と言って、処方箋が貰えた。信二の車で高速道路で帰った。

帰って夕食。夕寝三十分位。Ｗが「保険証」探し。やがてカマボコの引き出し、キリ箱の引き出しの片づけ。いらないものが九〇％。最後に、去年のものと思えたのが現在の「保険証」と分かって解決。全てＷまかせだったのを反省。

信二に言われ、明日の正一が行く件、とりやめ。十六日にして貰うようＴＥＬ。純と少し話す。Ｗが明日行ってくれることになった。

今朝、川地素崇氏に礼状と送本。今日、武藤康史氏より封書。

十一月二日（火）　晴

睡眠薬のせいか、昼すぎまでも眠かった。

ビデオで「正岡子規伝」を見た。一時過ぎには用意。夫婦で行き、お花茶屋一時五分前に電車に乗った。日暮里──→有楽町──→地下鉄有楽町線で豊洲へ。モノレールで有明へ。三時十五分には病院へ。トイレに入って地下へ。名を呼ばれるまで待つ、とのこと。

　ＰＨＳをお持ちになり受付へお越し下さい。Ｂ１階放射線治療受付へお越し下さい。放射線治療計画・確認のためＸ線撮影を行います。予定時間一五：〇〇です。

これが「二〇一〇年十一月二日（火）治療ＣＴ（放射線治療科）」とタイトルのある今日の「スケジュール」。よく分からないので、看護師ステーションへ行って聞くことにした。受付に言うと看護師が来た。

この女性は、よくこちらの言うことを聞いてくれた。しかし今日歯のマウスが必要だとは思ってもみないことで、これを言われた時は困惑した。

「今日持って来るようにとは言われなかった。ＤＶＤにもそれはなかった。せっかく来たのだから何とかしてほしい」と自分。

〝女性〟はその椅子席の隣に座り、こちらを見つめ、この二十年はないＷ以外の女が顔を近づけての話を聞き、何度もそのことで奥と連絡してくれた。夢のような、変なここちよい感覚であった。

結局〝浅利〟先生も出て来られて説明、「今日は仮面作りをやってしまいましょう」と言ってくれ、ほっとした。

呼ばれて、仮面作り。これが男女職員がやるのだが、正面向いて寝ての一時間あお向け静止。何しろ、我が頭蓋自体が相似形でないときている。しかし弁解しても仕方ないと思って黙っていた。

男女のヒソヒソ話も聞こえ、いつ仮面作りが始まるのかと思った。そのうち、

「タオルの暖かいものがかぶされ、やがて冷やして型を作りますので、動かないで下さい」との説明があり、型取りが始まる。

とうとう眼は開かず、よく分からないが、二人でうちわか何かであおいでいるようだった。

とにかく一時間、まるで真空にあるような、と言って不快なものでなく、と言って自分が神に抱かれているると言った状況でもなく、しかし退屈でもなく、ただ

ただまっすぐに正しく頭を上に向け続けた。

やがて終りがきてWの許に戻った。ステーションで待つと、その女性、山本さんが説明しにやって来て、また隣に座った。そして十一月九日を新たにもうけたスケジュール表をくれた。

「親切にありがとう」と礼を言って上へと上がった。

帰途、JRがまた事故で混んだが、何とか御徒町で下りることが出来、もう最後と、夫婦でうなぎを食べた。

上野から座って帰った。目をつむると山本さんという女の顔が迫った。

十一月三日（水）　晴

寝坊した。新聞を見て身の回りの整理。

午後、有花が来る。例のコピーは終えているので、写真の複製のみを頼む。勤め先へ、元の〝写真店〟での友達を入店させた話など。そのあと有花に我が身と各4Fまでの書斎との共影写真とりを頼んだ。有花も興味をもって一時間撮影した。

有花が帰ったあとは、3Fの整理ですごした。

夜、鉛筆書きの入院申込書類をボールペンで清書。あとは正一、信二の署名。

十一月四日（木）　晴

（昨夜）パソコンを始めたが、分からなくなって千恵さんを呼んだ。信二来て、「うちのと違う機種だから分からない。秀人に電話して聞けばいい」と。

結局、千恵さん来ても同じことを言う。どこかで行き違ったのだろうか。自分のことは自分で、ということなのだろう。

眠り薬飲んで寝る。それでも「99年の愛」第一回は見た。

午後はWが綾瀬に出かけ、入院用の靴を買ってきてしまい（合わず）、その取替えに自転車で綾瀬の先まで行かなくてはならなかった。

帰って「永遠と一日」の後半三分の一を見た。あと、二時間ものの推理ドラマを見ながら少し昼寝をした。

川地素崇氏、高橋輝次氏のハガキあり。

今日、書庫から口語訳の「新約聖書」を一冊選んできた。字が比較的大きなもの。数頁読んで十代末の教会通いを思い出し、懐かしかった。

「99年の愛」の第二回を見る。

十一月五日（金）　晴・暖

正一が夫婦で署名しに寄った。そのあと信二が来たので署名してもらった。

書庫へ行ってビデオ探しをした。「ベニスに死す」「家族の肖像」「死霊」他。

＊　　＊　　＊

昼間から入浴。テレビ、昼寝。

夕刻、樽見君のTEL。事故ありし件、乱歩を返品扱いにしようと思ったら、無断で二番札の人に渡され、少しいさかいになった云々。


純がTELしてきて、外国行きの〝報告〟(?)に来る。

「ジュリアス・シーザー」（アメリカ映画）を見る。

続いて「99年の愛」を見る。

十一月六日（土）　晴・暖

寝坊した。

正一夫婦が来た。ベルトはベルト好みに頼んだので、とTELある。Wは地区センター行。

「ジュリアス・シーザー」（米画）の後半を見る。

病院へ持参の名簿作り、住所録コピー。

十一月七日（日）　晴・暖

（昨夜）「99年の愛」四夜目を見る。

夢、小粒の安定剤。夜中に目が覚めてしまった。今日は4F・3F・倉庫・1Fなどと片づける計画をしていたが、無為に過ごしてしまった。と言うのは、いよいよ患部が大きくなって、食事への影響が出始めた（らしい）のだ。

信二が車停めたのが分かったので、新聞(楓用)二日分を持って出る。

「大分苦しくなってきちゃった」と、天日で患部を見て貰った。

「いよいよ呼吸が苦しくなった時は言いなよ」と、やさしかった。

「酸素スプレー」というのを持って来てくれた。テレビ見たり、昼寝したりで過ごした。

ビスコンティ監督の映画「家族の肖像」を見た。主人公の運命、いくらか似てるかと思う。

夜は、そうめん。のど、もう話するのもおっくう。

浦和君、石川節子ちゃん、和枝ちゃんのTEL。みっちゃんの母九十幾歳が六月に死んだことの報告あり。浦和君と節子ちゃんには入院予定を、Wが概略話した。

九時からの「99年の愛」（五夜目）見る寸前まで読み続け、「マタイによる福音書（口語訳）」を読了。二千年前の文書。

十一月八日（月）　晴

ビデオで映画、「田舎司祭の日記」を見る。暗く寂しい映画だ。続けて「市民ケーンの真実」も。

秀人が出してくれた(テレビの？)エコポイントの文書(金券入)が配達されて来た。正一がベルトを持って来てくれた。秀人、有花はディズニーランド行、とか。

樽見君のTEL。二〇％の件、振込先を、と。速達で出しておく。

夕刻、青木氏のTEL。コピーが不鮮明の「世界詩人」のことなど。「入院前には、と思っていて出来ませんで申し訳ありません」とも。

映画「戦争と平和」も見たが……

十一月九日（火）　晴・暖　有明行⑫

昨夜は九時頃飲んだ睡眠薬のせいで、まあ眠れて、TBSの荒川洋治の声（漢詩につき、井伏の「さよならだけが人生だ……」）で眼がさめた。

今日約束は一時、「印」とある、臨時のもの。十一時に出る予定、やはり十五分前には出た。「留守にするので――」と携帯で信二に。汗ばむくらいの暖たかさ。

有楽町→豊洲→ゆりかもめ（新豊洲―市場前―有明テニスの森―有明）。十二時十五分着。今日は言われていたので直接「放射線治療科」へ。ここだけは「PHS」ではなく、名で呼ばれるところ。そして山本看護師のいるところ。

すぐに呼ばれる気づかいはないと、Wの次にトイレへ。ところが、W呼ばれている、と。自分その③扉をあけると空だった。受付へ行くと改めて呼ばれた。

小柄な若い先生（技師？）だった。何となく、先日山本さんと共に自分の仮面作りをした人と分かる。初めは、

「黙って戸をあけては困ります」と言われた。

それは重々にわびて、印の改めがあった。それだけで来たとなれば辛い。それで、先日の一時間は頭蓋のことで、真っすぐに上を見ていることの辛さを言うと、そこを触れてくれた。しかし、あれで何とか出来

ており、治療も長くて一回三十分だからと慰めてくれた。

話しやすい、やさしそうな青年だったので、これからのスケジュール表をWを呼んで取らせ、見せたのである。色々不安な点をルル話すと同情し、

「……一応連絡を取ってみましょう」と言ってくれ、待つことになった。待つ間もなく、出て来られたのが先日の山本さんだった。

美しくはないこの人が、あれから女神になってしまった。山本さんは、㊿番の受付で相談するようにと言ってくれた。Wが、

「その結果はもう一度こちらへお話しに伺うのでしょうか」と言うと、今日はこちらへは、と言った。教えられたものの、㊿番は人が沢山待っているし、まずいことになったと思い、手帖に、
青木正美　七十七歳
十一月十八日（一五：〇〇）

「胃内視鏡治療」は胃瘻を作って下さる日のことでしょうか？

すると十七日には、私は入院させて頂いているのでしょうか？

区役所の「インフルエンザ」の便りは受けていいていいのでしょうか？

とメモし、手にかくして受付へ。まず口頭で話していると、不快さはなかったが、ここは違うこと、そういう話なら、1F・レストラン前の⑩番外来へ行かれた方が、と言う。みじめになったが、下へ降りた。初めての受付で、地味な女性事務員だった。そこでの主旨は少し変えた。十八日、胃瘻の手術なのに入院日が分からぬ、はたして、入院出来るのだろうか？……という風に、そこを強調して話したのである。返事はなく、女性はパソコンを打ちながら真剣に画面を見ている。それから言ってくれた。

「入院手続の部屋へ行って下さい。こちらからよく伝えておきますので——」この女性の誠意ある対応に感謝して、もう四回目になる「手続室」に行った。その二人いた片方の事務員が空き座った。

「綜合室から連絡がありました。青木さんですね」

好意的で、多分十五日入院と思います。その場合は十二日には連絡が……と。

「でも、その日そうならない時も？」と。十二日には、診察券の下にある番号の荒井さんにそちらからTELして下さっていいですよ、とも言ってくれる。

会計七十円。

Wと相談、有楽町線を「銀座一丁目」で下車、銀座線で浅草へ出た。

もうWの方が元気だった。いや、歩かなくなった自分が弱っているのである。とにかく、すがるような気持で観音様に詣でる。Wには線香の煙でのどを幾度もさすって貰った。Wは本堂でも長く祈ってくれた。トイレに入り「菊」まつりを見て、「子育て観音」を拝む。もう足を棒のようにして、尾張屋へ。

「お父さん大丈夫？」とW。

尾張屋ではWが「天丼」を、自分は「天そば」を。Wにはエコカード三千円をあげる。ところが少し都営地下鉄の方へ歩き出すと、Wはパスモを探し（リックなど二つ）、ないと言う。結局自分を残し尾張屋へ行ったWが「なかった」と帰って来る。

信二のところへ寄り、自転車で帰宅。

夕寝。Wを寝にやって、自分はこの何日分かの日記書きに、七時〜十時を過ごす。

十一月十日（水）　晴

（昨日）睡眠薬を飲まなかったら、いくらも眠れなかった。それと常に悪い風邪のようなのど痛。（今日）テレビ前で寝た（眠れず）が、これではまずいと寝に上ろうとしてやめる。

午後、調子よかったのだが、三時〜四時頃か、浅田飴をなめていたのが、あごの辺りにはいりついた感じ。しかし、どうしてもとれず、結局異物の拡大ともとれる病状になってしまった。

ビデオで、昨日から見ている映画「アイリス」を見、そのあと女流作家のもの（赤毛のアンのような）を半分見た。

とにかく早く入院・治療に精を出したい（？）と思った。

十一月十一日（木）　晴・暖

昨夜、八時四十五分に睡眠薬を飲み、「相棒」を見たあとすぐ寝てしまった。トイレの他は眠った。

八時半起床。郵便局で数十枚の古い葉書を取り替えて貰う。それから「みかわ屋」行き。

帰って十一時頃ＴＥＬあり、癌研の入院の知らせだった。

個室―十五日　一〇：三〇――一一：〇〇までに来院のこと。受付を済ませて入院案内へ行き、手続き（荒井氏）とのこと。ありがたかったと礼を言った。Wも

有花が編集、作ってくれた家族の応援ノート

喜んでくれた。すぐ昼飯の信二夫婦に知らせた。

午後、夫婦自転車で墓参――正一の所。裕子さんに「筑摩」の件。W、赤札堂へ寄ると言うので一人先に帰った。

昨夜あんなに寝たのに、午後二時間も昼寝。昨日からの上アゴの異物感相変らずで何とも不気味。例の「赤毛(?)の女流作家」のビデオ見終えた。

十一月十二日（金） 晴 有明⑬

十時頃か、樽見君からTEL。十七日の荷は三分の一位一新会に出すということ。七百八十万かを山下家へ振り込んだこと、百八十万いくらかの半分を青木さんに振り込みます、云々（速達来ました）と、言う。

こちらからは、十五日入院のことが決まったことを言い（見舞いに行きますと言うので）、暮れの休みにでも、と言った。一月号の原稿〆切は十二月三日と言う。

十二時に夫婦で有明へ。まずはトイレに入る。それから歯科へ。三、四十分あるので、「入院受付」へ少し報告と話をしに行く。診察時のメモ。

言葉がよく出ないので、高橋先生に二点お聞きします。よろしくお願いします。

①過日、私の左奥歯の下のところ、ふくれたり、少しびらん状態になる症状、何という病名なのでしょうか。町のどの歯科でもなおりませんでした。

②数日前から上あごの異物感が発生しているのですが、これは中咽頭がんに関連したものでしょうか。

歯科へ。右のメモを渡し、先生の話を聞く。口蓋は気のせい、奥歯脇はかなりの人がかかり、悪性のものではない――と。

地下の放射線科では、先日の続きのようなものでいくらか眠ったような気がした。先日の続きのようなものでいが、今日の看護師もやさしかった。山本さんはいなかったが、今日の看護師もやさしかった。取りあえず新年一月六日までは予定されていた。

病院で年を越す感慨。

技師は、「前回のままで行きますよ。ゆがんだところも気になりませんでしたよ」と。

Wは長い長い気がしたらしい。「リンゲルの棒をかかえて来た六十代の男の人と話したのよ。金町から来ている、だって」

「ここはいい病院だ。看護婦もみんなどの患者に対しても平等に扱っている」

支払いをして山手線へ。Wの後について行けないほど疲労困憊していた。山手線では三、四十代の男女が二人に席を代ってくれた。日暮里で座れないことを考え、上野で下車、座って帰った。

〝マルガ〟の店で「モリ」と「カケ」を一つずつ頼み食べる。千住の系統だろうが、さびれた感じの店。

帰ってテレビ。十時就床。

十一月十三日（土）　晴

（昨夜）十時～一時眠り。一～二時眠れず、仕方なく薬。眠れて九時起床。

昼前、信二多慶屋からTELしてくれた品を届けた。十八日の「胃瘻」の日、立合ってくれぬかと話す。行ってくれることになった。それと一週間おき正一夫婦（のどちらか）と交代で来てくれないかと提案、正一と相談、行くようにすると言う。それと、振り込まれてくる筈の九十万、十万ずつ二人にあげようと言うと、「正一に聞いていいと言えばそれで」と。

昼すぎに正一「犯罪物」の続きを取りに来た。やはり十本位は出て、それを積んだあと少し話して行く。

一週おきの来院、信二と相談して行くようにすると言う。十万円の件、「いいよ」と即答。

午後、秋葉原へ用で来たので、信二ロッカーの撤収をしてしまおうか——と。十二月分までは払っていたので十二月に引取って貰えばと思っていたと言うと、交渉してみると言うので任せた。

信二、荷を引取り、返すことを決めて（返品は後日）帰って来た。

Wは昨日の疲れから二時間ほど二階で眠った。夕食後、久し振りに自分が出たビデオ「恋する一葉」を夫婦で見ていると、有花と純。

有花、書棚の前で撮った「じいちゃん」の写真集を作って来てくれる。写真集には皆の寸言が書かれてあった。孫達は一い、写真集には皆の寸言が書かれてあった。すでに信二の所に行って来たと言い、時間半くらい話をして帰った。純、二十六日に病院に来てくれると言う。

昼寝せず、持って行くものの整理、箱詰め。何しろ六十日以上も一人住まいすることになる。

十一月十四日（日）　晴・おだやか

八時半起床。少しずつ明日の用意。箱詰め、五、六箱になってしまった。夕方には疲れ果てた。その割には全く食欲のない最近の体調だ。

午後、裕子さん来て、筑摩の件など……今夜は何かビデオの映画を見て寝るつもり。

▼十一月十五日（月）　曇　入院の日

昨日の映画はまあまあであった。生々しい夢を見たが今は忘れた。八時起床。もう信二は打合せに来た。OKマーケット行を告げ、九時に、と言う。

九時、博文館への速達ハガキを出しに行った。それから積載、Wは後ろ。十時半の入院が十時についてしまった。受付をして、スーパー用程の台車二台で6F。「675号室」へ。部屋は8坪ほどで、眺望のよい窓がある。目の前がゆりかもめ駅。

看護師、井上さん。医師、渡辺氏。薬剤師青山氏、他が次々と訪れる。特に井上久美代さんは若い娘で、やさしく、詳しく説明してくれる。

医師三嶋裕子・渡辺利泰、看護師井上久美代の貼紙あり。ただ色々教えてくれても覚え切れない。小水のカップ。井上さんの採血、体重計り。別の女性が6F案内。それから食事、その前にWと信二が下へ行き、うなぎ食してきた、とか。そこで二人は帰った。

片づけ始めると何とか納まってしまう。時々来てくれるのは井上さんだった。私的なことまで聞いてきたりした。一緒に連れてって「胸腹のレントゲン」「心電図」「初回照合」へ行ったりした。井上さん、「明日は代りの者が来ます。私は夜勤です」と言った。忙しいほどの初日であった。

渡辺医師は二度来た。青山薬剤師も来た。あと看護師長(?)的な人も来た。明日、裕子さんが来る予定だったことで、正一ともTELした。WともTELして話した。無論、個室と言っても本人以外は泊まれないのだ。

▼十一月十六日（火）　晴　不意の事件

六時起床（夜中、何度か看護師が来たのをうっすらと感じる）。とりあえず、のど痛のためにうがい薬。小用のやり方（ビンから流す）は馴れた。成田さん、山崎千里さん、みんなやさしい。シャワーのやり方を聞き、思い切ってシャワーで体流す。

小物片づける。点滴用意。十時半、B1放射線科へ行くことになり、エレベーターからは一人で行く。戻って来ると掃除の人が入っていたので、5Fを一廻りした。

▼昼近くに先生の一人が来て、さっきの放射線科で当方に手違いがありましたので説明させて頂くのでと、呼びに来る。

二人の医師（一人は部長）、副師長（師長休暇）が、今日の放射線科での事故（要するに被ばくさせた）について説明する。

「それが青木さんのお体に悪く作用することはおそらくないと思われますが……」云々。

「すぐに気づいたそのことを公開してくれたことは感謝していいでしょう。でもそれを聞いてしまった本人の気持は……聞かなかった方が……二律背反ですね」

「御家族にも実際をお話したいのですが……」

「それは家庭の破滅です。と言って、この話を聞いてこれから五十日治療を受ける私の立場はどうなるんですか。文書にもしてきちんと起こったことの記録をして提出して下さいよ」

「それはやります」

「とりあえず、少し考えさせて下さい」

帰ってからの一時間悩みに悩み、結局正一に話そうとTEL。信二にも相談してくれと言い、裕子さんはと言うと、もう出たと言う。

裕子さんにはその話をした。副師長来て、三人で話す。息子達に話し、来て貰うので中立ちを頼んだ。やっと様子も分かってきた。自分がまだいるのに次の患者を入れて放射を始めてしまい、気づいて止めたのだ、危険の四千分の一の放射被ばくをさせたと言う。裕子さんには帰って貰う。

正一、信二は「商工会」の弁護士に相談する等努力したとか。それでも最後は常識的なものとなり、それなりに要求もメモしてくるとか。

六時を約束。すると点滴のうち「抗ガン剤」が無事終り、あとの利尿剤等の点滴が続く。一番辛かったのは二、三分おきに小用に行かなくてはならなかったこと。次の出るのを待ってトイレにいた方がいいくらいだ。

五時半には信二と正一が来た。六時前には医師二人、技術長他四名が来た。

四名の説明。必ず報告書を書いて提出しますので少し待って欲しいと。正一はメモを見、数点の要求。結局終りとなった。

それから一時間、正一、信二が話して行った。東京タワーの夜景が見えた。

夜勤の井上さん、出て来る。点滴十二時まで続く。

午前、樽見君、振り込みのTEL。薬剤師青山さん話して行く。

今日、晩年でもっとも涙を流した日となった。こんなに泣いた老人を見たことはなかったかもしれない。Wを思いやった。Wには言わぬことを約した。

十一月十七日（水）　曇天

三時半、快適に（二枚の毛布と湯タンポ）目覚める。しかしトイレに行って来ると眠れず、とっておいた半分の眠剤で眠る。八時すぎに起床。とにかく生きなくては！　今日からはパン食。WにTEL、今日来てくれることの打ち合せ。十時前、井上看護師がもう一人の看護師を連れて来て、今日一日の点滴を担当します、と。来る人間、来る人間が昨日の事故のことを知っており、チラチラ話題にもして行く。一度何かで戻る途中の渡辺医師が、やはりその事故の件。チームAの男の先生である。話し聞いて帰る。千客万来という感じだ。

Wが十一時頃には来てくれた。板三枚、一番有難かった。足投げ出して、板を画版で画をかくような態度で文章を書くのが自分のくせになってしまったのだ。その最適のものがベニヤに和紙を貼ったもの、大板はパソコン置き場としてチビ板は雑物入れのふた。

Wには持参物を広げさせ、こちらから持ち帰るものを出したり検討した。Wが1Fで弁当を買って来ると言った。戻ると一度こちらの昼食も来たので一緒に食べた。パン食の二度目。

Wは昨日の出来事を知らずに済んだ。Wを5Fの案内などし、菓子などを持って来すぎたもの等々大きなバッグに入れて、二時頃に帰った。帰させたのではなく、二時二十分にはB1へ行かなくてはならないから。

十分前に行くと、待ってる場に看護師「よろしく。今日は私が立ち合います」と。

待合でのマウスはやめて、呼ばれてからカゴ置場前でやろうとしたら、小山部長医師始め技師含め四人が出迎えているのは驚きだった。……挨拶。ハレモノにさわる扱い?

……しゃっくりしながら書いており、時々字が躍る……

治療終るとまた五人が廻りに立っている。自分、当日の模様がやっと分かった。

小口科長は6Fまで送って来られた。

戻って点滴を受けていると別の先生、首のさぐりと腹部触診など。代ってからの看護師がちょくちょく来る。青山技師も来る。最後、四時頃に見えたのは一々胸の名も見られぬので分からなかった。Aチーム筆頭の(それにマスク着用)三嶋裕子医師だった。化学科という言葉が出ていて、だいたい聞いているというが、今日また行った現場を、そこにあった新聞(線に沿って書き)今日出来た理解を話した。よく聞いてくれる女性で、三十分も話してしまった。こちらは落涙した。

途中入って来た看護師も去ってしまった。

しゃっくりが又始まる。正一から山下家の二回目の搬出が終ったとTEL。こっちは今、しゃっくりでよく話せないと言うと、トンネルなどで、と。「お母さんには言わなかった。元気そうだよ」と言った。

しゃっくりはもう何十年ぶりか。その例がパンフにも書いてあるので心配はしなかった。看護師〝栗原さん〟が来てくれた。夕食後の熱、血圧を計ったあと、ひざまづいて腹部をはだけ聴診器をあてて「音してる、大丈夫ですよ(便秘のことか?)」と言ってくれた。もう五、六回は来ていて、便秘薬のことを話したり、一回は「きょうの健康=乳がん」をテレビで見ている時に来た。しばし自分も見ている。帰り際、

「エロで見てたんじゃないですよ」と言うと、
「大丈夫分かってます」と言った。

川本三郎氏への手紙。

前略

小針美男氏のこと、お知らせありがとうございました。去年墨田区役所の氏の展覧会を見に行った時、本を届けに行った時も不在で、その後自転車で自宅を訪問しました。戸は開かず、近所の人は住所までは知らされなかったが、息子さんに引き取られたというお話でした。今は小針氏のご冥福をお祈りします。

さて、私事をお知らせする気持ちはなかったのですが、お葉書はゆりかもめの終点・有明の病院へ妻が今日届けてくれました。というのはこの九月末、口腔の咽頭部分に違和感を感じて鏡で覗いて見たのです。そこには一円玉大のビスケット様なものが出来ており、翌朝有明の癌研へ行ったのです。予約もせずに行ったので、専門医に会うことが出来たのは午後三時頃でした。「すぐに病理検査に出しますので少し肉片を取りましょう」と言われ、呼ばれたのはもう院内の方々が消灯され始めた七時頃でした。夫婦で呼ばれ、「残念ながら悪性のものでした」とのこと。

暗澹たる思いでした。「病名は中咽頭ガンです。医療計画を立ててしまいましょう」。ゆりかもめに乗って新橋までの美しい筈の夜景など見えも見る気もなく……といった結果で、検査々々の四十五日をすごし、やっと入院出来、今日は四日目です。やはり不条理の思いはありますが、むろん生還を期すつもりでがんばります。つまらない手紙になってしまいましたがお許し下さい。

川本さんの御健勝と御活躍をお祈りしております。

＊　＊　＊

また、九時頃渡辺先生見える。しゃっくりの出ている最中であった。トイレも開けっ放し。「トイレが間に合わなくなるので」と弁解。「しゃっくりはもう一種類薬がありますから……」と先生。

十一月十八日（木）　晴

（昨日）右まで書いている頃は、リンゲルも遅れに遅れているし、しゃっくりは続いているし、その上便秘二日間。睡眠時間も迫る。一昨夜のように湯タンポを入れリンゲルはやっぱりなしで寝てしまった。気がつくとリンゲルなくなっている。トイレに立ったりしたら眠剤でふらふらしている。トイレの中でシャワーの方までよろけて肩を打ってしまう。

寝るとすぐに六時、体重計りに行くと六十五キロと言われて驚いた。もう眠らずにいる。栗原さんが次の恩地という看護師さんを紹介して連れて来た。どの女性もきれいだ。

「恩地孝四郎と映画監督の恩地日出夫が有名ですよ」と言うと分かって、「主人の名ですから。縁戚では全くありません」と。

二時～三時にシーツ取替えがあると言ってくる。何しろ眠い。もう二時近かったが、少しリンゲル台を放って昼寝をした。三十分くらいでシーツ取替えと掃除の女性が二人入った。小用が激しくなった。便はその後出ない。しゃっくりも出なくなった。

ＷにＴＥＬ。軽い時計、Ｂ４鉛筆を頼む。山中氏の著書、樽見君の文書、明日持って来てくれる。

耕《こう》治《はる》人《と》『そうかも知れない』を読む。入院生活を書いた私小説で入院してよく分かった箇所多し。

九時十分前に出て、九時からの放射線科へ下りた。今日からは更衣室のようなところで入れ歯ならぬマウスを入れることが出来るようになった。診療を終えると昨日からは看護師が出入口まで送ってくれる。終って１Ｆで降りると相変らず外来は混雑。つい先日までの自分達家族の姿だった。

今まで分かっていて寄りつかなかった、広くパネルで作ってある「癌研の流れ」というコーナーを見た。それから持参した川本氏への手紙をコンビニでポストに入れた。（忘れていた。Ｂ１へ下りる前には５Ｆの庭を歩いたのだっけ。）ところが新聞なく、５Ｆで聞くと日経なく、毎日を買う。双葉山の六九連勝を狙っていた白鵬が六三勝かで負けた記事、アジア大会の記事など。

戻ると、やはり浣腸のこと。それを恩地さんがやってくれるとか。横にお尻を差し出す。そしてシャーッと薬を刺すのだ。

「あ、出て来ちゃった！」と恩地さん。自分はトイレに駆け込む。と言っても点滴台を引きずってだ。

戻ると、恩地さんはもう一人を呼び、さっと汚れたシーツを取替えてしまった。

三嶋先生も来てくれた（渡辺先生はその前）。のどの触診をし、大丈夫のようねの表情をして、

「楽になられましたか？」と昨日のことを聞いた。

夕食、パン残す。やっと今日の点滴が終わる。その後またもしゃっくり、薬効かず、も一度頼む。湯タンポ、睡眠剤。『そうかも知れない』を読む。

八時半、入浴的シャワー。アカがポロポロ転がった。こすってもこすっても出てくる。出るとさっぱりしたが、日記書き、テレビ。テレビは政治の悪口ばかり、全く面白くない。

しゃっくり止まらず、二度目の別のもので落ち着く。十時に就床しようとがんばったが、九時四十分には床に入ってしまった。

十一月十九日（金）　晴

口の渇きからと小用で三〜四度起きた。眠剤のため、ふらついて危ない。通じは一度きり。六時、恩地さんの検温と血圧。一緒に出て体重計まで歩く。「妊婦のようです」と自嘲した。また十九グラム増えてしまった。

よい天気で、窓の外れの方に富士山が見えた。写真機を取り出してみたが……。朝食、パン一枚残す。渡辺先生、話して行く。三嶋女医話して行く。話してというより、話しやすくこっちの気持をよく聞いて行く。自分小口正彦先生への手紙というか短い文章を書く。午後持って行くつもり。電話逃したのでWにかけると、秀人行くので今日は行かないと言う。山中氏の本届く。明日持って来ると。樽見君、二十八日に来る、と。渡辺先生、検査情報とPSA⑥、と。

信二のTEL。山下さんで古いテープ貰ったので届けに行こうと思うと言うので、忙しすぎてテープはやめにしたよ、と言った。先夜の礼と山下家に行って来たことの礼。

正一からもTELあり。裕子さんが代り、筑摩の青木さんからのもので校正後拡大コピーをして送りますと言ってくれた、と。「電話かかってきたので」と言い、又正一と少し話し切る。秀人のTEL、三時頃に、と言っておく。

昼食。今日出て来た井上さん「パソコンで青木さんのこと見ました。『悪い仲間考』をいつか買って読みたい」などと言う。有花の撮ってくれた「写真集」を見せた。

それから小口正彦先生への手紙書き。二時半にB1へ。小口氏学会とかで留守。山本さんに渡しておく。入院時の礼を言った。

三時に秀人来て、とりあえずはパソコンの初めと終りを図解で分かるようにして貰う。正一からはパソコンのことでかかってくる。秀人の話を聞いたりしたが、次の駅辺りへよく漫画同人誌を買いに来るのだとか。いわゆるその方の「オタク」なのだ。

秀人にエコー券五千円分をあげ、案内しながら下へ降り、二人でアイスを食べた。四時半頃に正門で握手をして別れた。

夕食中に樽見君のTEL。今日の一新会で四百万売れた、と。あとは十二月三日に売り立てる、とか。それと川本氏の驚き(癌のことか)のTELありし、と。また二十八日行きます、と。自分が〝のり〟の相手に樽見君を選んだことは本当によかった。感謝々々である。

これから苦しむのだろうが便秘が治らない。この病院を信じようと思う。中野孝次の文章読了。

十一月二十日（土）晴

つらい起床(小用)が二度あった。眠剤でふらつき、ドアにぶつかるのが怖い。六時に起こされ、検温と血圧。その足でふらふらと（成田さんだったろうか）、ステーションの体重計まで歩く。六十四・何キロというところ。何しろ便は一回しか出ていないのである。

朝食もいくらも食さない。パン食であきて来ていることもあった。Wから電話があった。信二達が行って、私は明日降らなければ行くからと言う。

九時頃には信二と千恵さんが来た。大井へも行って来たらしい。軽い時計に電池を入れてくれている。千恵さんはパソコン側に座って景色に見とれる。洗濯物や、見ることはやめたDVDの箱などを持って帰ってくれることになった。山下家の話や、Wが疲れているらしい話（顔のけいれん）、千恵さんの父親の話などをした。文書貰うため小口先生に持って行くと学会だったとのこと。昨日パソコンで調べたら、みな有名な先生達と分かった。信二達は、それでも一時間半くらいいただろうか、「帰ろうか」と言った。二人に礼を言った。（いや、もう忘れている。渡辺先生が来て話してくれて行った。）

二人が帰ると井上さんが見え検温など。昼食後の薬のことなど。すると午後浣腸のことをきめた。信二が持って来てくれた『悪い仲間考』『二十歳の日記』を署名してあり、あげると喜んでくれた。

少し下を歩きに行って来た。日経を買い、「バナジウム天然水」というのを一本買って帰った。

昼食はいつもパン、ハジ残して半枚だけ。あとは適当。

午後、「浣腸しちゃいますか？」と井上さん。少し痛かった。「痔なんですね……」

もう汚れているのではと、井上さんが去るとトイレへ。けっこう出た。固まったものも出た。ついでに頭髪も洗い、シャワーを浴びた。掃除の人が来たが、テレビで松本清張の「駅」というのをやっており、寝ながら見ていた。いつか別の番組に変わっており、起床。一廻りして来ることにした。５Ｆの庭を歩いた。

五時に帰ると井上さんがあいさつに来た。トイレの検査流し、しばしば中止、と。

十一月二十一日（日）　晴

（昨夜）便通はあったが、痔になるのでムリは出来ない。Ｗと電話。明日信二が大井に行くので来ると言う。看護師に胃薬を検討して貰った。眠剤をのんで寝る。

……どうやら粗相でもしたかの感。というのは腹から下がぬれてしまっているのだ。トイレから帰るとシーツも。湯タンポがもれたらしいと分かり、ブザーで知らせた。二人で来て、すぐに取り替えてくれる。それから一時間くらいおきに小用。眠剤のためか、すぐにうとうとと……。

（いや、また書く順序を間違えている）ずっと十時まで読書をしていたのだ。『余白を語る』（朝日新聞社）一～三巻他を読む。かなり付箋を（ないので「折り」を）入れて行く。いろんな言葉がある。いいことを言ってる人が多いが、やがてみんなこの世を去って行くのだ。

六時半頃、検温と血圧。血圧、初めてと言ってよい九九が上。体重計りに行く。少し５Ｆ庭園を散歩。外は寒かった。「日経」を買ってくる。

朝食、何とも食欲なし。看護師に言うと明日からは朝食をやめて、二食の時代のように飲むものにしては、と言ってくれる。胃剤は明日先生と相談してからにしましょう、と。六日目にして症状が悪化して来たようだ。やる気がなくなってしまった。

信二とＷが八時頃には来た。正面玄関はふさがっていたらしい。面会通路から上って来た。信二はＷを置いて大井に行く（連絡あったのは十時半頃）。

Ｗは衣類の整理などしてくれた。二時間くらいいたので、家の生活などきいていた。Ｗを下まで送るが外は寒かった。携帯を取りに戻ろうとすると、戻ったままでいいと言う。かけると、信二と会えたと言った。

昼、そばを半分くらい食べる(夕食、何としても食べられず、一食抜く)。

コピーに行ったりして、少しパソコンをやったりしたが、どうにもダメ。寝る、ネル、ネル。テレビも音を聞いているだけ。

土・日と、病院内は静かである。看護師さん達は今日は少人数だがみんな親切。そしてベテラン。我がまま者の自分も感謝々々。そして個室も感謝々々。ただ、費用が一日三万円するのだ。二ヶ月一八〇万円、三ヶ月入院が続けば二七〇万。

胸やけに参ってしまう。そして、やって来ない自然の通じ。

夜、NHKの「龍馬伝」を見た。人間、「生きた」というのは語りつがれるということなのだ。

天にまします我らの神よ、主なる
イエス・キリスト
御名をあがめたまえ
我らを救いたまえ

きれぎれに思いうかぶのはこれだけ。なさけなや。「新約聖書」は持って来ている。自分はきっと生まれ変わるだろう。もし後半生があるなら、きっと変わってみせる。

十一月二十二日(月)曇

昨夜、胸やけ。ずっとこうだ。一時間おきにトイレ。ラジオを聞いていて、うとうと……。生きた心地なし。六時が待ち遠しかった。

七時半、起きて、「週刊現代」と「日経」を買いに。牛乳にしようと、朝食はどうせと、やめた。

十時頃か、頭頸部の斉藤先生の診察を受けに行く。先生もすでにBIの事故を知っていた。「その代わり、腫瘍は少し小さくなっているようですよ」と言ってくれた。

午後WからTEL。こっちからは「しゃべるのも昨日から苦しくて、来ても話もできないよ」と言った。

午後二時四十分、BIへ行った。午後はずっと寝てばかりいた。五時頃、部長さんらしい先生が回診に来た。「日本の名作」の朗読CDを聞いてすごした。

いいこと(?)は便通が二度あったこと。「路傍の石」は、映画より先があるのを知った。「或る女」もよく分かった。

夕食も食欲、全くなし。終日、一〜九時頃まで、点滴2ビン。トイレ一時間おき。
W、出ず信二にTEL。二十五日をたのむ。も一度WにもTEL。
七時頃か、小口正彦先生わざわざ見え、明日かあさって文書渡せそうです。と。謙遜家である。

十一月二十三日（火）晴

五：〇〇の夢。山口クリニックのハルナールならば、と。夜中、トイレ十回も。

体重、六二・二キロ。「五重塔」「浮雲」「布団」「土」「風立ちぬ」の朗読。昨日の部長、横山先生は看護師に、「祝日で先生は来ないか？」「基本的に来ないでしょう」（三嶋先生来て、ハルナールについて。）七時、牛乳買いに。

十一時、WにTEL。座椅子たのむ。明後日の手術の時間。「機械」「山椒魚」の朗読を聴く。

別のハルナールで二時間くらい。山口クリニックの薬貰っておくか(?)。

「放浪記」。……ドン伝。ムカムカする。点滴されるとは。二袋。一～五時に終える。

手術の同意書四通に署名する。

「夜明け前」。下痢状。正一からTEL。裕子さんとも話す。昼のうどん、やっと三分の一。

北朝鮮、韓国に攻撃のニュース。正一来て、三：四〇～五：一〇までいた。映画、筑摩のこと、ハルナールの説明。正一帰る。夜の苦しさからハルナール（自分持参）看護師に相談。先生帰ってしまったので……と。

六：三〇、山中恒氏にTEL。（本のあいさつ）「そんなことといいよ」と山中氏。力づけてくれた。

信二にTEL。ハルナールのことメモしてもらい、明日Wに山口クリニックへ取りに行ってもらうこと。看護師は朝二倍なのだからそれを二つに割って、などと主張するのを、強く言って「山口クリニック」のにしたのだった。

十一月二十四日（水）晴

（昨夜）九時には眠剤で寝た。四、五十分おきに尿意。それがたらたらとしか出ない。痔に力が入って、とび出すくらいになってしまう。そのくり返し。

九時頃か、「新話の泉」というのを聞いていると、一人、声がしわごえというか、聞きにくい人が出ている。NHKで、女子アナはその人を、「家元」「々々」と呼んでいる。談志師匠らしい。テレビ、ラジオ、北朝鮮の暴挙のニュース多し。

とにかく、一昨日から放りっぱなしの部屋を片づけようと、六時からやった。七時には牛乳を買いに1Fへ。

八時半、信二にTEL、同伴は千恵さんで、Wに言ってあると、と言う。

十回くらい小用に立つ。

牛乳買いに行って飲む。「読売」。九時に5Fでテルミール。

看護師にたのんで寝る。起こされてB1へ。受付で小口先生と会う。言うと少しマウス入れを見ておどろく。片方がないのだ。昨日のカゴを探すよう部員に言ってくれ、あって本当に助かった。

WにTEL。九時半には山口クリニックへ行って薬貰ってくれるように言う。(WにはもうTEL)

八時三十分、信二にTELし、千恵さん。

川本三郎氏の書簡あり。小口氏、「経過報告」持ち来る。点滴三袋もやることに。

明日、信二に本などを持ち帰って貰うような気持になる。その点、明日のスケジュールを看護師たち何人にも聞く。

午後、えんえん「日本の名作」を聴く。全作が人間の悩みばかり。主人公は変わり者ばかりだ。

二人、「おえらいさん」(渡辺先生の言)が来る。腹を押すだけ(直後下痢で汚す)。

夕食(見る気もしない)時間後、山口クリニックの薬。わずかに効いただけで、家での生活には戻らない。

何人もの人に、「胃ろう」のことを聴く。半ばでいうつうつ。

小用の不便。食欲全く起きず。吐くまでは至らないが、それに近い症状。

成田さん、七:三〇迄に……。

十一月二十五日(木)　晴

(昨夜)ハルナールは一瞬しか約に立たなかった。根本的には前立腺肥大の問題だったのか。

とにかく、尿意……かけつけてもタラタラ……出るまでが大変。出るか出ないで戻ると、うとうと。尿意……かけつけるとタラタラ……そのくり返し、十回くらい。

成田さんは八時頃には来てくれた。明日からの予定メモ一枚。長尾さん。

夜、信二から電話。こっちからしなかったので。W

とも少し話す。信二、一一：三〇に着くよう来ると言う。

六時、トイレ。それから持ち帰るものを（少し立ったりして）整理。もっと簡素に……。

北朝鮮の攻撃。自由を知らぬ、すごい人達だ。中国もある……逆に自由勝手しか知らない日本人。

アメリカはどうする？

体重、六二・一キロ。

午前、十時三十分B１へ。一人で行って来る。信二、W、十一時半頃に来る。持ち帰り品、三～四箱、信二が車へ積んでくれる。そのあと、Wと信二を昼食に１Fに行ってもらう。

もう、すでにハルナールのキキメなく、夜中の具合と一緒で、尿意……タラタラ、戻るとまた尿意だ。すでに点滴が始まっている。これも好き嫌いで言うと嫌いと来ている。やっと三時。看護師が、

「混んでて、今日やることに変わりないのですが、五時と、遅れそうです、との連絡がありました」

信二、雑誌買いに行ったが、図書棚にバイク雑誌があったので、と。

「長期戦だな」と信二。今日はいてほしいと思う。

無理してしゃべってしまった。やっと尿意とタラタラ……のこと。理解してくれた。

パンパースを（手術中のことを考えて）買っとけば、と信二。W買って来て、眺めて、看護師に相談。

「かまいません」と言ってくれ、それを利用することで、いくらか気が楽になる。向こうで、持って来てくれたりもした。

しゃべりすぎて疲れた。しかし依然として食欲は（どうせ絶食だけれど）ない。わかない。下から上って来て、信二は今日は混んでた、と言う。そう言えば、昨日は祝日だったのだ。

テレビも、ラジオも聞きたくない。夕食時のハルナールのことを看護師に聞くと、

「やはり手術前は……」と言われてしまった。

しゃべり疲れた。四時半、ダマルことにした。

思えば
ずっと人の生死を書いて来た。
やっと私の番なのか、
復活して、
もう少し書けるのか？
作家（?）の宿命か「業」というものか？

主よ、もう一度救いたまえ
主よ、主よ。
五時は近い。まだ呼ばれない。

▼十一月二十六日（金）晴
――以後メモ用紙――

（昨日）五時半頃にやっとお迎えが来る。もうままよと、小用関係はそのままに車椅子に乗る。昨日祝日が入っていて、まだまだ人、人だ。人の目など気にならない。２Fの、初めて入る裏側の医者だけの働き場へ。少し待って手術台へ。左へ身体を曲げ、首はもっと直角に。痛みどめ、もう一種飲まされ、医師がもう一種パラパラと。男の医師二人と、麻酔の女性医らしい三人（その前に腹部のX線とられる）。

「お腹をつけて…」

そう言われて手術したお腹のでっぱりが痛い。気づいて

「出来るだけでいいです」

すうっと意識がなくなって……

「終わりましたよ。青木さん、うまく行きましたよ」と、それは三十分くらいなものだったろうか。腹からは管が出て、それがずっと点滴の台につながっている。これが胃ろうか？

呼ばれた看護師が迎えに来て６Fへ帰った。Wと信二。

紙オムツにオシッコ。これがものすごく屈辱的でつらく苦しく、淋しい。断末魔！

話し疲れてもいた。Wに七時に帰るように、と言った。すると夕方、手術した医師から、三人の患部診、大丈夫でした、と。明日また伺います……と言って行く。

それから地獄の一夜が始まる。四十～五十分おきに、看護師を呼んでパンツをはかせて貰う。看護師は平均すぐれているが、質の落ちる人もいる。

尿意――ポタンポタン――この苦しさと、おしめへ、とめどなく回数多くくり返されるのと、どちらかを選ばなければならない。

（今日）やっと待った朝、ハルナールも効かなかった。地獄の灼熱感のとめどない尿意。タラタラ……。

九時に、WにTEL。「これから来て、やって、やってよ」

十時十分、X線撮影。車椅子の青服の看護助手的

な人。気のきかない女性。

十時三十五分、放射線科。迎えに来た丸顔の看護師さん。この人は二十四歳という若い娘の上に若く見える人で、何でも知っている。クールさが目立ったが、もっとも親しめる娘となった。

渡辺先生見える。午後二時半頃に、やっと泌尿器科へ連れられる。入った時から泣いていた。医師に、

「先生この状況を助けて下さい」

しかし、結局オチンチンの先（尿道）からストロー様の管を入れて、尿を袋へ取ることになり、いつも袋と一緒に移動することになる。

「これは救急措置ですよ」

泣きすがった結果が、こんな地獄の底のような痛さ、苦しさだったとは！

部屋に戻って、信二にＴＥＬ。

「兄貴にも相談……でも、すぐ行くよ」

信二、一時間足らずで来てくれる。

正一はその気にならなかったとか。信二に今日の出来事を説明、まるで遺言ごときものも。

「人の幸せは日常生活にあると分かった。そこを大事にくらすことだよ。七十七歳でやっと分かった」

Ｗは十一時頃やっと来て、自分が診察から帰ると昼寝していた。信二への説明を一緒に聞いてくれた。二人ともこの管を入れる療法にはおどろいていたが……

信二に言った。

「今日、すぐ来てくれたことは忘れない」

四：三〇頃二人は帰った。丸顔の看護師、いろいろやってくれる。オチンチンの先の方に痛み止めをぬってくれる。

胃ろうの先生来て、これは？　と言ったが……他の医師の批判はしたくない、の表情。

それからも小用、管へ尿があふれて、痛さに泣いた。

樽見君にＴＥＬし、二十八日の見舞い断る。事情説明する。

ＷにＴＥＬ、泣くと、明日信二が大井のかたわら乗せていくと言っている、と。少しして信二にＴＥＬ。「早く行くよ」と。

五時すぎて井上さん見え、やさしく接してくれた。熱は平熱に戻った。

十一月二十七日（土）　晴

（昨日）やがて、いくらかずつ、オチンチンの棒は馴れて来る。あふれ出てしまう時、そのままあふれさせる苦しさ。これを耐えるのは泣くことである。胃ろうの先生見えて、お腹からの管は外れた。

九：〇〇、眠剤。初めて（何日ぶりか）この時間を眠る。それからどの位か目がさえてしまう。松永さんに言われ、寒くなったり、暑くなったり（七度二分の微熱）した。血圧も下が一〇〇を超えてしまったりもした。三～六時まで眠る。それからは延々と九：〇〇まで眠る。

時々オチンチンからあふれ、泣いて耐える。

眠くてたまらない。よく眠った。朝ハルナールは別のものに変わった。小林という看護師はメガネ、クール、ナマイキ。同じことをやってくれるにしてもだ……Wから TEL。要するに今日は行かれない、と。少しして、TEL して泣く。午後三時頃正一からも。「その内行くよ……」

一番苦しい時だった。その時呼んだのが小林看護師。結局は靴下から紙オムツまで取り替えてくれたのだが、まるで幼児扱い。

「何だか赤ん坊になったみたいだ。こんな扱い初めてだよ」

「そんな気はないの。私はクールなんです！」

態度は変わったけれど……。

小便あふれる時、泣くに泣く。うめくように泣いて耐える。

小林看護師、やさしくなったが……急にクールから親切になった小林看護師と管を抜いて貰うことの話し合い。夜勤に井上さんの名が出て、少し「よかった」の思いがした。

十一月二十八日（日）　晴

（昨日）井上久美代さんに嘆き。まるで自分に責任ある如くあやまってくれる。こんな娘がいるのか！　歯みがきもさせてくれる。タオル熱くして持って来てくれる。

栄養点滴（柿色）終わる。

八：〇〇、眠剤。八～一二時、一二～四：〇〇、四：〇〇～七：〇〇までともかく眠れる。

（今日）七：〇〇、井上さん来る。「今日は日記書くのを目標にしましょうよ」

日記見せ、『そうかもしれない』（耕治人）の話。

八：三〇頃、信二、W来る。信二大井行。

W、裕子さんのメモ。青木氏のゲラ来たので、との内堀氏解説。これは本当にうれしい。井上さん、徹夜のあいさつ。次の成田さん、きくと井上さんはもう六年おられる人です、と。
裕子さんへ手紙（メモ）書き。一一：三〇、手紙渡し方々帰って貰う。「何か食べて帰りなよね」

昼、「うどん」三分の一。全く味なし。

思い立って、裕子さんにＴＥＬ。水曜にＷに持って来て貰う約束出来る。耕治人『天井から降る哀しい音』もたのむ。

二：三〇、痛みに泣いたあと看護師呼びトイレに便通、小指三～四個出る。感謝。

別の看護師さん、おしり洗いに来てくれる。

ＷよりＴＥＬ。水曜に来ると。熱上がったと思うと下がる。

ラジオ……直木三十五の作品を読んだことがないという直木賞作家角田光代。

相撲放送。決定戦だけテレビ。「笑点」をＷに教える。

正一のＴＥＬ「これから行こうか？」「悪いね、今日はいいよ」裕子さん代わり、校正のこと。正一には裕子さんが明日あさって、校正についやす時間与えてくれるようたのむ。

小林看護師、夜勤のあいさつ。皮肉にも排便二回目を手伝って貰った。

「あなたを不快にさせてごめんね」

「いいえ」

今日はやさしく手伝ってくれた。（体重六一・？キロ）夕、六：四〇記

十一月二十九日（月）

（昨日）夕食。豆腐を四角く、ゼリー状に固めたものと、おかゆをスプーンで四～五杯食す。湯のみのほうじ茶。

Ｗに「笑点」を教える。

「元気そうじゃない」

「アーしゃん、これサービスだよ」（アレ、コレハ昨日書イタノニ？）

フィギアは小塚という青年が一位（フランス大会）。続いての女子・真央無惨。

いよいよ最後の「龍馬」を見ることになる寸前、便通へ。泣きながらの便座。じいっと見ている小林看

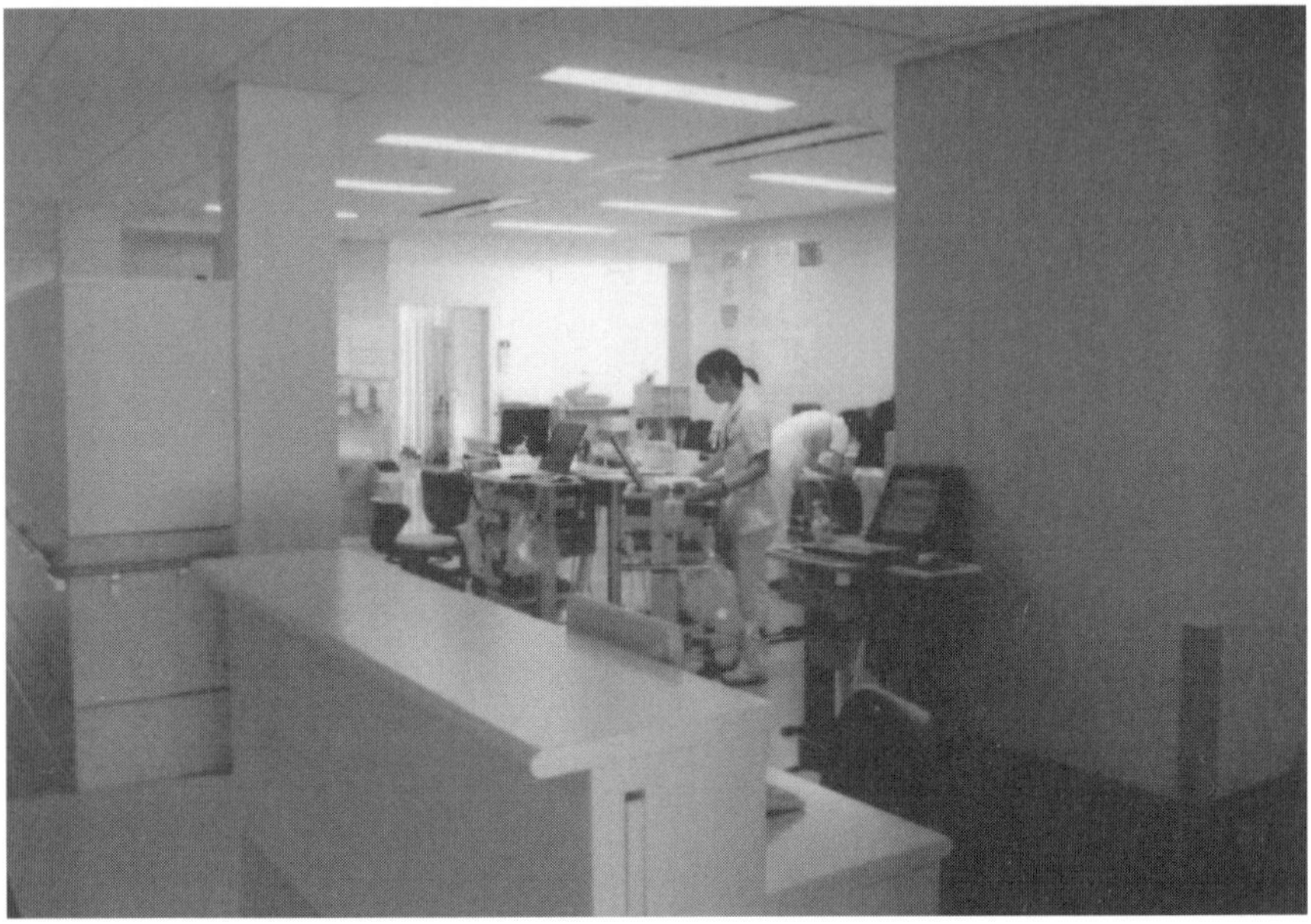

看護師ステーション

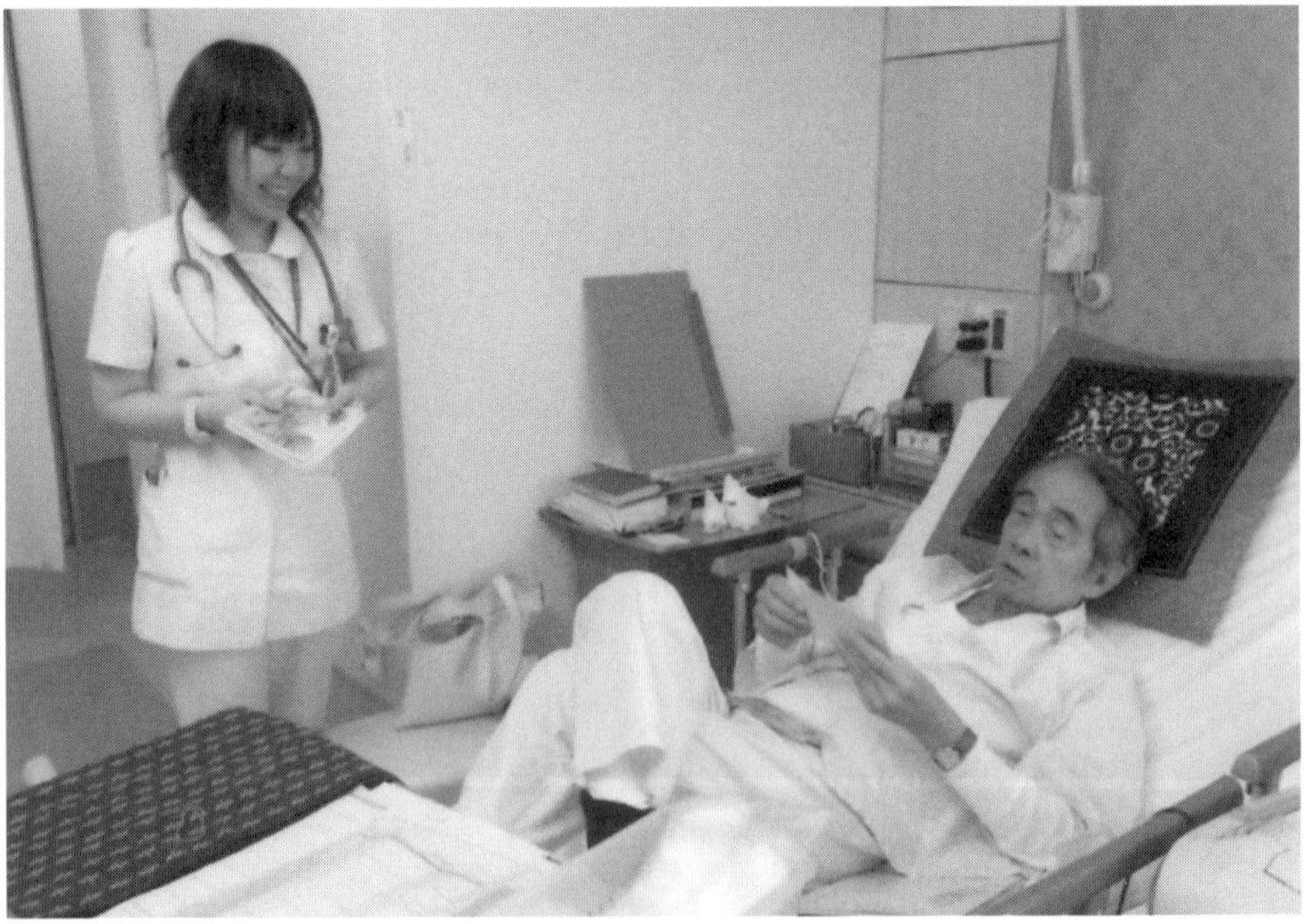

看護師さんと私

窓から見える「ゆりかもめ」

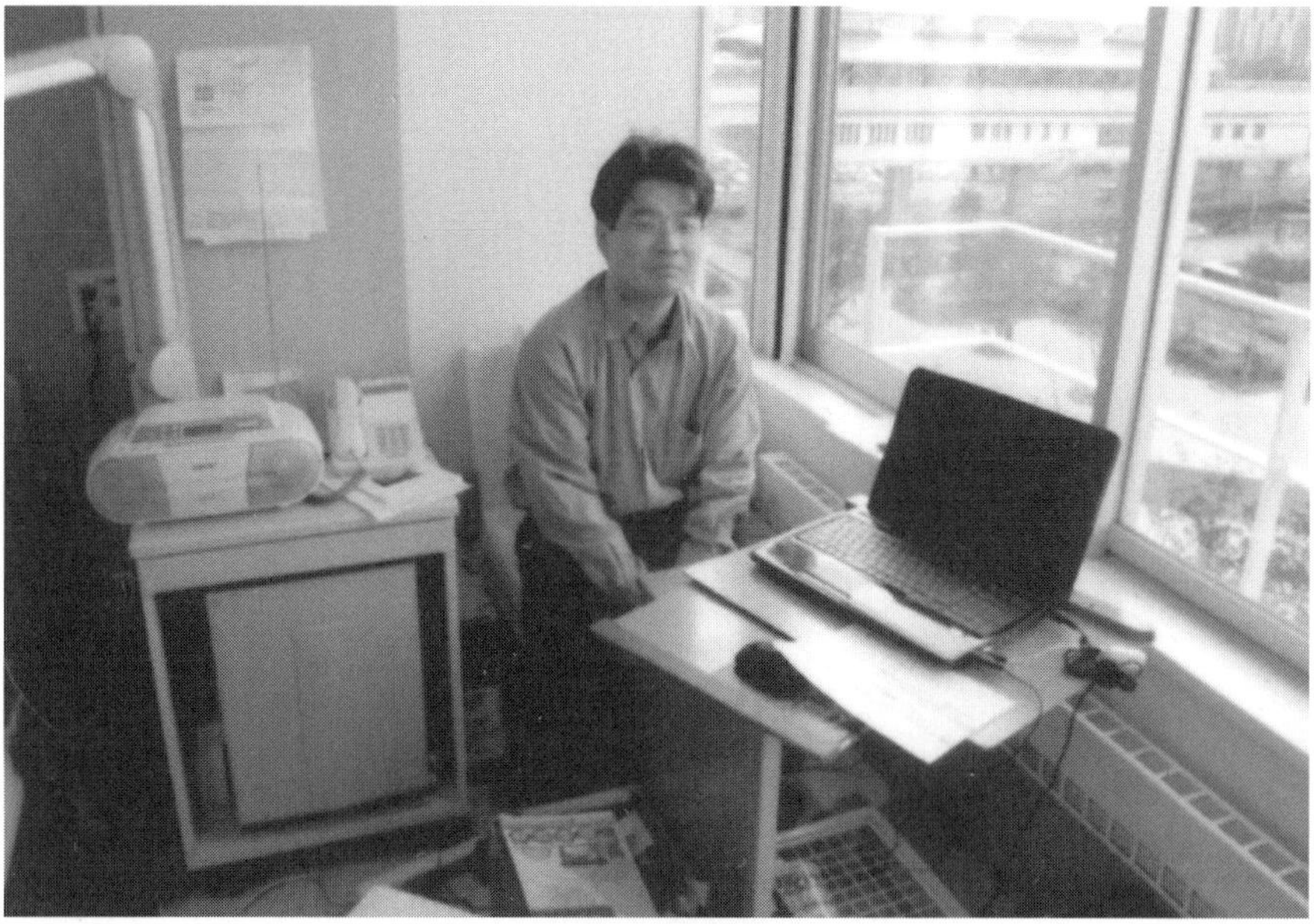

長男の長男孫

護師。さっきあやまってよかった。事故死させられることなど簡単であろう。ところが、テレビ(龍馬)見始めた時に、(見ることを言っていたのに)小林看護師、点滴の入口(左手首)がはれているのでつけ直すと言い出す。とうとうはずしてしまい、そのあとは逡巡している。龍馬の死は近づいており、そんな中、又も「右手首に駄目かしら」などと……。移そうというのを一瞬、

「文字が書けなくなるわね」と左へ戻す。

「大丈夫?」

「大丈夫だと思います」

「思います」は誰もが必ず言う病院関係者の終りの言葉。そう教育されているのか?

龍馬は死んだ。

九:〇〇すぎ眠剤のんで寝る。金しばりの夢……。眠剤のなせるわざだ。なお前は……と。

二:〇〇、目覚める。仕方なく~四:〇〇までラジオ、この日記。

四:〇〇~七:〇〇、排便、排尿(熱くあふれて来る)後眠れた。

(今日)熟睡しているときに採血。いつか何十時間ぶりに点滴終わっている。

八時すぎに長井さんネームの年輩の看護師入る。チンボコに入った管の説明。渡辺先生に管とって頂くことの進言を頼んだ。手の血が出ているのを見、やがて時間すぎなのに、小林看護師。直すように言われたのだ。きくと、長井看護師は総師長だったらしい。

八時すぎか、突然信二の声がしたのにはおどろく。

Wが早く目覚め、今日から安定剤を点滴させられる(昨日廊下で言っていた発言)、それでは校正が来ても「出来ないだろう」と思いつめ、電車で来るつもりで用意、W、信二の方の戸を叩く。信二、「一緒に行くよ」と言ってくれる。そしてやってきたのだった。

「大丈夫だから」と言った。信二に裕子さんからのTELあり。

▼十一月三十日(火)

コノ日、記事ナシ。ヤット管ハズシテクレタラシイ。以上二十六日~二十九日ノ記事ハ、苦シサニ紙片シドロモドロ夢ウツツ文字ブツケテイタモノデアル。

十二月

——涙々の治療の日々

十二月一日（水）　晴

ベテラン川島看護師が終夜めんどうを見て下さる。

二度制と時間早めに当直の許可貰うことが出来た。一個、六：〇〇に持参。効いてくる。七：〇〇信二にTEL。休みなので、Wのこと（つまり今日来てくれよということ）をたのんでおく。WにTEL、千恵さんにかわり、向かっている――と。信二達出かけ、三：〇〇また寄ってくれる。

放射線へ行く前、大便粗相した。

（手紙書く）痔のくすり。

十二月二日（木）　晴

（昨日）◎あてがって耐える！　◎今月中に見ればよい？

肛門にタオルを切って当てがい（開かないように）、出ない小便のイキバリを耐える。久しぶりにWの胸にさわる。

裕子さんに「時期」について聞く。三月発行なので、青木分の校正は十二月中〆切でよい、――と。正一がうしろで何か言っているので切ったが、夜に送りだったので、と、裕子さんの言葉。

やがてWからは、浅草へ寄って帰ったというTEL。浅草観音からのTELで、よく拝んで来たよ、と。千恵さん、信二ともちょっと話す。

（今日）くすり、出来るだけのむの伸ばす。点滴（二袋）、師長、渡辺先生（二度）。井上さん、小林看護師、放射線師長さんが防災予防訓練。B1――かぶって十五分。口痛む。敷布取替。寝巻取替え。松野さん――松栄さん。

夕食――くすり。

樽見さんのTELだった（朝切れる）。

筑摩の青木さんにTEL（ルス）。

裕子さんに二度TEL、夜向うから。

信二にTEL。

十二月三日（金）　天気変調

（昨日）七時、松永さん来る。胃ろうの練習的実施。

これは四時頃松野さんが来て、必要一五〇〇カロリーが九〇〇しか食べていない現状をうれえていることを告げる。それで日勤終了になるので、とベテラン松永さんを指令（丁度夜勤）、松永さんが受けついでくれる。途中、裕子さんのTEL。

◎資料取りに半日戻り、完ペキをめざすこと。

◎是非高木少年の文献は見つけて、コピー取り寄せたいこと(つまりお願いしたいこと)。をメールして下さいとたのむ。信二に送り迎えのTEL。驚くも許可出るなら、――と。

松永さんの「胃ろう」終了。

沢山食べるようにする！

胃ろうの練習をする。

校正を一生懸命やる。

聖書を読む―「使徒行伝」。

(夜、TELあり、取ると消える)

(今日)信二に夜TEL。九～七：○○睡眠(三～四回トイレ)。

体重計りに。六一・○。1Fへ朝日新聞を買いに行く。九：○○師長さん見え、12／12の件、半日外出の許可を願った。師長さん、また来てくれる。樽見君のTEL。

「小針氏のこと一寸書いておく」落語本を新年号で売ることも。

渡辺先生見え、許可簡単に書いて下さる。

忙しいほど動く。豪雨だったがやみ、昼食後胃ろう食。WのTEL。二：○○寸前までかかり、トイレ等をととのえ、B1放射線へ行く。元々仮面かぶされた時の十五分間、カチカチ死の寸前のように苦しい。技士が二人、やっととめる音と共についているからいいものの、地震とかで放っておかれたら、もう〝死〟である。今日は特別だった。唇がはさまる感じにとめられ、さすがに手を振った。やり直してやっと、「大丈夫でしたら丸を……」と技士の声。ゆっくり呼吸を数え、百まで数えて十二分くらい、あと二、三分で終りとなる。

今日は看護師も来てくれなかった。点滴二袋となる。校正をすすめた。四：○○頃に歯科。メモが有効だった。仮面の鋭角をけずってくれた。下はオペラ歌手(?)がピアノで歌っていた。そこを泳ぐようにして会計へ(四：四五記)。

渡辺先生、朝晩と寄って下さる。「誰でもやせますよ、落ち込まずに……」

看護師のメンバー表を作り始める。ここには看護師はAB各十四名、二十八人くらいいるとか。
◎山口クリニック、くすり残り(ハルナール)。
テレビはやめ、マジメに校正にはげんだ。夕食、半分くらい努力して食べた。Wに、明日来るように言った。W行くよと言う。Wは、保昌に五万円(次女結婚式)、正一、信二に十万円ずつ出しておいた、と言った。信二は新聞切抜等を貰って来た。山下夫人から二万円を見舞いとしてくれた、とも。

自分、少しは歩かなくてはと下へ行き、思い立って葛飾区までのタクシー代を聞こうと外へ。寒さにもう一度、半天を着に上った。四、五千円と教え、五、六千円なら確実でしょう、と言う。貧乏性にあきれた。七：〇〇頃、小さなウンチらしいものが出た。


十二月四日（土）快晴——一夜帰宅——


途中目覚め、「使徒行伝」を読む。サウロ→パウロ。また眠る。井上さんが担当。十時頃に渡辺先生。十二日は二サイクルが終わった辺りになる、と。「今日は？今日帰って、明日帰るとか」「全然いいですよ」。決心し、井上さんに相談。テキパキ気づかってくれる。とりあえず点滴(十〜二時頃予定)の四時間後(三：〇〇頃)に出発のこと。

朝、WからTEL。「昨日頭洗ったら風邪っぽいの」と。来られないというので、「必ず医院へ行きなよ」と言ってあった。TEL、一度でなかったが十一時に居て、今日帰るので黙っていること、在宅のことを固く言った。

用意をしておく。持っていくものなど。外寒いので半天など着て歩いてみたりした。


一時頃に電話すると出ない。一：四五分に電話すると居た。お使いに出たという。嘆き。すると樽見君の、今日行っていいですかのTEL。残念。

天気晴朗。朝は富士が見え、東京タワーも東京スカイツリーもハッキリ見えた。十一月十四日までいた家に帰るわけだが、まだ十九日間しかいなかったのに！

長かったなあ。明日又戻ればあと二十五日(＋正月分)が残るわけだ。

二：三〇、ひと荷かかえて出る。よいタクシーにあたり、高速で三十分位でついてしまった。八千円弱であった。近くでTELしてあり、とまるとWが出て来た。部屋の暗さとせまさと。信二にTEL、すぐやって来た。今日急に来たことを話すと信二は「十二日は放射線が二サイクルめに入るので本当かな」と思っていた、と。

夕方、千恵さんと楓。

夜、資料出し。八時就寝。一：〇〇には目覚め、四：〇〇の約束で出たが、明朝帰院すべきと思った。

十二月五日（日）快晴

四：〇〇、もう眠れずWに声かけ下へ。朝なら送るよと言っていた信二にあて、六：三〇TEL、いいよと言う。

信二、早く起きて来て山下家の話などする。日記があると言い、晩年のものを倉庫から持って来て、おどろく。

伊東一夫、——久鬼高治——山下武とつながる運命を思わされた。評伝を書きたい！　どうしても生きねばと思った。Wは信二が大井へ行ってる間と、一緒に行ってくれることになった。家にいる間、つい気がかないとの自分の強い口調を、Wと信二からも言われてしまった。

八：〇〇前に出た。あたたかく、車の暖房が効いて来ると暑いくらいだった。四ツ木橋を渡ってずっと海浜まで行く通りを信二は走らせた。口腔が痛むのでつい黙しがちになる。

ステーションまで帰院手続きをして部屋へ（信二はすぐ出て行く）。

Wと部屋の片づけ。パソコンも持ち帰ることにした。その他持ち帰るものを用意。クスリのみ込みの時詰まってどこかに入り、井上さんが器械まで持ち出し手当してくれる。それから井上さんにWにも聞いて貰い、放射線科の苦しさをうったえた。

一一：〇〇、信二戻ってWと帰って行った。

昼食。うどんを半分、他。が中の一品の辛《から》さにとび上がるほど。井上さんに言うと、敏感になっているせいでしょう、激辛のものが出て来る筈はないでしょう、——と。

あとは日記書きをしていた。

二時すぎ、水パックの胃ろう流し。井上さんの指導だ。じっと目を見て話す井上さんの目を、ほとんど毎日見つめて話を聞く。

あと注射器で水を入れる。一方、舌のつけ根に出来た口内炎の痛さに閉口。と言ってやってしまわなければならないのは、校正のために取りに行った資料とのつけ合わせをしなくては、とその六点をやる。

また歩かなくてはと、建物全体の廊下を計四周くらいはした。夜はコピーをしにコンビニまで行った。夜の痛みどめをのみ、Wに不機嫌のわびのＴＥＬ。

校正をやる。多分カンペキ近くなる。夕食の時、くすり三ヶのみ失敗。口内炎、のど痛に苦しむ。

九：〇〇、伏床。

十二月六日（月）　晴

夜中、三：三〇目覚む。四：〇〇、小林看護師来て痛みどめ腹から。起きて片づけを始めてしまう。昨夜三ヶ無意識にのんで以来のどが痛くなってしまった。日直が井上さんでよかった。十一時十五分前、痛みどめ。点滴。ラジオで東レ顧問の人が出ていて「何とかなるさ」と司会に言っている。頭頚科へ呼ばれた。二十分ほど待ち、患部など見てくれる。「ええっ！」と必ずのざえる。

「青木さんのは初めから首の転移もなかったし、キレイに治ると思いますよ。がんばりましょうね」。点滴台を押して帰る。

思い立って筑摩にTEL。在社した青木真次氏に、今週中に仕上げることを言う。青木氏は「国会図書館、文学館に行って、高木少年の記事見つけ、ファックスで送れると思います」と言ってくれた。

昼、怖くて山崎看護師に胃ろうから入れて貰う。

午後、放射線。TELあって2FのX線科。渡辺先生ステーションにいて、明日から二サイクルめの治療入りを告げられた。のどの痛みにマヤク(?)的痛み止めを使う、とか。

薬剤師の先生もちょっと来る。薬、胃ろうより入れる。そのあとの痛み止め(粉)共々効きめなし。夕食、成田さんが胃ろうに入れてくれる。夜勤の八島さん、テキパキとやってくれる。

痛み止め一時間おけば使えると、又胃ろうに入れてくれる。痛さにキキめないが、ただ眠くなって来る。

WにTEL。すぐ切る。

十二月七日（火）　晴

(昨日)痛み止めを三、四回注入してくれたが効かなかった。三〜四回トイレ。つらい夜。

(今日)朝、少し元気になる。建設的になる。片づけ。一応校正も終わった。安田さん日直。いい人だ。師長さん見えて、小林看護師のことをたのむ。渡辺先生休みで、代わりの那須先生と少し話す。すると今日十時二十分の放射線からの呼び出し。行く。(Wから行くとTELあり)戻るとすぐ到着。すると歯科、高橋先生。帰ると昼食と薬を胃ろうから。

W忙しく手伝う。抗ガン剤(実は別のもの)を朝からB1〜も歯科へも行ったのだった。

安田さんに三十分もらって、Wに散髪して貰った。シャワーを浴びさっぱりしたところで、Wは「忙しかったね」と帰って行った。次は目立つよう赤いビニールがかかった本当の抗ガン剤の点滴。安田さんは宝塚の男役のような人で、始めきつそうだったが実はやさしい人。「失礼ですが」と聞くと「結婚しています」と。「うちの看護師達はほとんど結婚してないんですよ」とも。

薬剤師さん、痛み止めのことなど。

浅利先生の2Fでの面談。抗ガン剤使用につき看護師が言ってくれ、日を延べてとなる。ところが面談出来て「今度また下でお会いしましょう、来て下さい」と言って帰って行かれる。感謝。

（昨日）点滴、利尿剤のため十～十五回小用に立つ。村山さん担当。少年っぽく、ニキビ、ハキハキ娘。忙しく鳴らされ途中で（二度）出て行く。「今日は、何故か忙しく……」。自分のも袋で七～八ヶも点滴があった。トイレ五分おきに行き、二十～三十回も行き続ける。もうベッドのフチに座って尿意を待つほかなし。

というわけで、山下武氏最後の日記読み。速読で十時には終える。自分の名、二、三十回くらい出てくる。N氏の名もっとも出ており、信じたことも分かるが、何とも小人物という感じ。伊東先生――久鬼先生――山下氏と、その蔵書を扱った運命を思った。充実した点滴の夜（十一時終了）だった。

点滴はWが来たり、放射線が遅れたりで七～八ヶを一一：○○すぎまでかかることになる。

「大丈夫」「いいよ」「又来るね」「じゃあ、今日だけよ」と、言葉は少年のようで、好青年とも見えるニキビを残した細面の女の子、村上さん。

一方、五～十分おきに利尿剤にうながされるようにオシッコの出ること。受けるポリビン（検査用）にジャージャー音を立てて流れ出るのだ。

結局夕食も胃ろうから入れてもらい、薬もそう。（前記の「今日だけよ」となる。胃ろうから入れるもの一切自分でやるように指導せよ、と教えられているのだろう）。

さっきも書いたことだが、この点滴の間を利用して山下日記の通読（拾い読み）を終えたことは見事であった。山下さんの老年七十九～八十四歳くらいのことが、およそ分かったこと。父母への追慕、体調、孫への愛、倫一氏（＝息子さん）は遠くにあり、娘は離婚してしまっている、もっとも信頼していた弟子はN氏。文字が晩年極々小さくなって行くのはパーキンソン病の特徴か。

明日出す青木真次氏へたどたどしい手紙書き。一一：三〇就寝。

十二月八日（水）

夜中二：○○頃トイレ。五：○○トイレ。それから眠れず、ベッドの上に起きあがってしまった。

五：五〇、村山さんを呼ぶ。六：〇〇、体重と下記で合格(不可は点滴)。

一二／七　Wt六一・一

一二／八　Wt六一・六（＋〇・五）

一二／一一まで＋一・〇キロ以上で点滴

七：〇〇すぎ、下のコンビニ行で大失敗するところ。反省！　というのは、始めコピーに行き、また戻って封書にする筈が6Fに戻ってこの日記他をガラス上に置いて来てしまったこと。

あった！　のだけれど……。戦争中持ち歩いたと言われる「荷風日記」のことを思い出した。

いいことばかりではない。突然セキ込んでとまらなくなってしまう。マスクして、しめったマスクを買いに行く。そうこうしている内、気づくと一〇：一五分。あわてて放射線治療へ行く。セキ込まないかと不安だったが、大過なかった。

すると今度は、松村、井上看護師ともに注射針に失敗。渡辺先生遅れてきたが、いとも簡単に二人がダメだった左手に刺してしまった。さすが医師は練達したもの。

松村君言うには、「四月から任せられたが、前はみな先生が注射されていたのです」と。

WからTEL。エアコンつけ替えにコジマ電気行き、と。それで、「加湿器」を買って来てと、千恵さんにたのんだ。

何か疲れて元気なくなる。少し寝ることにしたが、「ここで襲われたら」などと、うとうとすると誰か来る。掃除婦だったり。すると男二人。渡辺先生ともう一人、高橋と名札の読めた先生が。渡辺先生の態度で分かるおえら方だろう。「そのままでいい、そのままでいい」と言って、のどを上から触れたり、胸に聴診器当てたり腹部に当てたりして、「異常なしだね」と。医師帰ってそのあと来た松村さんに聞くと、そうらしい返事。「トップクラス？」「そうです」と。抗ガン剤をやると、とにかく不安になる。利尿剤、余りきかない。一時間位か。

夜、突然信二とWが(二時間くらい)来た。加湿器、ルーペ買って来てくれる。エアコンは正月とか。信二は山下氏「宛書簡」というのを持って来てくれた。例の遺書に名の残ったN氏も、全くダメ男でもなかったことが書簡で分かる。しかし結局はダメ男の役割しかできなかったのである。信二、Wと日曜日天気なれば二人で来てくれると言う。

十二月九日（木）

昨夜は九時に寝て、五時まで寝た。トイレ二度。もう眠れず、片づけなど。寝る間際に言われたのは、隣の人からCDなどの音のこと。もう今日出る人なので、と思った。朝、長尾さん、もう今日出る人なので、と。それでやはり聴くことにして片づけをやめた。

体重計りに行くとふえてしまっていて、利尿剤使うことになる。これが、昨日と違って五～六分おきで、心配になってきたのは放射線科のこと。午後に廻して貰うことをたのむ。渡辺先生も来て下さる。点滴の続き。〝詩集〟の「序詩」と「二〇一〇年」の詩を作った。

信二のTEL。パソコンのカード会社の件。

呼ばれて地下へ。何とかトイレクリア。眠ってしまっていた。信二にTEL。秀人と話している、――と。

パソコンカードの件、自分がやらなきゃ分からないよ、と言われて千恵さんが言ってくれる数字をみんな書きとめて、信二の指示通りにかける。佐藤という女性出て、生年月日、住所、スラスラと言えて、東堀切じゃないですねと言われ、堀切三―八―七も言え、ファックスも六〇四―〇八〇八も言え、頭の中大活躍。あとで考えたらファックスなど覚えていない。それでファックスを待っていると、支払い書がコピーで送られてきたと言うからお手柄であった。そのあと、興産信用金庫にハンコ改めに行き、向こうから送ってくれるというので安心した件を思い出し、Wと千恵さんでせかせか行って来たと、信二。

五分おきにトイレ。掃除婦達、ベッドのシーツ取替なども入ってさんざんだった。その上五分おきの利尿剤。すると今度は裕子さんのTELだ。正一と近くまで来ている。これから行くので、――と。

五時頃来て、自分がほとんど報告するように、しゃべりっぱなしの一時間だった。何と言っても冨山房に馘首された少年の文がのる、青木真次さんからのコピーがうれしかった。裕子さんにも（四九歳）本は出した方がよい、と言った。二人は握手して帰って行った。客の中村という牧師の話は印象的であった。

それから樽見さんにTELし、山下氏の「書斎の憂愁」一冊送ってくれるようたのんだ。

今日は一、二を争う忙しい日であった。点滴は七時までかかる。図書新聞や「文芸市場」を読んだりしていた。今夜は井上さんで、正一夫婦のいる時にも来た。二人に看護師達の話をした。

（翌日記）いくらか頭が働く（ように）なった。校正文の下書き、スラスラと出る。ビッグカメラのトラブルもうまく解決出来た。

（翌日記）一〇—一時—四：〇〇—五：三〇—七：〇〇睡眠。

十二月十日（金）

井上さんに起こされ、採血、他。体重六二・三キロ。（昨夜井上さんは、この仕事の外に心理学を学びに通っている、云々。）

今朝、また利尿剤。今日は昨日から続く山崎さん。昨日に続き、放射線科へ午後にと交渉してくれる。二度下へ行って来る。トイレ、便とも不安。新聞等買わず。コピー。ここはキヤノンでむずかしくてダメだ。下りる時、細身の男、自分の腕を取り、紙を示す。歯科は何階か、——と。声もかすれ、首筋に手術跡。1Fと教え、エレベーターでも人に聞いて上げる。

思い立って青木氏にTEL。タイトル例「見ました、多分このどれかで決められそうです」と言ってくれる。こっちからはコピーの礼。そして土日に仕上げて、月曜には届けさせます、と言った。「おだいじに」と青木さん。

正一のTEL。中山信行君の手紙来てるので、日曜日信二に持ってって貰う、と。「意外」の感。

WにTEL。風邪と言う。信二にルーペ買ってあげよう、——と。

樽見君のTEL。「今日、山下さん蒐集の金語楼の映画ポスター出します。かなりになるでしょう」云々。

今日も点滴の利尿剤のため五〜六分おきにトイレ。念のため放射線科は午後に廻してもらう。通じもやっとあったり、綱渡りのような一日だった。放射線科では眠ってしまった。四：〇〇頃に歯科へ。もう声も出ない男《ひと》、まだ若い妻（?）それとも父娘か？「わたし今、千円しかないのよ」などと。

帰って、信二にTEL。昨日の振込の件は何とかなったらしい。興味ある中山君の手紙のこと。Wの風邪。それでも「俺は日曜日行くからね」と。

何か太り気味を感じ、夕食前なのに計りに行くと一キロふえていた。お腹からしか入れていないのに！へるのが怖かったのに、太るのがいけないらしいとは？　よくわからない。

渡辺先生、夕方あいさつに見える。祖母が九十一歳でもういけなくなりつつある、——と。母は六十三歳。先生は三十七歳という。

すると、夕食後に大下痢になった。痔が荒れて痛い。

少しして、またまた。夜勤の安田さんはたのもしい人。宝塚スターのような風姿。師長の次の位だ。夜はよく排尿した。眠れた。

十二月十一日（土）

昨夜は八時に思い立ってコンビニに行き、波長のあった店長にたのみ、一枚目の設定をしてもらったあと、約半数の校正のコピーをした。台を作ってもらって、コピーしたものを積んで行くやり方。ゼロックスになれた手にはキヤノンはどうにもやりにくかった。それでもやり終えてふらふらになったが、充実感はあった。「店長さん、ご親切にしていただいてありがとうございました」。

七時十分、その続きをやりに行った。店長、まだ居た。そして難なくこなして帰ることが出来た。体重六一・四か。

「水」を買いに行った。痩身の老人がいて、話しかけた。やはり咽頭ガンと言い、十五日入院も一緒だった。のども大分はれているのが見えた。カクシャクに見えたが、かかえているものは大きいようだった。同じように抗ガン剤をのみ、放射線に通っているらしい。便秘で三日は眠れなかったと言った。家は亀戸で、それでも一時間はかかるとか。自分の生年を言って、聞くと昭和十七年生まれと言う。同じか上に見えたほどだ。入院前夜まで、酒も煙草も吸っていた、とか。「職人さんですか？」「そうです」水ののみ方など教わって別れた。患者の人と話すのは初めてであった。

九時頃に突然信二がやって来たのにおどろいた。どっさりみやげ。山下書簡の二冊目。探偵小説関係スクラップ帖。池田雅雄、中山信行書簡、「週刊朝日」等。二時間位話をして行った。信二に青木さんに校正を届ける件、たのんだ。

中山君の手紙が気になっていたが、あけて見れば〝「訪書月刊」記念パーティ〟で相変わらずの毒舌で人を笑わせ、青木正美の病気もバラしてしまったので、そのことを報告しておく、というもの。

信二が帰ってから裕子さんのＴＥＬあり。青木さん、火曜がいいということ。信二に持ってって貰う件を言い、信二からあとでＴＥＬありし。山下氏宛の来翰（みな無名）集読む。

そのうち痔が痛くなる。点滴が進行して度々トイレへ行くようになって痛さがきわまって来る。痔の落ちつくひまがないのだ。そのうちシャクネツの感じで痛む。さっき恩地さんが「痛みどめは」と言った時に処置して貰えばよかったが、もう遅いのだ。……やっぱり呼ぼう。鳴らす。恩地さんよ！　が、来たのは、某女。戸をちょっとあけて、

「呼んだ？」と代わりの某女、

「鳴らしたから来たんだろう？」

某女、くすり入れて貰うのに、痛いのでたのむと、

「さあ、これをまぜてと。どうせ覚えとかなくちゃ」

「どうしたの？」

「担当の者に言ったので、すぐ来ると思います」

（思います）はここの鉄則なのだ。

いつまでもやって来ない。鳴らすとまた別の某女。

「さがして来ます」と某女。

恩地さんが来た時はトイレ。それから一人泣きし、長々と説明。

「『呼んだ？』はないでしょう？」

「そうですね」

「誰かに言う」

「私からもみなが集まった時に言います」

「どの娘だったっては言わないよ。でも師長さんにも言ってやる」

恩地さんは痔を見てくれると言う。見て、「薬持って来ますので」と。それっぱなしで行ってしまう。寒さと悪寒。最良の人の一人なのに！　ついやって来た時、それを言ってしまった。

「ごめんなさい」

三時頃、信二からのＴＥＬ。

「読んだよ」

「何をさ？」

「オヤジの本になるゲラ。一番の本じゃないかな」

「そうかな」

もうボーダの涙。「実は痔が痛くて泣いていたところなんだ」

「今度の本はいい。よくこんなに調べたものだ。みんなの協力も、すごいもんだ」

「少年の日記が辿りついたことでな……運命って言うのかな」

「明日行くからね」

「ありがとう」

ずっと痔の痛みとの対決。夜勤、二番目に若い原田さん。

終夜苦しむ。ハダシで寝る。

十二月十二日（日）

痔のシャクネツ感との戦い。ウォシュレットを使う

時も痛い。それでも六時頃までは寝た。

早く、信二夫婦とW。信二が五～六ヶ所の校正提示。大したものだ。ほとほと、我が子に舌を巻く思いである。記憶力のよさもそうだ。一切メモなど取らずに忘れものをしない。千恵さんも来、二人で大井行き。Wにコピー、買いものなどをして貰った。おしりふきさせたり、薬をつけるなど見せた。本当におしりには参ってしまう。

師長さん来てくれる。好意的であった。昔、岡山玩具工員だった頃の岡田主任・女史を思い出す。「何でも言って下さいね」などと言ってくれる。岡田女史とも終りはうまく行くようになった自分だった。

小水の度に熱いものが痔に下りて来る。山田さんというBチームの人の手をわずらわせた。太った山上さんというのもよくやってくれる。

信二のことは、文学書を読むことを過小評価していた。見あやまっていたかも知れない。うれしいことだが、「この年になって分かってくるなんて!」

今日は「おやじは偉い!」なんて言ってくれていたっけ。

口内炎もひどい。完全に副作用のアミにかかっている。

四時前やっと、食事と点滴終了。四時二十分、裕子さんのTEL、○○堂氏、八鍬さんに聞き、見舞遠慮、——と。必ず伝えますと返事したので、と裕子さん。(食事、石田さん)
眠くて眠くてたまらず、八時すぎに寝た。いいとこ一時間くらいでトイレ。いろんな夢。

以下、看護師××さんの話(証言)
看護師三十二人。夜勤は四人(一人十～十二時間)。仮眠一～二時間。
夜勤の次の日は休み。この他週に一日～二日の休みあり。昼間の勤務時間は八:三〇(でも患者の情報のため)七:三〇～五:〇〇
お給料は?「私はまだ入って間もないので、月給二十万位です。先輩ですか? いい人で三十万位です」

看護師　××××さん・談
6F東側の部屋数
四人部屋　男六　女二　計三十二人
個室七(重体二・ステーション隣)
四人部屋について
トイレ　一部屋一ヶ

テレビ・ラジオ＝耳せんして
消灯　九〜六時
読書は遅くまで専用電球で出来る
「××さんから見てインテリタイプは？」

「けっこういますよ」

「私のような我がまま者はとてもムリ？」

「第一、荷物が置けませんね」

「早い話、こんな話出来ませんね」

「×ですね」

「私はどんな人？」

「もの書き、趣味人ですか？」

「長期の人の記録は？」

「二ケ月、三ケ月になる人もありますよ」

短期は？

「一日……」

「中々入院の部屋が取れなかったんだけど」

「中々取れないようですよ」

十二月十三日（月）曇

体重計りに。夜勤は栗林さんだった。幸い、小林看護師とは一度も会わない。

七時に「週刊現代」を買いに行った。

朝食、少しおくれて胃ろうに入れて貰った。とにかく口内炎が痛くてたまらない。

少し動いてしまう。おしりがしまって来たのだ。どんよりくもっている感覚。

「加湿器」使えるようになった。日直、長尾さん。いい人だ。

十時五分に行くと、すぐ放射線をやってくれた。かなり呼吸が苦しい。あと何回？　正月の六、七日を含め十四、五回くらいか？

今日も点滴二回あるとか。渡辺先生見える。計数表見て、点滴やめるようになるかもしれないですが、云々。

痔のいい状態続くも、やはり出るものは出て来るもので、ガスが出始め、十二時にはついに便も。前よりは楽になったか。ていねいにぬれ紙でふいている時に山崎さん。あとで、と出て行く。呼ぶと成田さんで、オシリの薬入れをたのんだ。この娘、処置のあと必ず「ありがとうございました」と言う。日本のナイチンゲールだ。

昼食をやりかけているところへ頭頚科のお呼び。中止して行く。斉藤先生、すぐ呼んで下さる。丁寧におじぎすると、

「そんなにしないでいいですよ」と。先生のこっちから見て左側の鼻の間には相変わらず一本長く鼻毛が出ていた。

「診させて下さいね」と先生。

「うーん、口の中がね……でも患部は明らかに小さくなっていますよ。三分の二やって、これだけ小さくなるってことは、きっときれいになくなると思いますよ」

あと、鼻からのどを見るなどやって終りが来た。

「まあ、辛いでしょうけどがんばってるようですね」と。涙があふれ出て来るのをどうしようも出来なかった。出てくると控え室の人達、涙を見ている。

点滴、一箇で済むことになったと看護師言う。計数表がよかったのかな？

樽見君からの山下武『書斎の憂愁』届く。さっそく開け再読。

掃除人達、敷布取替等々、次々来る。

ソニーのラジカセで五木ひろしを聞く。これはよかった。しばらく楽しめそう。久鬼氏と山下氏——青木、似ているところ多し。伊東先生もかも？　勿論才能は自分が最低だが。

四時に渡辺先生見える。明日は青森、——と。数表、改善されていますよ、と。暮れに三サイクルめがあるらしいことを言われる。

おえら方、高橋先生(？)回診。「また荷物がふえましたね？　いいのいいの、いいんですよ」

会計から請求書。五十万(四九七、———)。これは実費、個室の料金がほとんどである。薬五〜六種、そして「加湿器」の水をくむのに失敗。

夕食。寝巻他とりかえる。

のべつ眠くてねむくてたまらないのである。頭がはっきりしないのである。八時に眠剤をのみ、八時半には眠ったようだった。

それからうまくすると二時間、早いと一時間で目覚め、トイレ。おしりはガスが出るくらい。便秘にならねば良いが。

毎日々々が波乱万丈である。多忙である。

病院の患者の我に与えらる
　諸事多くして波乱万丈

デュテップＭＴという貼り薬を貼ってくれる。「この薬はガンの痛み以外に使用出来ません」などとある。と言って、今は口腔が痛くてしゃべることが出来ないのだ。しゃべらないでいれば耐えられるのだが、ひたすら眠いときている。

四時すぎに、待ちかねた利安先生に呼ばれて行く。患者の例の細身の人とも会った。あれから会っていなかった。

——利安先生——自分が先に呼ばれた。

「申し訳ありません、痛くてしゃべれません」

「うん、うん」……「診てみましょう。なるほど左の方でしょ。どうしても患部を集中的に放射してますのでね。耐えられない？」

「しゃべらなければ耐えられなくはないです」……と紙へ書く。

先生、しばらくパソコンはじいている。色もつく。

「食べてないから味もわからない？」

「のっぺりした感じ、みな食べ物がからいです」

「からい、うん」またパソコン……「二クール目。もう三クール目はやらないでいいでしょう。放射線は予定通りやります。正月、五、六日迄ね」

「ありがとうございます」と手を合わせる。

「確実によくなってますよ」

「先生、ただひたすら眠くなるんです。説明書の活字を呼んでいてもこう(こうべたれる)……」

「うーん。疲れているんです。寝ていい、よく寝た方がいい」

「ありがとうございます。前立腺との関係で痔がボロボロになってしまったんです。少しよくなりましたが」……

「前立腺はガンと関係ないですわ、それやこれやで疲れているんですよ。とにかく眠いときは眠りなさいね」

「ありがとうございます」……

こんな会話をした。誠実なよい先生で、合掌して帰った。涙があふれ出ていた。

成田さん夜勤。不思議なのは、どんな可愛い娘を見ても何の色気も性欲もわいて来ないこと。看護師のピカ一の娘を見てもなのだ。

昭和二十一〜二十二〜二十三年の「昭和の流行歌」のCDを聞きながら、憩いの時を持つ。

眠れたのは二時くらいまで。あとはベットの中で半ばうとうと、半ば痛みにもだえているだけ。

五時、窓あけると下川原という看護師来る。痛みどめ、「ご自分でやりますか？」「やって下さい」注入、行ってしまいそうになる。筆談で訴える。三枚か四枚。「言っときます」書いた紙捨てる。「あら、取っておきますか?」かまわず破り捨てる。「うん、みなに言っておきますよ」

「貼り薬に期待してます」

筆談の文字書く手元眺め入る
吉田百合子を思わせる君

十二月十四日(火)

まず、「口腔ケアパンフレット」のコピーに出かける。「お兄ちゃん」店長が手伝ってくれる。「またいつでも言って下さいね」とお兄ちゃん。キヤノンはむずかしすぎる!

昔、一機、つかいつぶしたっけ。あれで著書数を重ねた。そしてまだ活字の時代だったのだ。

八時半頃、WからのTELあり。

「五十万円支払わねば……」その時、千恵さんが来た。信二にTEL、まず筑摩の件、次いで五十万円、金曜日までに支払わなくては、と言っておく。

朝食と、白湯。

九時四十分頃に信二。千恵さん、Wも。千恵さん、W、五十万円の支払いに行き信二と話す。と言っても痛くて筆談まじる。

自分、十時放射線科へ向かう。エレベーターで会い、信二夫婦は筑摩へ寄って帰ることになった。

放射線待合室にW。Wは三時までいることになる。

上田女医が来る。

お昼のセットを夫婦と井上さんでやっていると千恵さんのTEL。青木氏のことづて。

ある「詩人古本屋」伝—風雲児ドン・ザッキーを探せ　青木正美　二月刊予定
他によきタイトルあればそれでも……と。これでよいと思う。

Wは窓際で昼寝をした。自分は相変わらず眠くてたまらない。外は曇り日である。寒いのかどうかは、窓の内は常温で分からない。

井上さんに夫婦で教えられながら胃ろうをやる。Wは三時には帰って貰った。

十二月十五日(水)　晴

小用に立つ、二度目までしか眠れない。四時台には起きてしまう。しゃべらないから耐えられるのである。

昨日の利安先生の話は夢を与えてくれた。

抗ガン剤の三クールめはやらないでいいだろう、ということ。医師達の合議制だから分からないが、そうなって欲しいもの。これ以上の苦しさは耐えられない！

晴。体重計りに。室内から写真を撮った。富士山が見えた。

富士の雪　死線の先へ辿りつく
　われは生きたし八十の坂
コンペキの秋空の下
　スカイツリーは東方に見ゆ
病院の窓より見ゆるゆりかもめ
　行きつ戻りつくり返しあり
放射線焼灼《やけど》の痛み耐えかねて
　会話はすべて筆談となる

帰ってからはただ眠かった。ＣＤで流行歌を聴きながら眠った。日勤は井上さん。一度信二からＴＥＬ。「水」をまとめて買って来てくれると言う。

のどと口の中は相変わらず痛む。点滴はないと言う。

流行歌は二十〜二十四年くらいと戦前がいい。五木ひろしは飽きてしまった。久鬼先生が聴いていたとは？　ひばりが偉大だったのがよく分かって来た。その前は何と言ってもディック・ミネ。


「白い巨塔」の偉い人が来た。渡辺先生がついて来て、検査データのよかったことを言ってくれた。渡辺先生の外にも二人の医師(?)がついていた。

ＣＤもあきて、ただ口中が痛く、退屈になって来て、夕刊買いに、と思った。井上さんに断わり、「毎日」と「東京」。文学など終わったのに、文芸批評家は終わってないと言って取り上げる。喰うための言であろう。

五時頃、抜糸の先生が見え、

「きれいですよ」と胃ろうの糸を切って行く。

とにかく、口中の痛さと辛さ、からさに参ってしまう。

夜勤、長尾さん。中々きびしい娘だ。まあ、習わなければならないのだけれど……。薬は、飲んでも飲んでも、痛さが減じない。

加湿器は重い水を汲むのが大変だけれど、役立っている。信二は来るとその水くみからやってくれる。

十二月十六日（木）　曇
昨夜は、九時〜二時くらいしか眠れない(それも二度トイレ)。
六時、体重。七時、コピーと週刊誌買いに。
八時頃に、突然信二、Ｗが来てくれる。十時までいた。

土曜日に兄さんに来てくれるようたのむ。会いたくなった。WがTELするのだろうが、信二にもたのんでおいた。

自分は「1B」へ。あと仮面つけての放射線が十回残っている。

渡辺先生来る。痛みどめの件。本、借りに行く。『抗ガン剤治療』。

「一年一詩」の編集。「山下日記」の大きな文字分（古いものの）の先へ進む。その内、昼の胃ろう。

午後、掃除婦が来た辺りから忙しくなった。それも中々来ないのである。やっと来たのがシーツ取替え。それから部屋のテレビ、冷蔵庫の取替組十数名が廊下にタムロする。その廻りの荷物を片づけ、これでよいかと聞くと、いいとは言うものの「ここが最後です」と。

それで、借りた本を返しに出かけた。

今日、少し通じがあり、どっちかというと便秘気味だ。

WからTEL、土曜日午前中に兄さんが来る、と。それと伊東家からのリンゴが届いた、とか。

落ちつかず、昼寝も出来ない。ずっとこの中間点の廊下を、職人衆は利用していたのだった。テレビは余り見たくない。

夕食、胃ろうから。これが命のつなだ。通じが余りない。少しは出ているが便秘気味か？

そんな中、裕子さんのTEL。富山ふるさと文学館から四点、乱歩、堀田、源氏鶏太、他の原稿注文あり、し、――と。また、12／23日「恋する一葉」が〝NHKハイビジョン〟で再放送あり、と。

八時に渡瀬恒彦の「おみやさん」を十時まで見た。けっこう面白く、最後は涙を流した。それから眠剤を貰ったのだが、洗いに行って、何かやっている時に引く手が余ってポン、と腕を壁にぶつけてそ知らぬふりをしていた。

「ぶつけましたね」と井上さん。おかしくておかしくてたまらなかった。笑った。笑い続けた。こんなに笑ったことは入院以来なかった。

十二月十七日（金）　晴

三～四度小用に立ったが、一応、六時まで眠った。少しぐずぐずしていて、報告義務の体重を計りに行った。六〇・二キロ。なかなか六五キロから減らなかったが、胃ろうにして六〇キロまで落ちた。これからどうなるのかよくわからない。食欲はないし、のどが痛くて水も入らないのである。

夢。市場近くにまで行き、八勝堂、紅谷君、朗氏に会うのだが……。

のどの吸引に十五分行く。井上さんのすすめで、何人もの名を記した管が重ねられている。町の耳鼻科のに似てる。

Wから明日のことでTEL。「丁度兄さんの話を聞くのに、一緒の方がいいだろう」とやっと言った。しゃべれないのでメモ作りをした。

心配なのは点滴の下剤をのんだこと。放射線でそのことをメモして渡すと、すぐにやってくれた。

死せる小中学校の同窓生。星実、北島盛光、小高××、神山実、牧山××、谷部光司、秋山××、栗原進、東××、田口六三郎、原町子、佐藤明、内田進、石川隆一。そして恋せし乙女達……峯岸初枝、長堀アヤ子、伊藤十三子、竹内栄子、みんなどうしたろう。吉田百合子、坂本啓子、小宮恵子、島田?子はその後?……いつか終っている。

九時十五分、渡辺先生。「貼り薬、昔からあるんですよ」。三週目、利安先生の言葉を話し、なるべく……と手を合わせる。

九時半、井上さん。「なまけてるんじゃないって、みんな知ってますからね」と。筆談でいろいろ話す。放射線科はいつも、いつ息が出来なくなるのかと不安に……

十二月十八日(土)　晴コンペキの空

夜勤は栗橋さん。小さな身体、丸い顔、左ききでキレイな文字を書く。

九時半—十一半—一時—三時。それっきり眠れず。(三時の時ボッキしていたのにはおどろいた。)

六時、体重、六〇・〇〇まで下がる。七時半、「古通」欲しかったのでTEL。出ず。八時半には信一も。行ったのだろう、と。結局「古通」だけ忘れて来た——とW、来て言う。

夫婦で十時約束の二十分前から十一時すぎまで窓から見張っていて来ない。十一時すぎにやって来た兄さんは「車で来たのだが、駐車場の入口を間違っておくれてしまった」と言う。

自分は、用意のメモを浦和君に次々と渡した(彼はWの兄で、いわゆる義兄なのである)。兄さんと言ったり、時にはWの旧姓の「浦和君」と呼んでいたのである。

●こっちから呼んだりしてすみません。でも癌から生還出来るのかどうか分からないので、一度会っておきたかったのです。患部は一応消えたと言われてるんだけど、のど痛でしゃべれません。一枚々々このメモを渡しますのでよろしく……

●兄さんの前立腺の方は？

●実は入院して最も苦しんだのが前立腺肥大が作用したことです。ハルナールを出してくれない。小用に行って、出たいのに出ない。他の癌になった時は地獄ですね。

●仕事と余生の方、うまく調整してますか？　ヒロちゃん他みなさん元気ですか？　みっちゃんは？

●私も千代子に助けられてここまで来ました。兄さんに紹介されて嫁になったわけです。兄さんと知り合う機縁を作ってくれた星藤男さんですが、早く亡くなりましたが、いつも感謝してます。

●兄さんは私がすすめた古本屋から、十年くらいで新刊屋になって成功したわけです。私はかたわら道楽で本など出して、まだ古本屋です。しかし本の行き先は余り希望は持てません。新刊屋はどうですか？

●まあ、昭和二十～四十年代は活字の時代で本が昇り坂に売れた時代でしたが、これからはどうなのでしょう？

●今、妹の千代子も同席してるわけですが、めったに言わないのですが、内助の功には感謝してるわけです。

　こうして一時間ほど話して兄さんは帰る。思いの外だったのは、休みはゴルフの老後ということ。一緒にエレベーターまで行くが、やはり肩をかがめて……髪もすっかり白くなった。Wも一緒に家まで乗せてって貰うことにした。

　何しろ三時に起きてしまっており、眠くてたまらず、自分が胃ろうに入れた入れ口がもれて上下寝巻からシーツまで洪水だった。何とか看護婦のテキパキとした手伝いにすっかり取替えて片づく。

　午後、口腔の具合は一向によくならない。むしろ何かやってる方がと、思い出したのは一年一詩「古本屋生活史」のファイル。これを二時から六時までやった。編集と編集替えなどである。第一仕方なく胃ろうに流し込んでいるが、食欲などは全くないのである。

　夜は松永さん担当。この人はいつも「青木さん〳〵」と言って笑顔なのだ。

「今日午後、胃ろうが外れてね……」

「そういうこともあるさ」

明るく、活動的、そして丈夫そうで背も高く美人である。姓の発音がマツエイで、裕子さんの実家の名なのだ。

「今、浪曲を聴いて泣いてました」

「そう」とケラケラ笑っている。

みんな一世を風びして、やがて忘れられていく芸能界。あきれたぼーいず、虎造、米若、美ち奴。三波春夫だって……。

兄さんにも、そして松永さんにも「恋する一葉」の放映日を教えた。

十二月十九日（日）　晴～曇

やはり三時には目をさましてしまった。いろんなことをやっていた。

信二が大井行で、千恵さんと寄ってくれ、「古書通信」他を持って来てくれた（帰りは寄らず）。

昼頃に正一と純が来た。しばらく話して帰った。有花が何か画の新人賞などを貰う（とか？）。

夜は古通を読む。山下武日記を読む。伊東くにさんへ礼状（リンゴ一函）を書く。伊東一夫先生の奥さんで、もう九十歳はすぎた。女性は長生きだ。

午後無為にすごす。口の中、苦しさだけ。のども。

便出る。割と大きく硬いもの。痔は出っぱったもの治らず。

テレビ、新しくなって少々見てしまう。反省。もう見るのよそう。何の意味もない。

夜勤は長尾さん。美人でないが小柄ないい子だ。こちらの顔色を見て、「ご自分でやりますか？」は言わない。みなやって貰った。

「放射線治療を受けられるみなさまへ　ガン情報サービス・中咽頭ガン」のB版作りにコピーに行く。一生懸命B版造り、九時、就床。

十二月二十日（月）

「夢」……昔の悪友右藤彰と、何故かつるんで、どこかを軽自動車で走っている。と、走っていて他車と事故を起こしてしまう。何とか乗れるようにしてエンジンをかけると、そこにむくむくと起き上がった大内山（若い似た大男）が、

「待てよ。ここぶつけられたんだ」と、あやしげな雰囲気で近づく。ユスリと分かって、右藤が交渉する。何ともおとなしいのだが、にっこりともしない。ふくんだものありの無気味さ。

「あれ、あとからインネンつけてくるぜ」

「お前何か教えたのか？」

「免許証見せちゃった」しかし免許証なんて持ってる筈がない、「前科カード」？でも見せちゃったか？今度はそのプロ集団の一人が車のあとをつけて来ていた。巻いて、やっと堀切へ。堀切の大通り前に大池があった。一ヶ所にカンノン開きの扉が見え、そのまま吸い込まれるように池へドブン。

「お前帰れ。あとで電話するよ」

「妹と二人で住んでるんだ」

「そんな娘がいたのか？」でも、もう老婆だろうな？あとはあの家もみんな絶えたのか？

向こう岸は交番。つかまっている。

「誰だ？」

「――です」

「住所は？」

「何も」。財布はどこかへ落としたようだ。家は近いから持ってこさせようか……。しかし、大内山のことが何とも気になる。

……夢だよ、と覚醒系統に言われ、ほっとする。しかしがん研の中。大がい眠れない。三時からやはり眠れず、四十分後うとうとしていたらしい。（五時十五分前）

六時、体重五九・六。渡辺先生に、正月の二回分をキャンセルの気持をうったえることにした。

朝食。長尾さん、気に入る。

昨日から書いていた直訴、

「今年は三十一日までがんばりますが、新年の五・六日二回は何とか取りやめて貰えないか？」という意味のメモを渡辺先生に、来てくれたので見せる。先生は、多分大丈夫だろうと言って――

「これ貰っていっていいか」というので渡した。うまく行きそう(?)な気配なり。「文章とはこんなに役に立つものなり」。

WからTEL。「行こうか？」「来てよ」

＊　＊　＊

長尾さんに、渡辺先生、放射線の治療に行く前までにちょっと寄って下さいと、メモを頼んだ。それでも、まるで恋人に手紙を託したような気持で、九時半すぎにステーションへ出て行く。渡辺先生の声がし、来ておられ、廊下でこっちを向くのを待つ。先生気づき、近づく。

「これから行きましょう」と六七五号室へ戻る。

「これ先生に上げようと思って」と病院症例数ランキングの出ている「プレジデント」を。

「これを下さることで……」とチラと書店で見たことを……

「いや、それは別で」と手マネで、別に置いてと示す。それから文章で示したのだった。

十時、放射線科行き。すぐやってくれる。渡辺先生のうけ負い方からもすっきりして来る。何しろたまらない苦しさなのだ。

Wは十一時半から来て、一時半までいた。信二を頼って暮らすよう言った。

師長さん来て、少し渡辺先生に言ったことも話した（Wにもそれとなく話した）。

三時すぎに渡辺先生。朝のことにつき、

「一応このままにしておいて、正月が来てキャンセルということも出来るんですから」という案を示される。

ますます気が楽になった。「どうせ入院中なんですから、その時に様子を見てってこともいいのでは」。

偉そうな高橋先生。またお腹見て机上を目にとめ、

「おや『有明日記』（このノート）ですか？　出版したら読ませて貰います」

「ああ、これ。涙の、とつけましょう。いや涙々のかもしれません」

ついてる女医（？）若い医師たちも笑った。

四時頃、頭頸科からの呼び出し。

斉藤先生、すでに渡辺先生からのTELあり、と。

「まあ、正月が来て、もう二回だけだから、やっておこうと言われればやればいい、やっておいた方がいいですよ、とは今言えますが、その時キャンセルということも出来るのですから」と先生。

夜、夜勤の井上さん。食事の用意等、必ずやらせる！こっちを思ってのことか、やさしくないこともある。テレビは必ず見る、と言う。実家大分県、独身で東京にいるらしい。

お腹の、入口の肉盛り上がって痛む。あの長身の女、強く押して入れやがった時の痛さ。井上さん、薬のパッチ。

十二月二十一日（火）　晴

夜中、小一時間起きて、ＣＤなどの中身入れ。

相変わらずのどの痛み。七時頃眠っているのを井上さん血圧測定など。体重計ると五九・四キログラム。

○・二キロ減っている。

熟睡出来てないので、眠くてたまらない。

十時に放射線科へ行く。すぐやってくれる。塩分、やっと行く前に使うようになる。鼻がすっと空気の通

りがよくなる。

「もうこれで最終ですね」と聞く。

「あと五回……」と。

WよりTEL、手伝わされたのは帰したいからではないか、——と。

うとうとしていると、歯科へ、と。

中待合室、診察台でかなり待たされる。

「レーザーを地下で使ってますので」のメモなど。

途中大便の不安。紙面預けてトイレ。沢山下痢状で出るわ出るわ。間に合ってよかった。綱渡りだ。

昼食。午後、浅利先生の診察。

もうみなさん知っていて、正月五、六日の最終につき、そこまで行って、やはりやらないことには万一の時後悔が残るでしょう——と。この苦しさが医者には分からないのだ。

裕子さんのTEL。内堀さんの指摘で一ヶ所青木氏の質問来ている、木曜に正一が届けてくれる、と。

十二月二十二日（水）

朝方寒気がし、計ると八度五分あり、恩地さんを呼んだ。

当直の先生と来て、採血があって、少しして抗生物質と熱さましをのませて（胃ろうから）くれた。

朝食後、渡辺先生見えてしばらく話す。何でも正直に話してくれる。

WからTEL、信二と来るというので、裕子さんから青木さんの校正をもらって持って来てくれるように言った。

放射線治療に行く寸前に、信二と千恵さん、Wも来た。用すませ戻ってきて、荷の入れ替え。三人はやがて横浜の中華街へ行くと言う。喜んで行かせた。

自分は筑摩の青木さんに、「高田老松町」の間違いについてTEL、承諾して貰った。石神井氏が気づいてくれたものだった。青木氏「あとはやりますから」と言ってくれる。突然「ある『詩人古本屋』伝」を通読した。自分ながら、まるで推理小説のよう。

熱は抗生物質などを点滴してくれ、平熱に戻った。ところが、点滴、十時頃からまた三本目をやると言う。九時にして貰って、二月号の原稿を書き始めた。興に乗って、下書的に書けてしまった。鉛筆の上へペンで書けばよいところまでやった。

十二月二十三日（木）晴

原稿用紙なく、一月号コピーのうしろにうっすらと浮き出たますめを見て五枚半の原稿を書いた。

するとと午前、裕子さんのＴＥＬで、これから行くと言う。

来て、裕子さんには二月号の作文を見て貰った。二人は一時間で帰った。横浜の実家行か。

どうにも、口腔、鼻の空気、呼吸がいやらしい。超苦しいわけではないが苦しい。セキ込む。ねばねばしたものが出て来る。口にたまって来る。よだれのように切れない。

大便、小さいの一箇。

文章は裕子さんに見て貰ってよかった。四、五ヶ所も間違っていた。自分でも本を出したら、出したらと終始言ってやっている。正一、有花の新人賞云々は今日きまるらしい、と。

××さん三十一歳。明るくて、笑わない時はいい女で、素晴らしい肉体美の人。そのくせホめるとはにかむ。失敗してもいいから、一度は結婚すべきだ、とメモに書いて渡した。

××さん、二十三歳とか。秋田から出て来ており、ここから見える小さな方のマンション、病院が一部負担して四万円で入っている、と。

丁度〝飛鳥〟に乗った時の心理状態になって来た。


十一時、まだ効かない。

十二時半、通じある。二時、下痢状のもの。これを過ぎないととまらないのだ。

四時頃に歯科。ロビーは音楽会をやっている。相変わらず病院は混雑している。

渡辺先生、「多分三クール目ないでしょう」と言ってくれる。「ただ、終わっても食べられるまでは相当かかるでしょう」とも。

「置いて下さらない？」

「いやいや、いて貰ってもいいです。何とか食べられるようになるまではね」

テレビ「悪女一〇〇人」とかを見る。すごい女達もいたものだ。

十二月二十四日（金）

昨夜十時まで、抗生物質三本目。眠剤のんで寝る。
一〇：一五〜一：四五
二：一〇〜　アルロイドGのむ
四：一〇〜四：四〇　眠れず。
起床。体重五九・三。
朝、風邪っぽいの、とＷのＴＥＬ、「日曜日、信二と治ったら私も」と。

歯医者に呼ばれる。渡辺先生も来ている時だった。それと、放射線の時間迫っていて断る外なかった。放射線は早くやってくれて無難。戻ってしばし、井上さんが頭頚科(耳鼻科の)先生の呼出しを告げに来る。その時は掃除婦が入っていて、ステーション前で井上さん(トイレ掃除知っている)に、ステーション前の通路に見えている初めてのトイレを教えてもらう。空きをたしかめる井上さん。

「ちょっと座って行きますので——」と自分。波乱万丈、綱渡りというのはそのチャンスのことで、事実大便までその時スルスル出た。

耳鼻科の先生は一見してよき医者と分かった。診察して、

「左右とも中耳炎ですね」と。「両方やりますか?」

「初めてですので、先生が判断して下さい」

「では左の方を」

マスイというのに時間がかかってしまった。

「耳の痛くなった時は」と、ナースコールを渡す看護師。

終わるとしかし、めまい。

「迎えに来て貰いましょう」例の准看の女性。

戻って、胃ろうから昼食。眠っていて薬と「白湯《さゆ》」。

また眠っていると歯科の呼び出し。

汗かいて眠っており、びっしょりとなり、冷汗となっている。今頃耳のマスイが効いて来たのか足元もふらふらする。やっと辿りつく。

呼ばれて、「三番でお待ち下さい」。

「実は汗びっしょりで、タオル借りたい」と女性にたのむ。

女、上司女(?)に「タオル借りたいって」

「そうじゃないだろ。汗びっしょりで、借りたいって言ったんでしょう」と医師。

貸してくれる、それを持って席へ。汗ふいたりしてるうち、のどの辺がどんどんいらついて来てセキ込む。散り紙でタンを取ることしきり、やっと医師が診察台へ。自分、「朝すみません」と言い、

「マスイきいてるんで……」

「大丈夫ですか?」

「ええ、何とか」

「横にさせますよ」と医師。

椅子が水平になるにつれ、思ってもみない事態が……ゴオーっという感じで腹部の液体がのどに上がったのである。あわてる医師は椅子を元へ。

左眼前に口ゆすぎ台が見え、そこへガボガボと吐き

始める。結果的に水分だから、常時水も流れているそこは我が吐瀉物をどんどん流してしまう。

「洗面器々々」と医師。

それを抱えさせられて、エー、エーやる頃からはもういくらも出なかった。しかしその苦しさったらない。（正月の二日間はやめよう。やるものか！　死んだ方がマシだ！）などと、頭の中で叫んでいる。

一段落して、言った。

「先生、もう今日はやめときましょう。ごめいわくになりそうですから」

「そうですね。今日の治療は中止ということにしてね」と先生。

「しばらく休まれてっていいですよ。それとも、病棟へ連絡しましょうか？」

「そうして下さい」

中々来なかった。いらいらしていた。

「来てくれるって返事でしたのに」

「!?」

も一度電話「向かってるってことです」

がっかりした。知らない（いやBチームの看護師で一度来た女？）よく分からないが、初めから波長が合わなかった。

職員エレベーターで、

「ひどい看護師達だった」と言った。辺りかまわずだった。

「タオル一枚貸すのも、体温計を借りるにも勿体つけて……」

「青木さん、それは違うかもしれませんよ」

「とにかくみじめだった」

「一方的見方ですよ」

もう出口だった。「もう、いいよ」

「そういう態度はよくないですよ」

「君は患者の味方は一切しないのか」

「そういうことじゃないでしょ」

部屋へ入ると、

「あの女の子達、看護師じゃないんですよ、きっと」

「我々には看護師にしか見えない」

「とにかく、吐き気止めの点滴をさせますから」と送ってくれた女。

それへ「とにかく看護師じゃなかったと知らなかった上の発言だったからね。それだけは言っておく」と自分。そこへやって来たのが村上君。

出て行く女を、「今の誰？」と、きく。

「野村さん。Bチームの先輩で今日は師長代理です」

「あいつは馬鹿だ！」

するると、今度は村上君がバカをやってしまった。まず、その吐き気止めの点滴が下りて来ないのである。ああやり、こうやりしても下りて来ず、それを左腕に用意の点滴針のせいにする。そしてそれに文句をつけ、やり直すと言う。これがうまく行かなかった。新しく刺した針を痛いかと聞く。正直に「痛い」と言うとあわてて出した。

「一度抜くよ」

抜いたとたんに血が吹き出し、寝巻とシーツを血に染めた。あせっているのに平常を装うから、やることなすことうまく行かない。

「早く寝巻だけでも取り替えよう」

「そんなのはどうでもいいさ。血をとめなくちゃ……」

「……」初めて見るほどの我が出血であった。

「助け呼ぼうよ」

「いいよ、一人で出来るよ」

「見栄かよ」

「見栄じゃない」

「成績かよ」

「成績なんかかまわない」


自分はかまわずナースコールを押した。割と早く現れたのが、もっとも落ちついた女性の山崎さん。ほっとした。

「コレコレでね……」と村上君。

「とにかく」と山崎さんは出血場所に綿を小山を作るように重ね止血をした。

「この前、空気のもれなどした左腕を、グーパーグーパーさせただけで見事点滴針を刺してしまったのが渡辺先生だったし、先生はいますか？」と自分。

「先生はお帰りが二、三十分……」

「さっきの村上君はそうは言わなかった」と山崎さん。

「でもこの際、誰か先生呼んで下さいよ。血が止まらないのだから」

「別の先生なら？」

「誰でもいいからさ」

ＴＥＬしている。来たのは女先生で、お偉先生のお供の人。がっかりだったが、とにかく応急処置だけでもして貰わなくては……

「左腕に点滴針可能ですよ」と始めたのはいいが、これがあの出血場所へ太いゴムをかけたからたまらない。またまた見る間に染血が広がる。

「もう右腕もかまいませんけど」

と……思いついたというように山崎さん。「先生、採血と逆の方法はどうでしょう。どうせ十五分ほどなんだし、その場所へ入れたら……」

そういうことになり、

「痛みますか？」

「いや……」

こうして五、六分で点滴袋は減じて行く。すると、何故かまた点滴の動きが遅々として進まなくなってしまう。

先生は帰って(?)見つめる二人。

「どうやら吐き気は何とかなってきたし」とは、エーエーやりながらの自分。

「もう半分は入ったし……」

「そうですね。半分以上入ったようだし、落ちて来なくなりましたんで、これで終りにしましょうよ」と山崎さん。

それから十分後に渡辺先生。にこにことした渡辺先生の手を握って涙ぐんでしまう。

「こうこうして、今日は始まりました。先生、聞いてくれますか？」

「いいですいいです、ゆっくり話してくれていいですよ」

「こうこうしかじかで」と自分。

「いや、今日は外来と会う日だったんでね。大変ご迷惑だったでしょう。あやまります。分かっていればかけつけたのにね。私、明日も出勤になってますから、また青木さんの様子をお聞きしますから大丈夫ですよ」

自分、六時すぎに体重を計りに行く。

「体重？」と井上さん。何と59・2キロ、0.1減とは？するとTEL。昼間は思っていても忘れていた樽見君の「雑誌五四〇万……」と。

「社長が買ってくれました。明日行く予定です」と。

「土曜日ですね」

「うん、いやあさって二十六日」

「お待ちしてます。握手だけでもしたいから」

渡辺先生「今夜はまあ、食べずに様子見ましょう」と言って帰られたので、末永さん夜勤で来て一決。

「九時に眠剤……」と書くと、

「青木さん書くことほどほどに」と言って出て行く。

五色の東京タワー。九時就床。

十二月二十五日（土）

目覚める度の不快さ。眠気の中の小用。倒れ込むようにベットへ。どうやら熱があるらしい。度重なるともう眠れなかった。と言って、起きたって不快なことも知っている。体温を計ると中々鳴らない（もともと超かすかな音）。鳴ったか鳴らなかったかで取ると、七・九〇幾つ。熱に弱いことから、体もぐずぐずになってしまった。

松永君を呼ぶ。何のラチも明きはしない。この女、ムヤミに笑顔を見せるだけの女と分かってきた。とにかく、氷枕だけを持って来て貰い、当てた。他にやることなどありはしない。

胃ろうへの朝食も×。薬だけは入れて貰った。体重測定に。五八・四一キロ。

栗林さんが昼の担当と言って来た。うんざりの顔だが、話しかけてみるとよく聞いてくれる。その内正直なよい人に思えて来た。この際、何と言おうが頼りになる人は渡辺先生より外にない。

それで、栗林君（二十三歳）に、渡辺先生への連絡をことづけた。ＴＥＬできると言う。～その返事をくれるように、固く言った。

十分後くらいにあった。「なるべく早く青木さんの所へ寄る」と言う。それを聞いて先生を待った。三十分位して、丁度栗林君がいる時に先生の声。

自分は山盛りの血染めの包帯をやっと栗林くんが取ってくれたことを言い、これからの自分の身の今日の処遇を相談した。

先生はあれこれと教えてくれた。点滴針も自ら刺してくれると言う。

「ちくま文庫」を見せた。少し興味を持ってくれたので『場末の子』を署名して差し上げた。

「書架の隅へでも置いて下さい」

「いや、読ませて貰いますよ」

昼、小さい箱のカロリーだけ（薬も）入れた。

午後、有花にＴＥＬ。「バスに乗っているので――」と。

四時頃にやって来た。八重洲の展覧会初出品でグラナダ賞を貰ったと言う。出品作品（けっこう売れた）と、その写真などをくれた。一緒に下へ行ってアイスクリーム（先生承認）をスプーン半分くらいでダメ。味は辛く、飲み込むとせき込んでしまった（樽見君用コピー）。

六時に帰させた（八時までいると言ったが）。その時井上さんが来て、吐く寸前になってしまった。吐き気どめを注射してくれて助かった。またまた波瀾万丈の一日だった。

ＷにてＴ Ｅ Ｌして出ず、信二に、二、三頼んだ。

十二月二十六日（日）

やはり三時が限界だった。熱も出て(三十八度)呼んだ。お腹《なか》に何か入れてくれたのと、氷枕、傾く頭へ当てがいを入れ、また平らになってうとうとした。七時くらいにベッドの背を高くした。熱は一進一退で、七度五分平均くらい。八時前に信二とW。樽見君来るのでと、信二に。

が、そんな中、渡辺先生が見えてくれたのである。自分、あれ以来もう針跡で点滴の場所もなくなった左腕に「点滴用の針を設備して行ってくださいよ」と頼んだ。「先生しか出来なかった時にやって頂いたんだよ」とWと信二に。

「やりずらいな」と笑いながら、「じゃあ、やってみましょうか」

左側を片づけさせて、例のグーパーをやらせて、

「ここにしよう。一寸運を天にというところがあるんですよ、これは……」と。

見事、設備は出来上がってしまう。先生、

「今日、抗生物質を二本やるよう言って行きますよ」

「ありがとうございました」と三人。

信二帰って、Wに、

「お前散歩のつもりで、近くのホテルを聞いて来てくれないか？」

「いやよそんなもの。来るからいいじゃないの」

「通うのが大変なのが、問題なんじゃないか」

「ホテル遠いもの、いやだ、疲れちゃう」

「近いと思うよ。夜見せたじゃないか？」

「行ってみると意外と遠いわ」

「もういいよ」とブザー。

「何するの」

「看護師に聞く」

長尾さん来て、一緒に見に行く。何か色々言いながらついて来るW。熱があるのでつらい。

部屋に戻って「何かＴＥＬでも分からないか聞いて来てよ」

長尾さんすぐ戻って、紙片渡した。

癌研有明病院の近隣ホテル・ビジネスホテルのご案内（一部）

が出来ているではないか。何と、見えるホテルは一キロ先と想像していたのに、駅から三分とあるではないか？

W、今度は、どうせ予約で一杯だろう的なことを。その内、まあ行ってみようか？と。

「二十八、二十九日のどっちかをね」

「うん」

帰って、「どっちも予約出来るって、八千円よ」

「どう、よかったじゃないか」

「そうね」


三時頃に樽見君来てくれる。花を頂く。

まず、第二次分の精算書。こちらは二月号原稿。樽見君、時間をかけて読んでいる。

「さしつかえない？」

「うん」

次に、校正をめくって貰う。

「担当は青木真次さん。月の輪にいて、○○出版にいて、今は筑摩にいるんだ」

「けっこう才能があるんだね」

それから明古市、他の話。

「でも、仕分け出来る人いないね、経営員が。出来る子はやめちゃうし……今日、五時からふそうさんの個人展があるんです。彼、よく買ってくれましたよ」

「どうぞ、行ってみるんでしょ」

「ええ、寄ってみます」

「樽見君、今回のこと、色々お世話様でした」

「いや、うちも収入があって助かったんですよ。ボーナスも出たんです」

「よかったね」

「じゃあ」


樽見君、小一時間で帰って行く。

夜勤の栗橋君、恩地さん、あいさつに見える。

昼は箱二ヶ、夜は一ヶにする。今のところ無事。七時に抗生物質(昔のペニシリン?)二ヶ目。栗林さん。

十二月二十七日（月）

就床八時三十分。

トイレ十二時二十分。熱三六・二。

トイレ三時。トイレ五時三十分。それで起きる。五時四十五分―五七・九キログラム。

何とか熱は出なかったようだ。右の中耳炎のせいは明らかである。

また、毎回出る尿は真っ茶色になって、もう何十日か。そして匂い立つほどに、どす茶色ときている。熱のせいだろう。

今一番苦しいのはのど回りで、あと一線を越えれば吐き気になる。舌で口の中をさぐるなど出来なくなっている。

余りに口の調子悪く、栗林君にステーション隅の呼吸器のことを聞く。「今混んでいるので」と、あと呼びに来た時、テレビで真央ちゃん活躍のテレビを見ていた。

行くと一人相方がいた。十五分だけやって帰る。

Wからの、今日これから行こうかのTELあり。「明日でいいよ、どうせ泊まるのだから」と言った。

十時前に放射線行きの用意を始めた。すると、師長さんが聞きに来たのは血がドバーっと出て、その事後の件。時間なくなりそうで切り上げると、渡辺先生話しにくかったが仕方なく行くことにした。

放射線は早く終えてくれた。だいたい前のように数をしたりしなくなった。最後は、「おやもう」と言うほど早い。

一度、渡辺先生来て下さる。要するにのど元がトラブってしまっていること、とにかく、今年あと三回をやり抜くことを誓いあった。

朝、一函、昼二函。とにかく口腔中がよくない。又々セキ込んだり始めたので、調子取り戻そうと歯みがきから始めているとドアを叩かれた。見ると多勢で、渡辺先生もいた。

全体は高橋医師他一団。「どうですか?」と高橋医師。

「はい、どうにものどの辺りと口腔が、トラブってます」

「のどにトラウマが……」と医師。

自分、「よく話せないのです。トラブルって言ったんです」

「ちょっと拝見」と、例ののど元を見る仕草。何事か症状を耳うちする渡辺先生。見ると男二、女四人くらいの医師達。「白い巨塔」の光景ではないか。

自分、「回診ご苦労様です」と握手を求め、思わず頭を走った質問をした。

少しキョトンとしたが、胸を張るようにして「五十六歳です」

「ほとんどトップクラスの先生とかお聞きしてます」

「いやいや……」

「いつも来て頂いてること光栄です」

そのあとテレビドラマ「味いちもんめ」「若い医学者」ものを見て、離れられなくなってしまった。お互いのコマーシャルになると相方を見始めてしまうという始末だった。

五時すぎて、今日診察と決まってあった斉藤先生の呼び出しがあった。ひと組看護師から説明を受けていたのが残されていただけ。のど辺のトラブルからも、もっとも苦しい診察であった。先生が散り紙をドンドン追加してくれた。

会話は、もう決まっていた。ただ、今年中だけとにかくがんばりましょうということに変ってきたけれど。

涙を流しながら帰って来た。


夜、又、長尾さん。

「まだ半年しかいません」

「ああ秋田からの？」

「よく覚えてくれました」

「すぐ這入れました？」

「今、看護師不足ですから……」

十二月二十八日（火）

放射線行き。写真撮影十分ののち。歯科断る。

W来て、今夜泊と二日間取るよう行かせる。

浅利利安先生、真剣に見てくれ、聞いてくれる。かなりの部分治っている、と言ってくれる。同時に、普通部分がこわされている、とも言われた。その苦しさに泣いた。

最後は自分の考えに同情、同調してくれた。いよいよの時(?)は再手術も！　と、先生。


信二へのＴＥＬ。かかって来た。話し聞いてくれて、あと看護師のことでお説教をくった。
W、六時半にホテルへ。夜、トラブル。看護師、男の小坂先生呼び、左腕に点滴針を入れる。名人と言っていいほど、たしかにカッコよい人(四十歳位)だった。
W、「昨日から急に変わったのよ。看護師さん達の悪口を言ってるのが気に入らないんだって。もう電話も出ないって言うし……云々」（朝、ＴＥＬ切られてWに）
又、このところの症状、耳、吐き気、夜の熱。今日で連続四回目の二回目までやっと終えたところ。

月／斉藤先生、火／浅利先生の精密検査あって、「今年で終わりもいいかなって」……の話。

信二のＴＥＬ「看護師への文句言いすぎる。その人達に生かされているのに！」

十二月二十九日（水）　晴

早く起きてしまう。もう口の廻りの不快で寝ていられないのだ。何とかそれをごまかし、片づけなどをしてすごす。それからは半分背を上げた形ですごす内、眠くなってうとうとと。

W来る筈が来ない。ホテルにＴＥＬ。「表のあく十

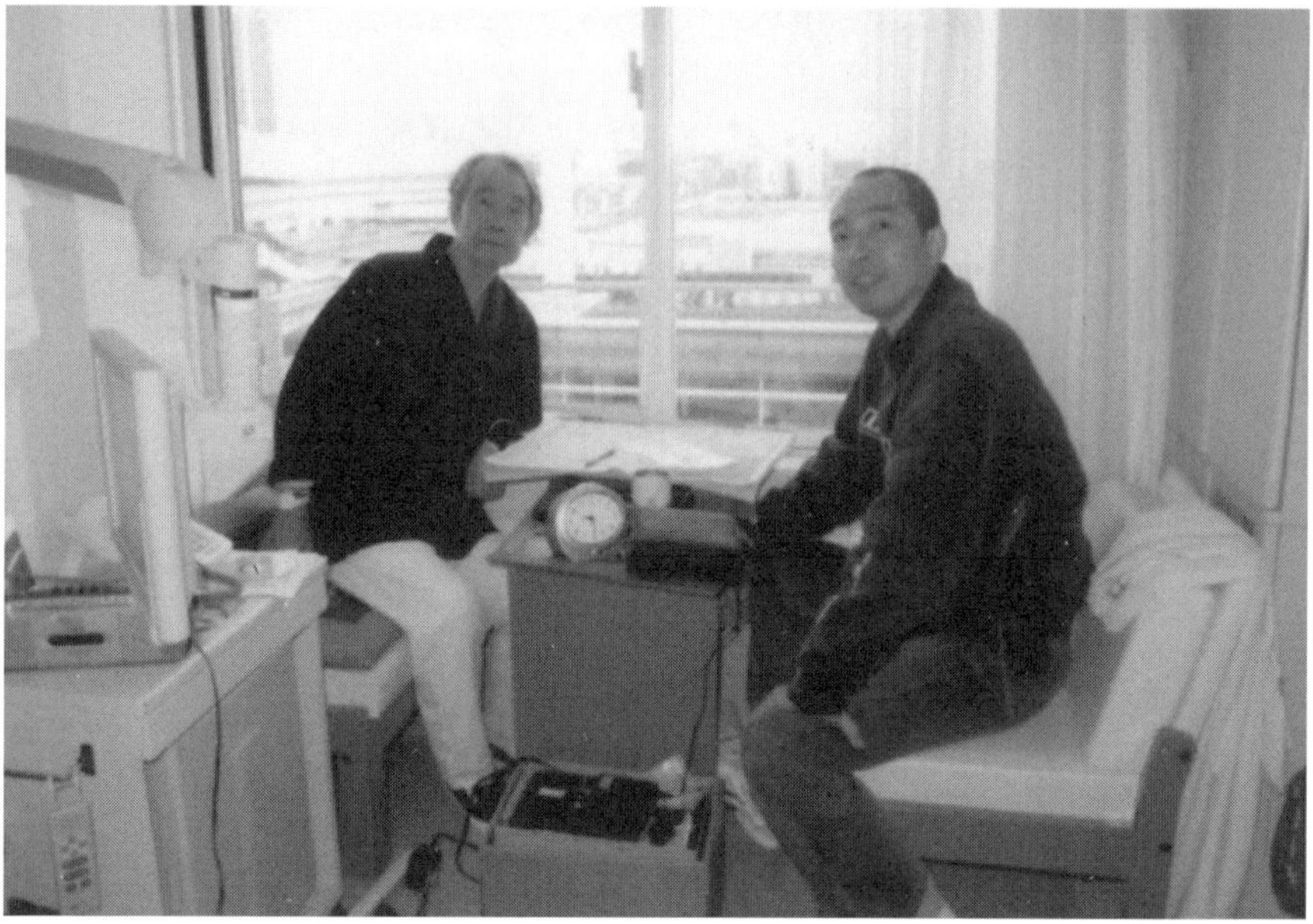

次男と私

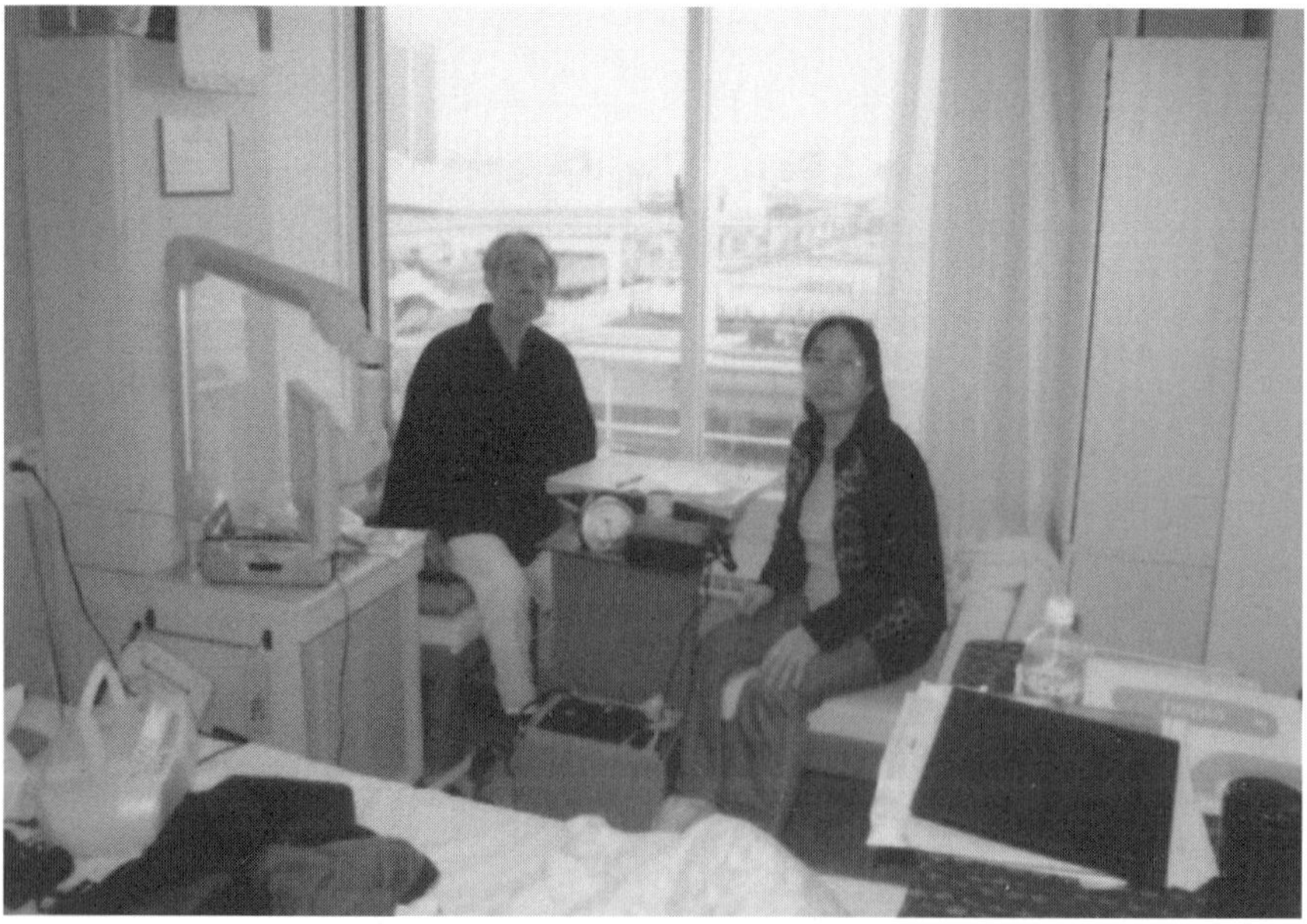

次男の嫁と私

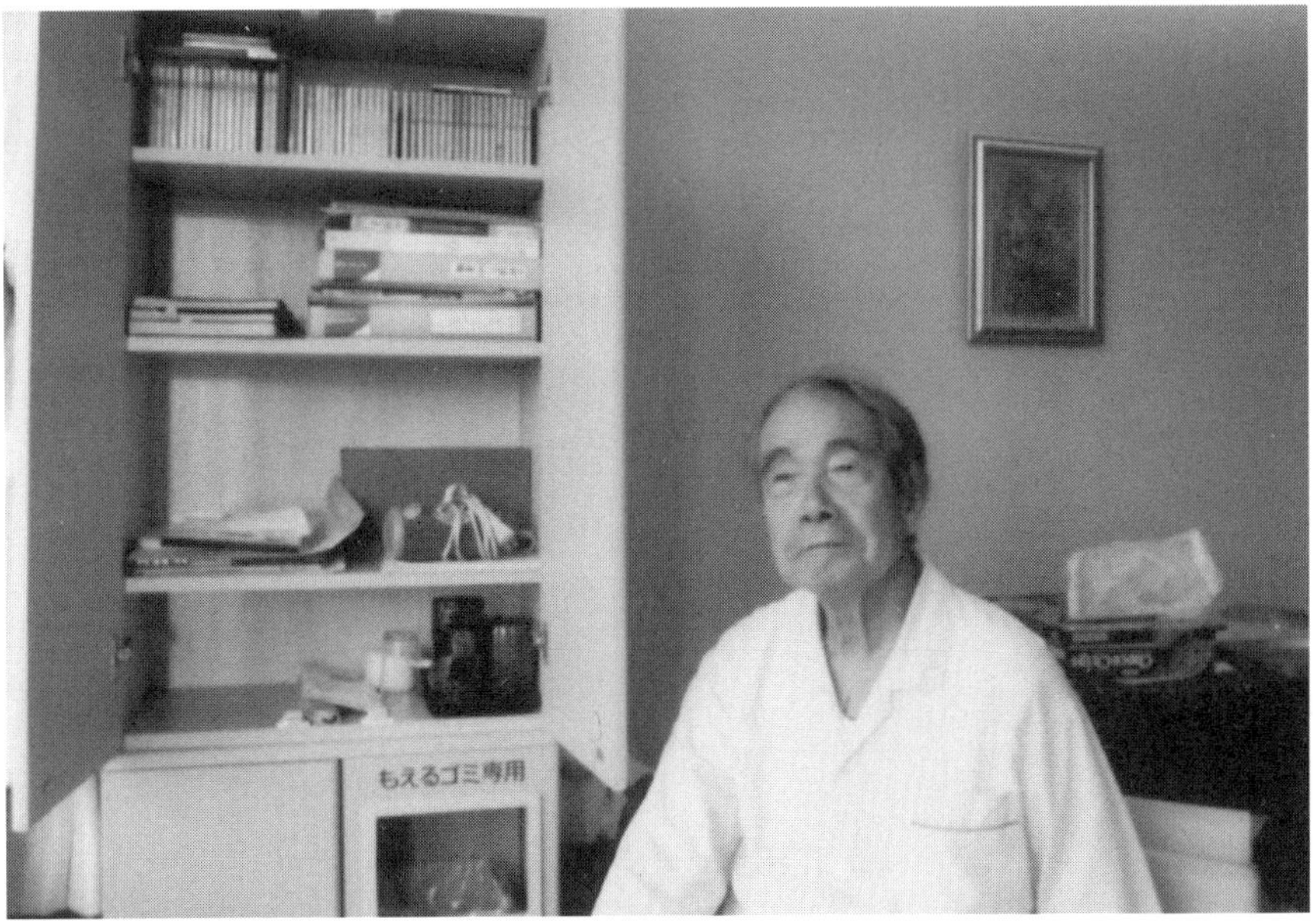

入院したばかりの私

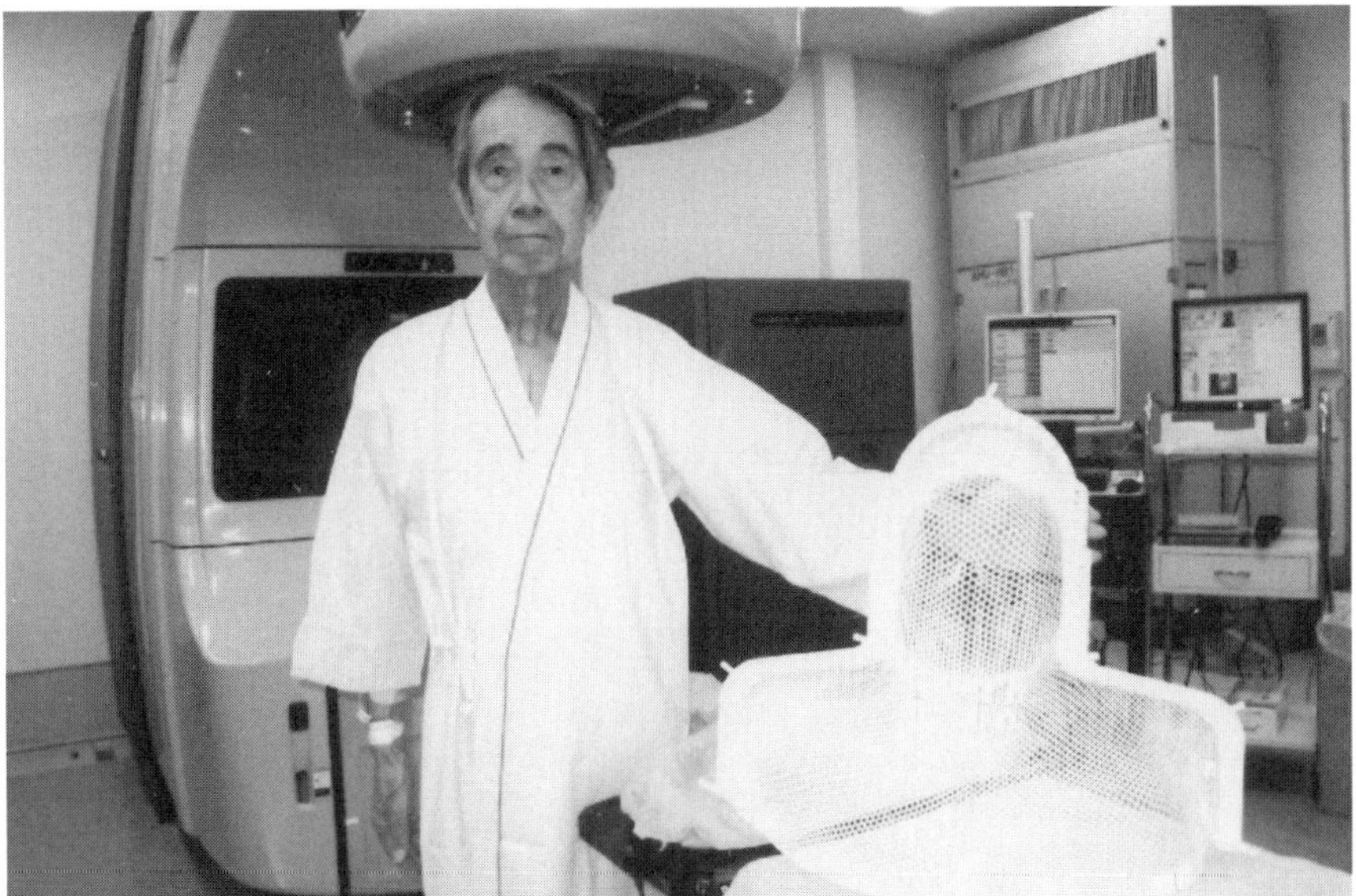

固定用仮面と放射線終了時

時に行こうと思って」と。

来て、「病院は言って、横から入ればいいのに」と言った。
W、九時四十五分頃来る。十時五分前に一緒に出ようとすると、当番、体に貼る薬だけやらせてくれ、と。それで遅れ、夫婦して五分すぎにつく。外来なく、院内の人四、五人。すぐにやってくれた。
渡辺先生あいさつに見えた。「三十一日まで抗生物質をうちます」と。

昼食一膳。Wは弁当。

テレビを夫婦で見ていた。TEL、正一からで、筑摩の三校持参——と。秀人と連絡とれて(秀人、同人誌蒐集のため駅近くまで来ていた)、「行くよ」と。

やって来て、Wが秀人に弁当を買って来る。W、思えば「街がにぎやかだった」と言っていたっけ。

二人は小一時間いた。秀人にこの「有明日記」のワープロ化をたのむと「やってもいいよ」と言ってくれた。もう一度自分で清書するのはウンザリだし、推敲してしまっては面白くないし。来た時聞いてみようと思っていたのだった。

渡辺先生、八時前に寄って下さる。

「いよいよ明日ですね」

「はい、必ず行きます」

「どの辺痛みます?」

「というより、のどの全域……ですね。先生、明後日からのことですが、出来れば上向きになって出たいのです」

「そりゃぁね、少しは食べられるようにして出してあげたいです。大丈夫」

「今もその洗脳してるわけです」

「いや、もう全然洗脳されてますよ」

渡辺先生の優しさ。今夜は夜勤と言われる。千葉に九十一歳になる母堂(がん)をかかえている先生でもある。

八時半に夜勤の安田さん(美人で、資格も師長と身分掲示板にあった)が、眠剤を入れに来てくれる。

夢。何かに女の印刷物で出来たものが登場。それを横目でみながら分かってても言えない、どうすることも出来ない。

十二時、ついに(トイレのことがあって)目が覚めて、眠れなくなってしまう。

スリッパを寝台の下へ首を突っ込むようにして探すが、見つからない。うがいなどしてからブザーを鳴らす。

昼間会った時に髪型変ったことを言う。

「そう、分かった?」

「うん、すっかり娘らしくなった」

事実、中原淳一の絵から出て来たような美人だ、その人が夜勤なのだ。


色んな話をしてしまった。よく聞いてくれる人だった。最後に『がん治療後の食生活』を貸りっぱなしにしている話をした。(初めから言っている九冊デッドストックしていることを言っているのに、聞きもらしていて)それはいけません風に言っていたが、最後に分かってくれ、帰ってセブンイレブンでコピーして送り返すということを約束してくれた。途中呼ばれており、それを無視していたが耐えきれずに、二十分に必ず来るからと出て行く。二時でいいよ、と。二時丁度に又来た。

二時から又つき合わせた。

一葉、短歌発見の話、緑雨の話など。斜頚だった(である)話。手で触れさせて話す。

今日が最後の放射線の話。

「眠れればいいですね」と美人。

「男には分からないものの一つが美人の気持だなあ」

「……」返答なし。

「今日最後の放射線じゃない。あの場写真くらい撮ってくれるかな」

「それはくれるかもしれませんね」

「又々時間盗んじゃってありがとう」

十二月三十日(木) 薄曇り

寝たのは八時半。トイレの十二時から眠れなくなった。寝台を立て、半睡半眠の中、五時に安田さんを呼び話をした。写真も撮って貰った。

Wに早くTEL、早く来て早く帰るように言った。夜、雨の予報なのだ。今日は十時の最後の放射線だけ。

写真機を用意した。八時にはお膳一ヶの食事。それと抗生物質一ヶ(夜一ヶ)。

Wは九時台に来た。一緒にB1へ行くつもり。早めに下りて、写真どりを希望すると、中で三、四場面、仮面と機械の前で技師がとってくれた。最後の、カラカラ、クオーッー、金属音のくり返し十五分。

太い金網(?)で出来た仮面、記念に貰って帰ることにした。かぶとを持つようなWと自分に、三十回受付をした女事務員は紙片に最後の「シルシ」をマジックでつけ、受け取ると「ちょっと待って」と止め「よくできました」の赤い印を押してくれた。まるで子供の扱いだったが、うれしい。

部屋へ戻って、えんえんと眠ったのは達成感からか。

秀人が来た。Wはすぐ弁当を一緒に買いに行った。写真写したりして秀人と話をした。今日も蒐集に来たと、ひと荷物持っていた。秀人に正一からのTEL。秀人に電車賃として、金券二枚上げた。

秀人は三時頃帰り、Wは四時半頃に帰って行った。やはり今日もやさしくしてやれなかった。唯一Wに感謝の気持ちを言ったのは兄さん(浦和君)が来た時だけだった。万感こめて、

「仕方ないか!」

放射数終えて今年も暮れにけり
孫が来て交互に写真撮影す
妻帰り追いかけ暮れの雨模様

夕食を野村看護師が黙々とセットして行った。あとは八島さん。

十二月三十一日(金)　晴

四時頃起床。

朝方、11Fまでエレベーターで上り写真どり。

これが日本の青少年か。しかし漫画同人誌も本は本。もしかすると古本屋はほろびないかも知れない?

吐き気とめ入れてもらい朝夕食(一個、二個)。

WにTEL、「古書通信」ラジオ等二日に持って来て、とたのんだ。

何かやる気なく、マンガ(NHK3チャンネル)「バクマン」、ドラマ「新参者」を見てすごした。

吐くまでには至らないが、のどのトラブルにすごす。

夕方からはやっと、『ある「詩人古本屋」伝』を校正。さすがに四、五回になるとあきる。内堀氏の「解説」はいい。

朝、「朝日」「日経」。夕、「文藝春秋」を購入。

夜勤、栗原さんでホッとする。

十六万人が集まるという中に秀人もいるわけで、その漫画同人誌のファンがいるわけだ。今日は友だちと会うとかで寄らなかった。

有明にマンガ育ちの青年《こら》つどう

信二の電話あり。明日行こうか、と。来院をたのむ。

Wが火曜日に来ることは知っていた。持参物、たのむ。

「恋する一葉」DVD
「古書通信」新年号
ラジオ
フセン　等々
楓と千恵さんへのお年玉を原稿用紙にくるんで作った。各一万円、信二はなし。
楓には文字入れる。食事おいしい、といつも言う件。千恵さんには文字、「W入浴中眠ってしまうので注意して下さい」と。
正一の電話あり。南千住のそば屋から、「よいお年を」と。こちらも。裕子さん、純は横浜へ。明日は正一と有花が行くとか。
秀人、有花と少し話す。
「ゆかだようー」「じいしゃんだようー」で有花笑った。秀人と有花に、11Fまで行って沢山写真をとった話をした。（この件、信二にも話した。秀人はけっこう漫画誌のコレクターらしいよ、と信二）
まんだらけの、東部会館によく入札に来ていた話などもした。
やはり、「懐かしの……」をチラチラ見て、そのあと「紅白」をチラチラ見た。

平成二十三（二〇一一）年

一月

――病院で年を越し筑摩書房『ある「詩人古本屋」伝

風雲児ドン・ザッキーを探せ』が発行される

▼二〇一一年　元旦　晴

四時前に起床。というより目が覚めてしまい、「朝まで生テレビ」というのを聞いていた。病院で、一人での年越しは初めて。さし当りに今浮かぶ言葉。

放射線――ヒロシマ
ぜいぜい――ケロイド
うがい――少し甘い
えり元のポツポツ――かゆさ
あくび――かみしめる
ひげ伸びない――首回りやけど
のどから――ダエキ不出
風呂入らない――塩水
胃ろう――匂い

信二は九時半頃に来た。山下家のビデオ、その装置、それと年賀状、「東京堂目録」他を持参。二ヶ月でたまった本、放射線で使用の仮面は持ち帰り。

Wと色々電話する。楓と千恵さんと電話する。Wは明日正一、信二両一家と墓参のあと、来院――と。

1Fで封筒十枚、八十円切手十枚買う。いろいろ投函用意をする。

月形龍之介の映画見れど眠くてだめ。とにかく眠い。えんえん眠る。

栗林さん(二十三歳)、まん丸顔のお人形。長堀アヤ子の孫娘を思わせる一五五センチくらい四五キロ、女っぽくなく可愛い。利口なのに、利口でない。左きき。田町から二十分。宿、病院系で四万の家賃。秋田出身。

一月二日（日）　晴

（昨夜）古通の「新年愚感」のコピー十部。続の校正稿折込み、宛名書きと所在地書き。九時いっぱいまで一生懸命やっていた。

九時に就寝。四時に起床して、昨日の続き。年賀状も。朝食胃ろうへ流し込み。

またえんえんと眠る。

W、十一時半。年賀状、あと湯瀬方などWの妹などへの分担で終りとなるが、それを言うと「ホテルでゆっくり書く」と言う。これでケンカ。何とか、自分が書いてしまうことでケリがつく。井上さんに、胃ろうを自分達で出来るように指導される。昼も指導を受ける。

午後郵便を出しに下りる。有花と純来て、六時頃までいた。Wと一緒にホテル見学、他。関塚君関係の正一宛手紙、有花に持たせる。W、薬の指導受け、夕食をためす。

鏡で、テレビ見る。「太閤記」に黒田官兵衛などがからまるもの。途中からバカバカしくなり、山中貞雄作品「河内山宗俊」を見る。最後の場面、見事であった。ビデオ販売時の値二万円もしたらしい。

Wと二十日までの予定を立てたり、来てくれる日を計画したりした。Wは七時前にホテルへ。

放射線終えてまだ今日で三日目。まだまだ前途は暗澹たるもの。何とか助かりたいもの。

無念さは人それぞれの無念あり

想像は出来てもなり変わることは出来ない。それでも人は誰もわめくことなく死んでいくしかないのだ。

一月三日（月）　晴　余後四日目

夢。まるで死から蘇生した一瞬のような、元の普段の自分を取り戻した感覚を感じた夢。これでは治るのではないのか！　と感じた夢。それが割と長々と感じられた夢。一夜であっても、ガン宣告前の自分に戻った夢。

昨夜は井上さんの、「眠剤半分にしてみましょう」と取った処置。のべつ幕なしの眠気をうったえた井上さんの処置。

＊　＊　＊

昨日はまた、有花、純の意見が聞けた日でもあった。それはこの「有明日記」を秀人のアルバイトで印字させようという件。孫に小遣いをやろうとしたばかりの自分の考えだったが、有花も純も、それに反対。「そこから起きる問題はきっとよくないであろう」と二人言う。自分はすぐに撤回し、花井さんに頼むべしと思い返した。孫に教えられる。

＊　＊　＊

二時頃から半起きになってしまう。手紙、葉書書きなど。あとは朝までうつらうつらしている。

Wはホテルから七時半くらいに来た。朝食の手伝い、薬の手伝いなど。昼食を入れる。

五日出勤の渡辺先生が、ちょっとたずね来て下さる。

Wがたまに言い出すことがあった。

「入院開始から三ヶ月で皆出されるんだって」

「そんなことないよ」

「いや、そう言っている、体操の仲間があったよ」

「そんなことはないって」

「そう言ってるよ」

しまいにブザーを押してしまう。村山看護師来て、問う。

「当院はそういうきめ方はないですよ」と村山君。一緒に口腔の呼吸器械へ出かけた。

久しぶりに体をふいて貰った。体の赤い十字架も消えて行こう。思い立って、頭の両脇の毛（放射線で邪魔になっていた部分）も散髪して貰った。ちょっと眼の前のWの乳房にふれた。Wは、「サービス？」と言った。

Wは胃ろうの栄養剤入れに真剣になり出し、六時まで待ってそれをやってから帰ると言う。信二から、自転車のことでTELある。

自分はとにかく眠くてたまらないのである。ひたすら、そしてのべつ眠くてたまらないのだ。Wは薬をセットし、栄養剤をセットし帰って行った。

読書したり、テレビを見たりしたが余計眠くなって、八時には眠剤(半分にした)を取りよせて就床した。

一月四日（火）　晴

結局三時までしか眠る(?)ことが出来なかったが、朝方変な夢を見ていた。現代なのだが、自分の一部は昔であり、自分は古本をひと荷、自転車の荷台へ買って来ての帰りらしい。南千住辺りから、堀切への帰り道。その、せまい通りへ入ると自動車が三台ぶつかるのを見た。それをよせばいいのに見物のため見ている。すると次々とあと二台ほどがぶつかり、死者さえ出ているもよう……。

さて帰ろうと（何故かひと荷はその辺へ下ろしてある）のを積もうとする。手伝ってくれるおじいさんがいて……それが中々うまく積めない。やっと積むと、そこは豆腐屋の前で、女房らしい女が、

「この道はよく車がぶつかるんで、やになる」などと自分に嘆いてみせるのだが、……その腰から下が腰巻ともパンティーともみえるなまめかしいものでおおわれており……しかしその下からのぞく脚はおばあさんのきたないもので……

……と、夢から覚めた自分のものがボッキしており……

それで目が覚め、ふいに小林靜生君に年賀状を出さないことが思い出され、今日出そうなどと考えている。すると今度は、昨夜読んだ「三十七歳の日記」のことからディノ印刷・花井さんのことが思い出され、花井さんにも出しておこうと思う。それが三時から四時ま

でで、とうとう眠れなくなってしまったのだった。（朝四時半記）

急激に吐き気が込み上げて来た。腹の底がえぐられるようだった。ブザー押して、こらえにこれえた。どっと涙があふれた。なじみのない看護師だったが、

「吐き気どめを」

と書くとすぐに持って来てくれる。それで止まり、看護師は目の前へ吐瀉物受けを置いて行った。

眠っていると井上さん、にこにこもしてくれなくなってしまった。八時十五分、朝食をつなぎ、行ってしまった。

正一からTEL。

「ママが今度の本の校正をしたら、けっこう気になる箇所があったらしい。これから行くよ」と。

「お母さんが来るんだ」

「じゃあ電話してみるよ」

WからTEL。正一と車で来ると言う。

眠くてたまらず眠る。そこへTEL。切れてしまって、正一、裕子さんにTEL、かからず信二に。楓の十日の受験でピリピリしていて機嫌がよくない。

「何かいるものは？」と。

寝ていると正一夫婦とWが来た。裕子さんの指摘箇所見て、七、八ケ所、その通りと思った。すぐ決断し、青木氏への送り返し方頼んだ。正一が気づいた田村治芳氏の死亡新聞の記事持参。

夫婦は横浜へ出かけた。Wと三時まで過ごし、帰した。

というのは眠気のことである。もしや人体実験（？）と長尾さんに調べて貰うと、十二月十四日からの貼りぐすりがあやしい。その件言って、明日、十時から来てくれるようWを今日早く帰らせたのだった。

「週刊ポスト」「週刊現代」を買って来て、眠気と戦い読んで暮らした。

今日、未だよい体調のキザシなし。倉田さんにも貼り薬のことを聞く。

WからTELある。畳屋の件、貼り薬の件。医者を疑った件を信二に言ってしまった、と。信二にTEL。

「何でも言っちゃうんだから」

W、櫻本富雄氏から明日十時〜十二時頃見舞いに行くとTELあった、と。

八〜十〜十二〜二時と寝る。変にボッキする。性豪ぶりを書いたディック・ミネの話を週刊誌で読んだせいか？

一月五日（水）晴

七時すぎ、新聞を買いに行く。それを眺めたりですごす。超眠気というのでないのでこらえる。胃ろうで朝食。

約束は十時、その前に渡辺先生。眠気と貼り薬のことをきく。そのせいあり、小さく取替えましょう、と。師長来る。話している時、十時十分頃に櫻本氏。杖にすがっているのに驚く。

「昔からの友人で、詩人です」と。師長出て行き、窓際に櫻本氏を座らせる。

「よく来てくれました」

「しゃべれません。放射線のやけどなのです」

「部屋は常時二十五度です」

「正月で掃除の人が来ないので汚れています」

「薬のせいかのべつ眠いのです」

等の個別メモを渡し、「これは、それらのことを書いた二月号の原稿（コピー）です」

（櫻本氏黙読する。）

「今度の筑摩の本のゲラです」

（櫻本氏けっこうゆっくりめくって行く。）

「『世界詩人』は三号まで出たの」

「ええ、伊藤信吉先生、佐々木靖章、堀内達夫氏が発見されたものです。あとがきを読んで下さい」

「あとがきって言えば、山中氏とのこと、人名索引をやったのに××さんなどの名が一切見られなかったことでまずくなったな」

「嫁が手伝ってくれましたんで出来ました。昨夜、奥さんの声が元気そうでしたね」

「うん、家内も腰を痛めてね。慶應で手術してやっと歩けるようになった。四十日間入院してね、一日四万の部屋しかなかった。あれは痛かった。リュウマチは相変わらずだしね」

「ここも日割で三万円です。でも一生一度だったんで……。家からはどの位かかったんですか？」

「三、四十分で来ちゃった」

「葛飾からは一時間半かかるんで、中々カミさんも来るのに大変で、週一、二度ですね」

「どっちにしてもあと俺達十年ってとこだものな。墓はないし。海、山へ撒いて貰う遺言なんだ」

「本当に？」

「本当です」

ドン宅にいた少年の日記を見せる。

「…………いや、これは読めない」

「みんな清書したんですよ」

「○○○って言えば、本みんなで七十万だった」

「紙芝居のコレクションは樽見君にたのむのがいい。二十%でやってくれますよ」

十一時になった。

「お見舞いまで頂いて」

「いや、今年年賀状なかったでしょう。もし昨日の封書来なかったら青木さんをうらんだよ、本当に」

「いや、腰痛の中来てくれて感謝します」

「もう車も乗らないようにしている。体重はへらないな。六十キロ」

「私は五十七キロまでやせました」

この他ではマルジュ社のこと、氏の友人・女優の渡辺えりのこと、横山隆一資料のこと、ビタミンBがガンに効くこと等々を櫻本氏は話した。

エレベーターまで送って、握手して別れた。

そのあと男三人、女一人の医者を連れてのオエラ方回診あり。

便あり。五時頭頚科へ。利安先生も同席。斉藤先生の診断を見ておられ、「大分元気になったように見えます」と先に帰られ、斉藤先生談、左記。

「二日残しました。しかし治療と緩和と二つあるのですが、我々としては治療が終わったという風に考えています。安心してよいと思いますよ。

青木さんが入院されるまで時間かかったように、待っている人がいるかもしれない。あとは自然に回復を待つ立場の人が、部屋をあけなくてはという場合当然あるわけです。その時は考えて下さいね。今いつということは言えませんが、総合的に看護婦さんなどの情報をもとに判断して、渡辺先生が代表する型で青木さんに申し入れることになると思いますし……(斉藤先生まだ鼻毛一本あり)」

帰室した。長尾さん、夜勤。

一月六日(木)　晴

昨夜、裕子さんからTEL。青木氏に発送。六日関塚昇事務所の本の引取り、と。倉田氏のTEL。

WへTEL。歌番組のこと。浦和のTELありし、と。八時就寝。

朝方まで眠る。渡辺先生来る。具体的に、と言うと、一月二十三日(日)の週くらいまでは大丈夫(?)と。

途中、TEL。樽見君からで、田村氏の通夜に行くので、と。(も一度昼頃、逆に電話して川本さんが「古通」の読者かどうかを聞く。これは二月号の文章を読んでもらうためだ)

そのあと栄養士の女性、質問して行く。Wが早めにやって来る。昨日その気になったと言うと、一度やりたくなったことが、とWも。信二に、来てるとTEL。信二、日曜日に寄るので、持って来るものあったら、と。

自分次の「詩集」の構成。

二時半にシーツ取替えなど。その終り際、見舞客あり、浅野君であった。何しろ小学校入学からの親友。近くに座って貰い三十〜四十分語る。本当に感謝。事情はコピーが行っていたので……。早く逝ってしまった榎本君の話など。浅野も方々病気持ちという話。少ししゃべると、口からのりのようなダ液に弱った。握手して別れた(お見舞いを頂く)。浅野との別れは、又必ず……とは言うものの、双方共にあと何度会えるのかと思ってもいるのだ。

Wは四時頃に帰らせた。

川本氏の年賀状への返事封書では失敗した。住所変更を見てマンション名(?)を忘れた。店長に頼んで来たが……。もっともっと物事を慎重にやらねば。

裕子さんのTEL(昼間は正一のTEL)あり。

＊　＊　＊

吐き気あって困乱した。奥の奥まで届いてしまいそうなところで耐えている。こんなんで治るのであろうかと絶望してしまう。

▼一月七日（金）　晴

昨日は八時に就床。延々と、七時まで寝たのは近頃初めて。途中、三、四度小用に。

夢また夢の一夜であった。初めは明古市の変形。C君がいばっていて、それに対抗……と言った……。直りもしないガラクタを貰って帰ろうと……。次のは、踏切のそばに本の山が。そこへ列車が。それをいたずらしている子供達。早く早くと線路から引き上げさせて……しかし本の中からいいものを取上げようとしている。それが堀切辺りで、小谷野へ逃げて来て(自転車)、やっとその本の値踏みを始めると言った。あとの方は若き日の連想劇か?

Bチームから A チームに来た山田さん、練達の人。胃ろうの垢取りを気軽にやってくれた。まだ二年と言う。今日の担当は成田さん。この人は八ヶ月という。純情の人。

朝方、師長さん。話していると渡辺先生。二人とも「痛いですか?」と。

「とにかく眠いのです。こんなに涙々の日も、こんなに眠い眠い日も、生涯ありませんでした」

「明日で××××（薬の名）やめてみましょう」

「是非お願いします」

九時半と十時半にコンビニへ。十時半、「やっときましたので」と川本氏宛の手紙を返してくれた。

またまた眠気。えんえんと寝る。いろいろ疑がってしまう。薬剤師の人も来ない。三時、とうとう決心してステーションへ出かけようとすると向こうから師長さん。

「寄って下さい」そして言った。

「とにかく眠いのです。下へ行っても、6Fを一回りしてもふらつくくらい。デュロテップパッチ（貼りぐすり名）とって下さい」

「渡辺先生と相談して来ます」

すぐに戻って、「取りましょう」と取って行く。そのあと成田さん(パッチやめ)薬名など教えてくれた。四時、渡辺先生「様子見る」と。

樽見君にTEL。櫻本、山中氏今は読者でない、と。Wより、増田氏明日来訪あり、と。興産信用金庫の件。

一月八日（土）

昨夜は八時就寝。朝方までよく眠れず。夜中、二人の看護師と、朝井上さんにオシリの「床づれ」を見てもらう。

新聞買いに。あとはただ眠っていた。増田さんを待ったのだったが、三時にも見えず。

Wに一度TEL。千恵さんの父が入院したとかで、夫婦で車で出かけた、とか。これもじかの話でなく分からない。寝てばかりいて、これではダメとテレビ見たり。

ハルナールの在庫聞く。小林さん。女神だった井上さん、胃ろうの件で来る。「帰っても使うのでよく覚えて」と。まだ眠くてと言うと、

「それはこれまでの疲れが眠りを求めているのだから」と、いいことを言う。十七日の栄養指導はムリなどと、日にちまで言う。こちらも今月中には出たい、と日にちを言う。「まさか最後悪女となって、井上さんが思い出に残ってはいかにもみじめ」と言った。「そんなことはしないですよ」と言ってくれた。

安田さん夜勤のあいさつ。胃ろうの器具は半年まで有効と言う。日帰りで交換出来、外来で取ってしまうことも出来るとか。「食べ物はまず水が通るようになってから、テルミールをのめるようになればいいとも。（水、ちょっとだけのめた！）」

井上さんに、左記。

「だいたい、ここにいたいわけではないのです。ただ治さないことには。今だって帰りたいんです。家へ帰れば山ほどやることがある。ここではやることがない。居座ろうなんて気はないのですよ。とにかく遅くとも今月一杯には退院したいです」

安田さん夜勤。この人はいい。井上さんより上なのもいい。「眠いなら寝てみて、目覚めが十二時前なら、そこから眠剤を入れてもよい」――と。結果はいろいろ成功であった。変な一夜だった。

一月九日（日）

六時に起き上がった。七時すぎに安田さん。話に夢中になってしまった。他の人のことを知れるということでは、青木さんは四人部屋の方がよかったかも、と言うので、「ここに入る以外入院の番が来なかったんだよ」と言った。退院は、「渡辺先生と井上さんがきめたら、絶対ということです」と安田さん。「一度ためし帰りというのもしてみるのも。家族の意向もあるし」とも。この人は自分がかっこいいということを知っている人で、それをはっきり言う自分に好感を持っていることはたしかだ。「あなたは美人だ」と、中々人はマトモには言わない（?）のらしい。

そうか、いよいよ帰る日が近いのだなという気持は出来つつある。八時すぎに、信二とW。持ち帰りの荷物そろえ。打ち合わせ。千恵さんが一人田舎へ行って来た話、など。こちらは、帰る日の話など。

午後になると眠くなって少し（一時間位）眠ってしまった。すると、思わぬところへ（実は昨日中と今日午前は待っていたのに）伊東先生のムコさん（増田さん）夫婦が現れ、起き上がった。小一時間会話した。最後にお別れ（精算）してからは七年になると言い、かな（カナ）夫人は母堂の晩年の世話をされていること、次男が教員になったのは知っていたが、長男は司法試験に受かって弁護士事務所に通っていることなどを話された。定年の年齢になった氏のことを聞くと、一応役員として残っています、と言い、よろこびの言葉を夫婦で言った。三菱アクーニアル（?）とかの会社で、上智大出で、かなさんとはそこで知り合ったのだとか。諏訪の家はあのままとか。ただ、あの蔵書処分の時、重くて置いて来た美術全集の類は、ロシアの図書館へ一括寄贈し、喜んで貰えたと増田さんは話した。増田さんはロシアにも長く滞在、友人も多いとも。こちらの話は古通記事をおぎなう話をし、伊東先生の思い出話をした。

「花」セット、関口氏の本、市川妙子さんの手紙（コピーされた「藤村研究会」のこと）を下さった。

それと、今日持参の大沼洸氏の手紙には一万円が入っていた。Wは六時に帰って行った。

一月十日（月）晴

（昨夜）寝ることでは悪戦苦闘し、睡眠四、五時間か。良かったのは、実家へ行って井上さんがDVD「恋する一葉」を見てくれたこと。最後自分が涙ぐんでしまったところを見破っていた。女優二人、ほぼ同年代と言う。

朝、新聞買いとコピーに行った。足元おぼつかない。ただただ眠いのである。八時半に信二来て、びっくり。大井に行くらしい。「水」など持参。

午前中、二～三時間くらい寝ていた。昨夜、増田さんが置いて行かれた『昔日の客』を半分ほど読んだ。思っていたのと違って、真面目な文章である。

午後、大沼氏、山中氏へ古通コピーが主たる封書を出しに行く。ふらふら。

寝てても仕様がないので起きるようにする。我慢してテレビを見たりですごす。「相撲」も少し。

西病棟の外れ、廊下奥のところにまっ赤な西日が東西病棟のまん中まで差している。そっと鏡をふところに、窓際まで行って決心したことを実行した。あの患部を眺めたのである。怖いことだったが丸々よく見え、完全に腫瘍がなくなっているの感を深くした。

昼、夕食とも胃ろうをやった。やれば出来るのだが何しろ眠い。Wから電話があった。

『昔日の客』読了。思ったよりよい本！　でも関口氏に関することを書いた『古本屋奇人伝』の自分の見方もまともだった。

九時すぎに眠剤。恩地さんの担当。十二時までは眠れたが、あとは悪戦苦闘、波乱万丈。何か、帰ってまだ商売に精出そうとなどする夢。こんな筈ではない、と空から見ている自分もいる。

ごろごろしていると胃ろうが痛む。早朝恩地さんに言ったら、八時頃に洗浄を行ってくれることになった。

一月十一日（火）晴

信二からTELあり。多慶屋にいるが、何かいるものは？と。Wからは九時半、これから出る。と。一度下へノート（小形）を買いに行ってくる。

W来て、例のパソコン加入のやり直し署名。新聞など読む、時々のざえ苦しむ。W食事に行ったり片づけをしたり。Wに「パンフ（「ガン治療と口内炎」）貰いに行ってきてよ」と言った。これがケンカのもと。結局ないと言うが「行くとあった」だけ。

するとTEL。裕子さんで「手紙『西川満宛』が売れた」ということ。このあと、

「みんな元気？」と言ったらびみょう。

「正一さんと代わります」と。「階段をふみはずし、落ちて足腰を打って動けない」と。「二階に上ったままで、そこで仕事」とか。「信二に医者へ連れてって貰えば」と言うが、「何しろ動けない」と。

少し間を置いて、（とにかく、と）信二にTELすると知っていた。要するに連れてくも行かぬも動けないのだと言う。すると弟の保昌が来ていると。話したが、信二と通じる声が聞こえないのだと言う。耳が悪いのらしい。「信二によろしく言ってくれ」と言った。それで帰ったらしく、要するに「三島由紀夫を取材した当時の記者と知り合い、その人とからませた彼の記事が新聞に載ったのだ」と言う。

少しして信二のTEL。もう笑って、「ここの治療費持っていくところ」と。そこでWもパソコンの件があって仲直りもして帰させた。そうした中に、小林静生・キヨ子名の年賀状と関口さんのハガキがあった。

明日胃ろうの件で山崎さんの知らせ、上田女医も診に来た。

「週刊朝日」読む。要するに月給などさして下っていないのだ。物価下落を考えたらなおのこと、と。要するに悲観々々の一方なのだ。マスコミの功罪は、あおり、余りにも偏重すぎるのだ。

一月十二日（水）晴

昨夜も八時に眠剤のむ。トイレ、二度目の睡眠のあとは眠れず。時間惜しくなって例の市川さんの文を利用、藤村についての古通原稿を書き始める（これは朝までに終わる＝一回）。二回目はそのうち書けばよいわけ。

今朝体重計りに行くと、渡辺先生見えていた。寄って下さるよう言って下さいと井上さんに。午後になった胃ろうの件。その時WのTELあり。パソコンの件、千恵さんに見て貰って郵便で出した、と。信二は休みで、車で田舎に見舞いに行ったのかな、——と。

山口クリニックのハルナールの件たのむ。

渡辺先生見える。「退院相談は」となり、自分は今月中で出たいと言い、先生も「二十五日頃その話し合いをしましょう」と言った。眠気については、「やが

て体のリズムが戻りますよ」と言ってくれた。

一月十三日（木）　晴

思い立って、例の「食事療法の本」の件で資料閲覧室へ。主のような高尾という老人いて、わけを話す。責任所在は「医療支援センター」という部署と教えられる。1F玄関右側にあります、とも。女性（花出）会ってくれるも、初めから分かってる返事しかない。声荒げながら行き、場で争うも同じ返答しかない。ミヤクなしと見て、馬鹿々々しい運動とみなし、帰って来る。この件、四時半に花出正美さん来る、と。（今四時）

今日は三時に、井上さんが専門看護師山仲さんと共に胃ろうの痛さを見に来る。やさしい人で、手術の先生に診て貰うということになった。

すると三時半、オエライ先生、女医と来る。渡辺先生も一寸見える。

（四時半記す）花出氏の件、予想外の急展開、逆転ホームランであった。「さっき申し出られた閲覧室の本、九冊もあるのを見に行っておどろきました、これ差し上げます」と。花出さん、相談係になって二年、と。それまでは普通の看護師だったらしい。急がず、せかさず、女性での正美名のことやらを話す。いい人。このこと井上さんに話すと、知っている人、研究会で顔合わせる人、と。

夕方うとうと……悪夢。夫婦三組のエロショー。こちら夫婦もその三組の一つで……その気になってしまうほどの状態。今の時代はこんな風に遊んでいるのかなあ……その部屋から中々帰らない。その内顔付が変わって来て、ハモノ持ち出し突いて来る。逃げながら刃向かい、刺され、「警察々々」と言いながら駅前交番まで逃げて行くという変ちくりんな夢……。

昨日は「市川妙子さんと藤村」（上）を終えて（下）にかかったが、どうやら（上）（中）（下）になりそう。

夜、死について考えた。単純に（物理的に）考えるなら、夜の睡眠の眼の覚めない状態……九十九％（寝ていること）とが同じで、何一つ携帯していないことも一緒なり。

しかしこの先が複雑だ。よく考えたのは、「ああよくやった」という感慨で死ねることの幸せ。しかしこれも、ただ単に自己満足でしかないもの。何もせず、残しもしない人と全く同じ。この思いは全て後生の人々がきめるもの。何という淋しさであるか？　下らない計りもあるぞ。少しでも長生きしてる人への羨望というやつ。もっともっと仕事したやつへのうらやみ。

それを言っちゃあおしまいよ、か。

昨日の支援センターでの狼藉は恥ずかしかった。理はこちらにあるにしても。人生は芝居だ、を演じてしまうことが自分にはあったし、未だにある。そして根本では度胸がない。

原田さん呼んで胃ろうの痛さを言うと、処置をしてくれる。

「原田さんは独身ですか？　長いのですか？」

Wにチリ紙の件でTEL。

「六年になります」

（松永さん担当。キレイ）

＊　＊　＊

この頁、今日十三日なのに十四日と思い込んでいたことがWとの会話などで分かった。あきれる出来事。

Wは朝、十時半頃来た。そのあと千恵さんから電話で、カードの支払いしたので、と。

信二に代わり、正一のことを聞く。「今日も行って来た」と。

Wは昨日上って会って来たと言う。けっこう二階で仕事もし、料理(?)も手伝っているとか。裕子さん、またネットで何か売れたと言う。

渡辺先生来たので、昨日のオエライさんの時のことを話す。それから下へ下りて、コーナーの老人(ルス)にわびのメモを書いて代わりの女性に預かって貰う。

Wは食事しに行ったりしている。パンフ読んだりしている。

二時〜三時の間、昼寝少し。それ以外は「市川妙子さんと藤村」（約四回になる）をやっていた。眠いので文字はメチャメチャ。

シーツ取替えの人、掃除の人、松栄さんのお腹（胃ろう）洗い——とかあり。

倉田氏の手紙着。読んで感銘を受けた。保昌が届けた記事も。

W帰ることになり、水くみ（加湿器）に行き失敗、そのまま三時半帰宅す。

八島さん事務的。下大川さん（細身）夕食入れ。

がん告知より四ヶ月
今ほど生きているという
感覚で過ぎている時はない
なかった！

要するに人生が
有限のものという意識は

死と向き合った瞬間からしか
持てないものなのだ

誰もがそう
人はみな平等なのだ
早かれ遅かれ締念する
させられてしまう！

1／13

一月十四日（金）晴

新聞を買いに（ハガキ出し忘れ、「週刊現代」も買いたさにもう一度）1Fへ行った。

のざえは少なくなった気がするが、かわきとのり状のものがあふれてくるのは相変わらず。放射線終えて今日で十五日か。Wは来られなくなり、とりあえずTEL。

古通は村上さん出て、今日樽見君休みと言う。正一、何とかそろそろと下まで下りたところ、と。

「本当に、よかったね」と。

外気のことは分からないが、一昨夜は途中から寒さで半天を着た。今朝早くは湯たんぽをたのんだ。

今日は山崎さん担当で、早くも胃ろうを治療してくれた。松永さんも昼食のセットをしに寄った。

渡辺先生もちょっと寄った。「日柄が立たないとねえ……」と言ってくれる。こっちは、ただただ眠いときている。立つ気も、何かする気も、読む気もしないのである。昼食胃ろうのあと、うとうと一時間の昼寝。それもいつまででも寝ていたいのをムリムリ起き上がってしまった。

窓際へ行って鏡で口腔を眺めると、咽頭までが白く、やけどしているのが見えた。WにTEL。「今まで、自分の病院行のあと昼寝していた」と言った。自分は正一にTELしたことを言い、「古通」の新年号を探すよう（不明なので）たのんだ。

窓からは、夕焼け空の富士。こんなに晴れが続く正月も珍しい。「相撲」は日本人が弱くて見ていられない。

夜勤は村山さん（若い娘）と安田さん。安田さんには胃ろうの話をし、花出さんの話は出来なかった。

一月十五日（土）

（四時十五分記す）ぶるぶるふるえる寒さで、頭上の暖房を二十二度から二十八度一杯まで上げて今は暖い。

もう一時間も目が覚めていて、やはりうつうつしてるのもつまらないので起き上がってしまった。

胃ろうがしくしく痛くて、迷った末に呼んだら、来たのは村山君。安田さんにと言うと仮眠中と。

「ごめんね。ずっと胃ろうのことでみて貰ってるので……」

八時半くらいには眠れたのに、十二時くらいからは胃ろうの痛さもあってずっと悪夢だったのである。

……鳥山へ正一と出かけてみたり、演劇部を指導してみたり、忙しいこと。市川さんの藤村研究会の活動だったりもする。しばらくは鳥山の大将のことを思い出したりした。旦那然としている人だった。弟が一人と、店員二名がいた。保昌が探して来た建場だった。あの地区の顔役でもあり、きびしい人だった。十年〜十五年位すると店員がやめ、弟も体調をくずした。その上、若旦那が不治の病にかかった。鳥山家の土地内で喫茶店を始めたが、はやらなかった。それから大将が復活、働き出したのである。もう自分は外回りを正一に任せていた。ある時その大将のことが大きく雑誌に取上げられたりした。……その大将が、弟と一緒に出て来て、正一もいたのである。

夢を学問にする人がいたし、いると思うが、自分はそんなもの成り立たないと思っている。

「復讐するは我にあり　我これに酬いむ」

キリストの根幹とキリスト教の真髄はこの言葉に尽きる。

「あなたにおまかせ　佛さまに帰依」

「神の心であろうでござる」

「君主のためなら死んでもいい」

「国にまかせろ　俺に任せておけ」

……何かが違う。「復讐するは我にあり」、これは報われることも言っているのだ。キリストは二千年前にこれを言った。……これも夢うつつに考えたこと。

＊　　＊　　＊

二時〜三時、眠れなくなってしまう。胃ろうの痛さなのだ。それで半分起き上がってしまった。

村山君に、安田さんに寄ってくれるように言った。結局、本当にやって来たのは八時すぎた頃で、「怒られるのかな」と思ったが、怒っていたのではなくて、今日もていねいにやってくれた。

しかし、「市川妙子と藤村」を書き進めることが出来たのはよかった。

Wは割と早くやって来た。

すると来た辺りに正一のTEL。これから行くと言うので驚く。小一時間で正一夫婦、有花が来た。三人して1Fのレストランへ昼食に行き、自分は来るまで座るところを作った。

正一達は一時間半くらいいた。正一は歩けるようになり、「若いからだな」などと言った。有花は引越しが写真店をやりながらで大変だと言った。友達はやめるらしい。

Wは残り、二人して昼寝をし、三時に起きた。また「市川妙子」を続け、ほとんど四まで終わらせた。

正一達来てる時に通じがあった。ほとほと、人間は動物であると思う。Wは四時半頃に帰らせた。

大学の共通試験、楓はどうしたであろうか？　みないる時も噂になった。ふだんは三百人中三十人くらいには入っている、と信二は言っていたが……

裕子さんからは母親の話を聞いた。すごい生命力の人なのだ。銀座でも一番元気だった。ハワイへも行って来た(?)、とか。何度もの手術をのりこえてである。

一月十六日（日）　晴

昨夜は八時就床。八時半〜二時位眠った。それからまた眠れず、起き上がってすごす。

WのTELで、エアコンの取替えは二十六日以降の話、と。

ただ眠くなり、延々と昼まで眠る。全くよくならず、いやになるが仕方ない。体重、五七・七キロ。

共通試験の二日目、楓はどうしたろうか？

今日は井上さんが責任者というか呼ぶと色んな子が来る日だ。成田さんには胃ろうに薬つけてもらい、午後はきゅうくつになった右の腕輪(名と生年月日用の)を取替えて貰った。小倉君、工藤君などというのも来、栗林君も来る。

栗林君に聞いて分かったのは、6F東病棟の患者は全部頭頚部の患者たちということだ。何となく不思議だったこともよく理解出来た。

WにもまたTEL。明日来てくれることになった。「淋しい」。隣の防災センターは防犯デーのようで、犬が主役に沢山人が集まった。

とにかく眠くて、寝たいだけ寝た。それでも眠いのである。恩地さんに起こされて薬。テレビ、相撲を少し見た。白鵬強すぎて面白くなし。

毎日、(何で俺だけガンに！)と思わぬこともない。泣きたい、不条理。恩地さんに長々嘆く。十時に眠剤のむと約束。ゴロゴロしてるだけ。

と言って、本も読めず。第一こんなものを書いたって何になるんだ！……と。じゃあ書かずにいたとしてもただ無為々々、々々。

一月十七日（月）　晴

（昨夜）結局九時三十分にがまん出来ず恩地さんを呼び、薬と湯タンポ。

これが大変な夢の連続となる。まず赤字続きの編集部（民商か？）を訪ねて、つぶれそうな実態を見続ける。次は川野さんの家族とピクニックに行くが愛人だらけ。あの川野さんに女がこんなにいたのかと思う、一人はお腹が大きい。いやこれは娘かも知れない！　少しそのお腹にさわったりする。その帰る途中か、街角に、どうにも古くさい古本屋を見つけて一人入り込んでしまう。あるわあるわ、おばあさんが一人いて、「どうぞ買ってって下さい」と言う。星君が参加、放っておいてもいいが、この際〝のり〟にして買って行こうと声をかけてしまう。「いいよ」と星君。あるわあるわ、夢二の軸物二本まで出て来る。この行動力、生命力は何なのだろう！　と自分の頭の中を別の自分が考えながらはげむ自分だ……そこでトイレに行ってくるが……夢はまだまだ続く不思議。結局七時近くまで眠りと夢をくり返していた。

恩地さんに起こされた。

「昨日は嘆いてすみませんでした。はりあいのある人に嘆くみたいです……」

テレビ見ていたら、窓からWが来るのが見えた。Wが来て、買い物に出かけたらうまくWがコンビニから出て来るところ。一緒に1F10番行。胃ろうの事情きいて、ベットへ横になる。

「しっかりしてる方」と医師、「大丈夫、毎日薬つければ痛みも取れる」

「退院しても？」

「大丈夫々々々」

当てにしてもいいと言うので「先生の名を書いて下さい」と看護師に。

石山医師と書き、「看護師はいいのか？」と「書いて下さい」娘、「桂山」と書く。

「この間まで一人だったが……」と医師。所帯を持ったのか、面白い人であった。

昼、牛乳（ま四角）がつく。ちびちびとのんで、胃ろうの食事外にのんでしまった。

テレビ見てすごす。Wが病床で小一時間昼寝した。

四時半、W帰らす。頭頚科呼び出しなし。四時三十五分、オエライ先生来訪。

「先生おさわがせして……」と。花出さんと「食事療法の本」の件。「こんな本が出てたんですか?」

渡辺先生も一緒。本見せると、

「中々計画的だ!」とオエライ氏。

「東部地域病院が近いのです。でも同じ区の××病院はこのところ地元の評判がよくないのです」

「丁度××大関係はいないな」とオエライ氏。そこでおつき一人と廊下へ。そこにも三、四人おつきの人。

渡辺先生残り、牛乳の件。それと今度金曜日ごと、外来(放射線)を受け持っているとか。

五時すぎにやっと呼ばれる。順番待ちの一人の人(車椅子)は頭部に方々ガンらしいでこぼこが出来ていた。やっと斉藤先生の部屋に入れた。それでも看護師は、

「少しは歩いてますか」と声をかける。

先生の診察はよい言葉だった。

「キレイに取れてると思いますよ」云々。前の人は何と言われたのだろうか?

「三十一日、と二月十四日が次回診察です」

「二月十四日まで居られるということですか?」

「退院とは関係ない予約です」

「先生にお任せします。比較的空いてる時間何時でも」

「二月十四日、十一時三十分」

書いたものくれなかったので、ステーションで記入した。

夜勤井上さんで、薬、胃ろう食の入れ方をさせられ、ほめてくれた。

一月十八日(火) 晴

家にいる時のような、朝五時からのTBSを聞いていることを始めるようにした。いよいよ家の生活に戻ることをこころがけよう。

昨日は八時に眠剤をたのむと、十五分もおくれてやっと井上さんが来た。そして薬の分け方からやって貰う。明朝来るのでと言い、今朝七時に来た。

ほとんど今月分ほどの量の袋を持って来て、それを一日毎の「分け箱」に入れて行く作業をさせられる。昼は七種類、夕は八種類もある。眠剤だけはステーション管理で夜毎看護師が渡すのである。

牛乳一箱朝、のめた。通じもあった。胃ろうも出来たが、薬と「湯」とを間違えて人を呼んだ。かまわず寝たし、床の中に入っていたので、割と目覚めは良かった。

信二に、久しぶりにTEL。最後に楓のことを聞く

と「何とかなった」とか。いよいよ退院のことを相談したいので、二十三日、二十五日とたのむ。信二は帰宅にはその用意がと言い、今日相談センターも二時にあり、Wと来てくれることになる。

栗林くん。お人形さんのように可愛い。

「言われたことあるでしょう」

「ある……」

一時半頃に信二とW。病院選びの話や退院時期の話、楓の受験結果の話等。

二時に田辺氏。花出氏と間違って話していて、やがてそうでなく、逆にあの日のケンカの相手と分かってわびる。前立腺の方は東部地域病院を候補として上げた。四、五十分まで話した。

三人でまた話をし、三十日退院ときめた。丁度放射線より一ヶ月、また、カレンダーに「友引」とあるのも考慮した。病院には来週知らせよう。しばらく(二ヶ月くらい)、二階でくらす（寒さしのぎのため）ことなど三人で話し合った。

持ち帰るものを用意、今日も何箱か持ち帰って貰う。

四時すぎに二人は帰った。

西村賢太氏、芥川賞の報。

門田憲雄氏、手紙（お見舞い）あり。すでに桜本、浅野、増田、大沼、門田氏のお見舞いを頂いている。夜勤、村山さん。胸の低さと細身。胃ろうなどやってくれてしまうのは、今となってはまずいのだが……。

一月十九日（水）晴

八時(眠剤で)〜六：三〇迄寝る。朝方は寝てはいるがラジオ。

朝牛乳パック飲む。胃ろう。薬分けのあと薬入れ。備品のことなど村山さんを通じて調べる。

九時前出る。1F。玄関近くは人の出入り激しく寒風入り込む。支援センターの田辺さんを訪ねる。すぐに会ってくれる。例の東部地域病院、三十日退院をきめたので、早目に連絡をつけてくれと、たのむ。あとは雑談であった。

村山君とは朝、正直な問答をした。

「私の放射線終了は十二月三十日。それから一ヶ月居るというのは長い方？」

「長い方よ」

「平均からしても？」「長い」

「短い人は」「すぐ退院して、家で胃ろうもやってるよ」

「そうか。よく分かった。だいたい今月出るつもりなんだ」「そうですか」

呼ぶと(当番で)村山君。胃ろうふきなど。渡辺先生に寄って下さい、とたのむ。先生来る。

「先生、三十日に退院します」

「そう。万一調子悪ければ延ばしてもいいですよ」と。

昨日からの経過と、田辺さんとの今朝の面会のことも話した。

Wにも TEL。これから回転ずしへ信二たちといくところ、——と。「おごってやって」と自分。「あとで電話するわ」とW。

うとうとしてしまう。起きてトイレに入っていると恩地さん。

昼の胃ろう。外カンカン照り。部屋も暑いくらい。

午後、WのTEL。W、意外な答え。もう「行かないよ」と信二に言われてしまったと。車の中で、「二階に電熱器など台所にしてつけるよ」と言われ、断った。「私は料理は下でやるんだから」と言ってしまったのらしい。すし屋でも気まずくなり、払いも払わせなかった——云々。

それで、三十日は行かないという意味で言ったのらしい。ほとほと困ってしまった。もう今更くつがえすわけにも行かない。夫婦で、今すぐの自分の TEL はしないことで一致した。

午後二時頃から約一時間半くらい、思い切った片づけをしてすごした。五箱くらいには収まる工夫をした。考えたのはタクシーで帰ること。帰れる箱数になったので、やりがいはあった。タクシーで帰れば帰れるのだから。

途中、WからTEL、箱づめしてるというと「疲れちゃうからやめな!」とW。

例のオエライ方も来た。退院する旨言った。えり元、胸など診て、帰った。入ったのはもう一人の医師。やはり廊下には何人ものおつきの人達……。

十日間を如何にすごすかと己に問う。丁度、『古本屋群雄伝』だけはしまってないので、これを徹底して読むことにした。この〝列伝〟は、五十八人。

今加えたい人物を考えると、〇〇堂氏、山下武氏、(警察官僚の)秋山氏の三人が浮かんだ。もういない。いてもさしつかえあって書けない。相変わらずのどの違和感。成田さん夜勤の人を伝えて帰る。松永さん、渡辺先生寄って行かれる。

Wに TEL すると、腰痛と。昨日家で信二の片づけを手伝ったせい? 階段の本はスッキリしたらしい。

松永さん。「きれいだよ」と自分。

「全然もてないんだもの」

「自信持っていいよ。きれいすぎて、男が言い出せないんだ」
「……さんに言われると少し自信持てるわよ」

一月二十日（木）　晴

（昨夜）八時にはもう眠さと疲れで目がつぶれて来てしまった。松永さんが持参の眠剤を入れ、寝る。ラジオ聞いたりしている。

夢。××が訪ねて来る。駅まで送って行くと、高木菓子店が急に古本屋になっている。よく見ると、はやってない割に、プロの二人からはいいものだらけに見え、××君の目にもとまってしまう。どうやら、家の本、――というのも一人息子が亡くなって、その遺品らしいという噂。自分と××は一生懸命本を買い出す。と言っても、これは買うよと、その辺へ積み出すのだ。あるわあるわ、きりなく出る。……もう置くところもなくなって……そこはゴミを流す地下、そんな階段へまで自分は本を積み出す。

城戸禮の全著作などというものまで積み上げてあり、欲の深さを思う。ゴミを捨てようとする少年をおどしたりのいやらしさ。それにしてもあの良いものの積み上げはあのままではないか！　どうするのだ……という夢。

六時に松永さんに起こされる。ラジオ放送でうすうす目を覚ましており、

「六時半に……」と言うと去った。

用意して待つと来て、順次四ツ別れのケースに薬の殻を入れて行く。最高八種類まである。

昼間担当は八島さん。呼んで、胃ろう薬つけ、ガーゼ取替えの教えを受けた。通じあり。

信二へのテガミ書き。

朝、WからＴＥＬあり。二十二日(土)にエアコン入るとのＴＥＬ、昨夜あり、土曜行かれないよ、と。何か別会計のことで話もあったのでとW。信二に話してみた方がいいよと自分。

波乱万丈の毎日、と何度も書いたが、全くその通り

（今十時三十分、裕子さんのＴＥＬあり）。

正一と裕子さんが来たのは十時五十分位。椅子を借りてあり、裕子さん右、正一窓際に座る。郵便を受け取る。

「実は……」と自分、今起きている信二と自分達夫婦のことを話す。

三十日の退院には、最悪タクシーででも帰ることなどを言った。正一も今朝車同士ですれ違ったと言っ

た。

　ＷにＴＥＬ。すると、三十日だけは行くと信二が言って来たと言う。

「それはよかった」と自分は言った。

　自分はそのあと、「煉瓦」と西村賢太について正一に話した。大沼さんからの、気づかいある手紙があった。

　昼、1本はのむ。それから昼寝。シーツ取替。そのあと渡辺先生。

　恩地さん、五時夜勤のあいさつあり。退院時の物品の個数等お聞きする。よく教えて下さる。

一月二十一日（金）晴

　どうも、夕食に麦茶味《あじ》を飲んでのどの具合が悪い。

　そして夜中は、またまた変な夢……八勝堂さんと食事している。……と、会長が見え、あいさつに行くが、別人か、知らん顔をしている……と言った……

　朝、新聞買いに。十時頃、古通へＴＥＬ。樽見君、「人間は歩かなくちゃダメですよ」と。その通り。

　速達届き、校正。出しに行き、歩き回った。

　ＷのＴＥＬ、今日エアコン取替えに来ると電話あった、と。

　正一と話す。昨日信二と話した、と。中に入ってくれるように言った。二人には、オートバイ好きという共通点がある。

　十二時半にＷにＴＥＬ、まだ終わっていないと言う。一段落したらＴＥＬして、と言った。

　すると又手紙二通。倉田氏のと、沢登君のもの。倉田氏、葉書、仏壇にそなえた云々。ハンセン病詩人を追っている文章を書いていると言う。

　午後二時頃か、トイレにいるとＴＥＬ。あれから初めての信二のＴＥＬ。

　Ｗの時々の変心を責める。「性格的なものは仕方ないじゃないか」と言った。「もうやってられないよ」と信二。「結局起因するところはオヤジにある。もう三十日までアーシャン（Ｗのこと）も行かないから」と言う。それがオヤジのためなんだ、と。

「そうだね、そうだね」と言う外ナシ。Ｗと代わったりしたが異論(?)はなかった。夫婦共に叱られているみたいだった。

　自分はもっともだなと思う気持ちと、きびしいものだなとも思う気持ちと……。

　ナース・ステーションへ行き、井上さんと会い、売店へ、帰ってからの備品の予約に行ったりした。一ト月分ないと安心出来ない。それからWにいる日を約束して、「テルモ栄養剤」へ予約ＴＥＬを入れたりした。二十五日(火)につく。つくずく波乱万丈の毎日を思う。『古本屋群雄伝』を読む。『古本屋五十年』をプラスすれば、これが自分の代表作か……

一月二十二日（土）　晴

八時に眠剤～朝八時近くまでベットに寝て悪戦苦闘。こうなっては早く帰りたいだけ。

朝食。薬入れを先に。牛乳がおいしい。朝食中、正一にＴＥＬ、出ず。Ｗに。新しいエアコンが具合良い、と。月曜、栄養指導のコーナーへ行くので、来ると言う。

九時頃、正一にＴＥＬ。「寂しいよ」

正一、アハハハと笑う。裕子さんとも「真実一路」の話。

二十九日に行くよ、と正一。

一時間昼寝。５Ｆに「朝日新聞」買いに。昼寝のあとでも眠い。天気ばかり良い。

えり元黒い皮むけて来る。まだまだのどのかわき。放射線の予後は長く残るものらしい。

またまた昼寝。悩んだ末、右中耳炎の件、井上さんに頼む。

八時ミン剤～四時。六時前までＣＤ「ジェットストリーム」二枚聴く。

すると続いて聴力検査。これは個室ボックスに入れられて、長く辛いものだった。

Ｗと五時まですごす。途中、オエライ先生。今日はジーパン。「これでお会いしませんでしょうから」と握手。会計係も見える。

五時すぎ、呼ばれて２Ｆへ。斉藤先生の中耳炎の切開。その時は聞こえると思ったのが帰室してみると曇り。しかしうらめず。

信二に昼間と、三時頃と、ＴＥＬする。

夕食入れ始めてＷに帰って貰う。七時就床。右耳を下に寝る。一時間以上意識していたが……パカっと音もしたが……

一月二十五日（火）　晴

渡辺先生は休み。

田辺さんにＴＥＬ。まだ……と。Ｗ、栄養剤ついた、と。信二にＴＥＬ、運転中で、千恵さんに報告。

樽見君、速達ついた、と。山下家の売上総計は千八百万位に、——と。来月初めにも青木さんの10％は送る、と。

ああ山下蔵書の売立には立ち合いたかった！　しか

し病気には勝てなかった。あの蔵書は山下武のいのちがけのコレクションだったのだ。むろん伊東一夫先生の蔵書も必死に集めたのは同じだったが、先生はあくまで目的は著作のための資料だった。確か二回に売った合計でも六百万くらいだったろう。丁度作家論、研究書なども値が下がり始めた頃でもあった。

井上さん日直。ハルナール在庫のこと、5Fでの購入品のこと、突如、昼食後の下痢のこと。下剤取り去ること。

《波瀾万丈の毎日》音楽かラジオ。五木ひろしもあきた。「ジェットストリーム」ばかり聴く。

やることなく、寝ていると伊東かなさん来訪。もう六十代か。椅子を借りて話す。見舞いの花を持って来て下さる。やはり一時間半かかったとか。

市川好子さんの話で、藤村学会のことは書いてくれるなという本人の強い要望あり、申し訳ない話になってしまったと詫びに、と言う。わざわざ来てくれて、と恐縮、古通に掲載はやめますと言った。

それから三十分ほど病気の話など。かなさんの和歌山の父も前立腺ガンとか。どこも五十、六十代夫婦の親は病人なのだ。

そこへ、井上さん。頼んであった四人部屋、見られると言う。

帰り際のかなさんに、「帰ったらご仏壇に青木が拝んで下さいと言ってましたと言って下さい」と言った。

「今ここに来ていますよ」と……かなさん。

……………………

下痢の続き。そのあとステーションへ井上さんと行き、四人部屋の一室を見せて貰う。

下痢どめ、使わなくなる。結局汚れていたので、取替え。念のため洗って温房で干しておく。七〜七時半まで、五、六回以上小用に行った。

一月二十六日（水）　晴

八島さん(夜勤)、悪い人ではないが、急がしい動きの人。今日はおっとりした長尾さん。

朝食胃ろう、何なくすごす。師長さん一〇：三〇分に田辺さん来る、と。来て、東部病院受入とのこと。二月二十一日の約束生きる、とのこと。

信二に報告。連けい病院の件、他。WにもＴＥＬ、紙パンツ、他。

渡辺先生。何でも善意に解釈するタイプ。太り気味の人の特徴か。

昼をすませ、惰性的に昼寝。途中、裕子さんのTELあり。政府施政演説をラジオで聞く。

毎日見ているカレンダー直し。渡辺先生も間違ってしまったので。日曜から始まるようにした。突然トップが来た。もう来ないと思っていたので、うまい言葉は出なかった。

このままでは歩けなくなると思い立ち、1F2Fと歩き回る。1Fでは例のボランティアのおじさんと握手。6Fも三回りくらいする。下痢が治って来た(?)感じ。

Wの、明日でも帰れるように掃除してたの、とのTELあり。早く帰りたい。信二が胃ろうの器具をつるすもの作ってくれていた、とW。

薬のこと等せっぱつまって来た感じ。ステーション側の対応のことだ。

一月二十七日（木）　晴

昨夜は七時に寝てしまう。しかし眠れたのは八時半位か。トイレで多分十時半頃起き、更に二時すぎには頭さえて、三時まで待って、深夜放送の「園まり集」を聞く。そのあとは「おしんと私」「森本タケロー」まで。井上さんに起こされ、薬分けと錠剤一ヶのまされる。

WにTEL、支払い五十万、葛西公園やめて直接来てくれるようたのむ。

思い立って櫻本氏のビタミンCの件を片づけることにした。妄想があったのである。TEL、いろいろの件を並べ、あの件は……とご子息の扱うビタミンCの件を断る。あっさりなかったことにしてくれた。

早くつくという裕子さんのTEL。好都合であった。裕子さんと二人で、第四回目(黄色)請求書の支払いに行って貰った。帰って、三人を相手に、メモしていたことの報告をした。

ドン・ザッキー名の乗る目録の話、有花の話等。

正一達帰って、一時からの栄養相談に行く。夫婦で話を聞く。

昼寝。W帰させようとすると、散歩寸前のトイレで下痢。行きかけたが、安田さん見て相談。一応このままということになるが、たずねて来て、整腸剤を出しましょう、と。五時渡辺先生寄って、整腸剤今夜から出します、と。眠れず。

一月二十八日（金）

七時半に寝た。恩地さんでよかった。それまで「週

青木真次氏のお陰で出来た本

刊文春」を見ていた。

終夜、下痢は止まっている。

朝食違っている。渡辺先生、もうアバウトに、と。

九時、終える。薬も。

十時、頭頸科の階、6F四回りくらいする。Wに報告する。

十一時四十五分まで昼寝。師長さん来る。

十二時、村山さん。昼食。カユ、魚、野菜スープ、そして胃ろう中。昼寝。

昼寝眠れず。「週刊現代」「深夜便」買いに行く。それを読んですごす。

六時二十分頃、鈴木君。

七時半、就床。

一月二十九日（土）　晴

起きる間際の夢。前日なのに自転車で帰りつく(?)家が近いのに、店番の只でくれる古本屋を見つけて、とりこになってどんどん積み上げて行く。そこへ家の者も来て、手伝い始め……

いやはやこの物欲、それも本への愛着！「週刊現代」の文章も、何かを覚悟している記事が多い。

鼻の洗浄等やり、起きる気になる。

七時、これから、胃ろう入口をやり薬分けをやる。

八時前には山田さん来るだろう。

のどのつまり、夢見ている時から続く。トイレ、便通はなし。

いよいよ今日一日すぎれば家へ帰れる。二ヶ月半、七十五日入院していたのだ。

七時「サンデー毎日」買いに行ってくる。

七：四五～八：三〇朝食終える。井上さんのことを聞くと夜勤からかもしれない、――と山田さん。朝日の記事のことで信二にＴＥＬ。明日八時には、――と。

九時半、会計課の荒井さん来室。

十時、ジャガイモ（ポテト）三ヶ通じ、すっきり。

昼寝。四十五分。渡辺先生。さよならとお礼と質問。薬、「アバウト」の件。

栗林さん、Ｙ字ガーゼ四枚、くすり粉にして置いて行く。

十二時十分、食事。まだカルケットがうまく入って行かない。オシルコらしい味も。一箱胃ろうに入れ、薬入れる。

一時半、薬今日渡しましょうか、と栗林さん。二時半栗林さんから全薬受け取る。

長井師長さん、あいさつに。昼寝のままで失礼する。

退院署名とアンケート。控もらう。

胃ろうと風呂のこと。コンタクトレンズ。そのまま入浴。テルミール箱の保存……常温なら賞味？期限までもつ、と。

信二に、五時ＴＥＬ。

「つるすところ作っといたよ。きっと寒いのに驚くよ」と信二。

散歩。２Ｆ暗い。『放射線治療』を購入、千八百円。

六時食事。七時終了。

七時五十分、成田さんよりレンドルミン。

一月三十日（日）　晴

癌研へ、信二がWと迎えに来てくれて退院。もっとも寒い大寒の日の帰宅となった。家へは七十五日ぶりか。

まず倉庫へ一度、４Ｆまで一度行く。とにかくいつもの、左右全ての用具を配置したテレビ前に座すと「ああ、これが我が家だ」と思った。２Ｆへ行くと、スカイツリーの上部が見えた。

胃ろうの夕食のあと、入浴すると垢がボロボロ。胃ろうのまま入るほかなく、やはり無念だ。が、とにかく家に帰れたのだ！


八時に２Ｆのベッドへ。暖房にして寝た。

一月三十一日（月）　晴

燃えるゴミ、たまっていた分もあり、沢山出す。
午後、電話あって筑摩の青木真次さんが来訪。
ある「詩人古本屋」伝（発行部数一、五〇〇＝
定価二、八〇〇円）
を三〇部届けて下さる。表紙、帯文共に良好。感謝。三〇部は明日から送る作業をするつもり。約二十五人に手紙を添えて、四日に贈呈発送の予定。
手紙書きに疲れ、九時すぎに眠剤をのんで就床。今日、入院時七十キロの体重は五五キロまで落ちていた。

コノ一ト月十一日後ノ東日本大震災（Ｍ9.0巨大津波）ノ発生ヲマダ誰モ知ラナイ。

あとがき——それからの七年

二〇一一年三月十一日午後、東京を激震が襲う。東北大地震の余波で、大津波、原発事故と重なる被害とは比べようがないが、病後への打撃は大きかった。店はとうに息子が継いでいて地震の片づけにおおわらわ。自宅、隣の書庫は手がつけられないほどの本が崩落、散乱した。私の毎日はその片づけに過ごすようになる。溜め込んだまま、本という本の売れない時代が来ており、これをチャンスと駄本を中心に、結局車で何十台分を息子が古紙問屋へ運んでくれた。

私は五十年近く通った神田の古本市場に行くのをやめた。もう行っても、仲間の人達は「浦島太郎」の扱いであろう。毎年一冊は、とも思っていた著作も出来なくなった。文章も「季刊文科」に二度、「大法輪」に一度、「本の雑誌」に一度書いたきりだ。ただ、すでに三十年近く、「日本古書通信」に連載して来た月六枚の「古本屋控え帳」だけは入院中は癌体験を、地震時には「震災と書斎書庫」を複数回書いたし、いつ再発があるか分からないので、この話だけは残しておきたいと二年前に一年間に亘って書き始めたのが「ある原稿始末記」……もう半世紀も前、ある文芸中心の大手出版社が大量の作家原稿を廃品業者に引取らせた。当時はまだ古本が不足しており、毎日買取りに廻っていたA書店がその原稿の山を目にとめ、文学書に詳しいB堂に相談、引取る。A書店は倉庫へ積み上げたそれをB堂に見せる。B堂は二日がかりでそこから、川端康成、安部公房など諸名家の原稿一山を選び、商品の値で買う。多分、出版社は処分前に各作品の一枚目だけは剥ぎ取ったと思われ、やがて担当者も疲れ、見逃された数百篇だけをB堂が選んだのだろう。B堂はA書店に充分な金額を支払い、「あとは首ナシだから……」と言った。

それから二十年ほど経ち、私が早朝出荷のため古書会館の前で開くのを待っていると、A書店も出荷に来た。B堂は私の商売の師で、すでに故人だったが、「あの山がみな首ナシじゃなかったらな」と何度も言っていたのを思い出し私は「首ナシ」のことをA書店に聞いた。あのままですよ、と言う。その日、見せて貰い評価、私が引取る。私の、肉筆好きの習性と読書好きが幸いし、首ナシ――つまり一枚目が取られ誰が書いたのか分からない原稿の初出誌をつきとめて行く。こうして生き返らせることの出来た作品は山本周五郎「赤ひげ診療譚」、水上勉「雁の寺」、開高健「日本三文オペラ」などやはり数百篇はあった。評論家では唯一値になる小林秀雄「考えるヒント」全篇もあった。――そのことを十四回に亘って書いた。

一方、病後はよく自分の日記を読み返した。六十年余りの日記文の特徴として、毎年詩らしいものが混じるのを見、それを写し、自費出版した。二〇一四年のことで販売用一〇〇、配り用四〇とする。早速紹介して下さった方がいた。この欄が読みたくて取っている東京新聞「大波小波」匿名（へんこつ屋）氏。省略して写すが、

《詩は難しいと相場がきまっているらしいが、珍らしく読みやすくおもしろい詩集に出会った。／新著『詩集古本屋人生史』だ。八十年の自らの歩みを、一年一詩と称する暦年形式で、詩または散文詩風の表現で回顧する。／「人生とは、生きている間の自己満足だ」との心境にいたる〈変化〉が生なましく伝わってくる。／自分に正直に、誠実に

生きた作者の人柄そのままで心を打たれる。／難解を気取る俗物プロ詩人らに、ぜひ読ませたい一種の「奇書」ともいえよう。》と書いて下さっていた。私はこの言葉で報われたと思った。そしてこの欄を読んだ未知の人の電話を受ける。

「この詩集の購入はどうすれば？」

それが元「文藝春秋」「ナンバー」などの編集長を歴任された岡崎満義氏で、現在は全日本漢詩連盟理事で会報編集人をされている。著書交換などのあと、私は先の「ある原稿始末記」の文章が途中まで進んでいたものを送付、おそるおそる電話してみたのである。返された言葉を覚えている。「いや、この文章には驚きました。私が入社した六年目、社屋が銀座から紀尾井町に移ったんです。管理部がたまった原稿の山を処分したわけです。すると大江健三郎さんから抗議がありました。〝文藝春秋〟は原稿まで売りに出すのかって。神保町のウインドウに値段入りで出てるよってね。社はあわてて買い戻すなど馳け廻ったようです。それで納まったと思ってましたが……」そして言って下さる。「もう歴史ですよね。記録として残されても面白いんじゃないでしょうか」

足かけ三年かかった昨年三月に出版した本『肉筆で読む作家の手紙』（「本の雑誌」社刊）にも氏は現在の文壇崩壊などに触れて独得の感想を寄せておられるが……これが私の七年間の概略であった。

こうして幸いがんも何とか克服したものの、今年は平均寿命も四歳越えた身となった。そこで思い立ったのが、あの急な罹病にアタフタした一年間の日記をそのまま印刷してみようということ。

言うまでもなく、私がここまで生きられたのはあの年、るる記しているように病院の適切な対応のおかげだったのであり、病気の回復のため家族全員が協力してくれたからである。感謝とともに一冊の本にしておくものである。そしておもしろおかしくもないこんな本を読んで下さった方々にお礼を申し上げるものです。

そして七年前、偶然と必然で大蔵書家の本を業界で言うのりの相手として、私に代って市売りのほとんどをさばいて下さった樽見博氏が、日本古書通信社代表としてこの本の出版を手伝ってくれることに感謝したい。

追記　この本を準備中の六月二十一日、私は半年おきに予約して検診に行っている有明がん研にWを同伴して行ったのである。午後の担当医の結果説明と首の廻りの触診が終り、二時。外は豪雨だった。ふと、七年前に三ヶ月入院した6Fまでエレベーターに乗り、今も十数人が働く看護師ステーションへ寄る。受付に立つと中堅クラスと見える看護師が来て「何でしょうか」と立つ。私は来院に持ってくる七年前の手帳を見せ、「半年毎、今もお世話になっています。懐かしさに寄ってみたのです」と言った。「失礼ですが、ここに記された先生方、よく部屋へ来て下さった看護師の方々のお名前です。まだご在籍でしょうか?」ときいた。女性は言った。「先生方の内、山口正彦先生は放射線科におられますが、他はもうききません。看護師は、このステーションの中で、もっとも古くからおられる方で五年前からですよ」と答えた。私は「どうも……三ヶ月入院していた部屋の前の廊下を通って帰ります」と女性に言った。下で会計を済まし、タクシーで帰宅した。「七年はもうひと昔なんだな」と私はWにタクシーの中で言った。

二〇一七年九月二十日　　著者

付・青木正美著作目録

日曜の憂鬱―青木正美作品集　一九六七年　（タイプ印刷での自費出版）　Ａ５判　一七四頁

東京郊外昭和少年懐古　一九七七年　自刊　（絶版）　函付　Ｂ６判　三二六頁

東京下町古本屋三十年　一九八二年　自刊　（絶版）　函付　Ｂ６判　三九六頁

古本商売蒐集三十年　一九八四年　日本古書通信社　函付　Ｂ６判　四五八頁

古本商売日記蒐集譚　一九八五年　日本古書通信社　函付　Ｂ６判　四六六頁

古本市場掘出し奇譚　一九八六年　日本古書通信社　函付　Ｂ６判　三三二頁

戦時下の庶民日記　一九八七年　日本図書センター刊　カバーＢ６判　二四〇頁

幻の「一葉歌集」追跡　一九八八年　日本図書センター刊　カバーＢ６判　二四〇頁

昭和の子ども遊びと暮らし　一九九〇年　本邦書籍刊　（絶版）カバー　Ａ５判　四三二頁

古本屋四十年　一九九二年　福武書店刊　カバー　Ａ６判　二七八頁

古本屋控え帖　一九九二年　東京堂出版　カバー　Ｂ６判　三〇四頁

自筆本蒐集狂の回想　一九九三年　自刊（青木文庫・出版）函付　Ａ５判　五〇二頁

古本屋奇人伝　一九九三年　東京堂出版　カバー　Ｂ６判　二五〇頁

下町の古本屋　一九九四年　日本古書通信社　函付　Ｂ６判　四五〇頁

古本探偵追跡簿　一九九五年　マルジュ社刊　カバー　Ｂ６判　五〇〇頁

太平洋戦争銃後の絵日記　一九九五年　東京堂出版　カバー　B6判　三二六頁
古本探偵覚え書　一九九五年　東京堂出版　カバー　B6判　二七二頁
夢二ヨーロッパ素描帖　一九九六年　東京堂出版　カバー　B6判　二一四頁
新発見夢二絵の旅　一九九六年　日本古書通信社　こつう豆本
青春さまよい日記　一九九八年　東京堂出版　カバー　A5判　七七〇頁
写真と書簡による島崎藤村伝　一九九八年　国書刊行会　カバー　A5判　二〇四頁
知られざる晩年の島崎藤村　一九九八年　国書刊行会　カバー　A5判　三一八頁
肉筆原稿で読む島崎藤村　一九九八年　国書刊行会　カバー　A5判　二八二頁
近代作家自筆原稿集　二〇〇一年　東京堂出版　カバー　B5判　二一〇頁
近代詩人歌人自筆原稿集　二〇〇二年　東京堂出版　カバー　B5判　二一八頁
二十歳の日記　二〇〇三年　東京堂出版　カバー　B6判
古本屋五十年　二〇〇四年　筑摩書房　カバー　ちくま文庫　三五〇頁
大衆文学自筆原稿集　二〇〇四年　東京堂出版　カバー　B5判　二一〇頁
古書肆・弘文荘訪問記　二〇〇五年　日本古書通信社　カバー　B6判　三七〇頁
ある古本屋の生涯　二〇〇六年　日本古書通信社　カバー　B6判　五六〇頁
目で見る葛飾の１００年　二〇〇五年　（超大形写真集・編集委員）
カバー一四八頁郷土出版社

東京下町100年のアーカイブス（大形写真集）　二〇〇六年　生活情報センター　A4　カバー　一七六頁
「悪い仲間」考　二〇〇七年　日本古書通信社　カバー　B6判　三五四頁
自己中心の文学　二〇〇八年　博文館新社　カバー　B6判　二八四頁
古本屋群雄伝　二〇〇八年　筑摩書房　カバー　ちくま文庫　四九四頁
場末の子　二〇〇九年　日本古書通信社　カバー　B6判　三〇六頁
ある「詩人古本屋」伝　二〇一一年　筑摩書房　カバー　二一六頁
詩集　古本屋人生史　二〇一四年　青木書店　カバー　A5判　一二八頁
肉筆で読む　作家の手紙　二〇一六年　本の雑誌社　カバー　B6判　三〇二頁

─以下の本に収録文あり─

柳蘭の丘─相撲史家・池田雅雄追悼集　一九九〇年　私刊　函付　B6判　一九二頁
日本の名随筆（別28）日記　一九九三年　作品社　カバー　B6判　二五二頁
古本屋の自画像　一九九六年　燃焼社　カバー　B6判　二八八頁
古本屋の蘊蓄　一九九七年　燃焼社　カバー　B6判　三二六頁
古本屋の本棚　一九九七年　燃焼社　カバー　B6判　二三六頁
日本の名随筆（別72）古書　一九九七年　カバー　B6判　二五一頁

原稿を依頼する人される人　一九九八年　燃焼社　カバー　B6判　三九八頁
島尾敏雄　二〇〇〇年　鼎書房　A5判　一六四頁
おやじの値段　八七年版ベスト・エッセイ集　一九九〇年　文春文庫
木炭日和　九九年版ベスト・エッセイ集　二〇〇二年　文春文庫

著者略歴

青木正美（あおき・まさみ）

一九三三年東京に生まれる。五〇年都立上野高校中退。五三年葛飾区堀切に古本屋を開業。商売のかたわら、近代作家の原稿・書簡、無名人の自筆日記などの蒐集に励む。八六年同業三人で季刊誌「古本屋」を創刊、五年間で一〇冊を出し終刊する。また、文筆活動にも取り組み、著書に「昭和少年懐古」「古本屋三十年」「下町の古本屋」「古本屋奇人伝」「古本商売蒐集三十年」「古本商売日記蒐集譚」「二十歳の日記」「古書肆・弘文荘訪問記」「『悪い仲間』考」「古本屋群雄伝」など多数を著している。現在、「日本古書通信」に「古本屋控え帳」連載中。

二〇一七年十一月一日　初版　第一刷

定価二、〇〇〇円＋税

古本屋癌になる
—77歳の日記

著者　青木正美

発行者　八木壮一

印刷所　ディノプリント

発行所　㈱日本古書通信社

〒101－0052　東京都千代田区神田小川町三―八
駿河台ヤギビル５Ｆ

電話　〇三(三二九二)〇五〇八

落丁本・乱丁本はお取り替えいたします

ISBN978-4-88914-055-2　C0095　Printed in Japan